북한 여성들은 어떻게 살고 있을까

북한 여성들은 어떻게 살고 있을까

김귀옥 외 지음

북한 여성들은 어떻게 살고 있을까

ⓒ 김귀옥, 2000

지은이/김귀옥 외
펴낸이/김종삼
펴낸곳/도서출판 당대

제1판 제1쇄 인쇄 2000년 9월 6일
제1판 제1쇄 발행 2000년 9월 18일

등록/1995년 4월 21일(제10-1149호)
주소/서울시 마포구 연남동 509-2, 3층. 121-869
전화/323-1316 팩스/323-1317
전자주소/dangbi@chollian.net

ISBN 89-8163-058-5   03330

책을 내면서

우리는 왜 여전히 북한을 모르는가

한 가지 주제를 10년 넘게 공부를 하다 보면 자료에 대한 궁핍함을 느끼는 것은 고사하고 그 주제에 대한 새로움조차 빛이 바래가게 된다. 그런데 2000년 6월 15일, 우리는 낯선 신드롬 하나가 이 땅에 만들어지는 것을 보았으며 그 현상 자체는 연구자에게 대단한 흥미를 불러일으켰다. 그 신드롬은 다름 아닌 '김정일 현상'이었다. 남한에는 김정일 연구자로 자처하는 사람이 적지 않다. 1990년대 들어 연구 논문이나 책, 기행문, '북한이탈 주민'의 수기, 외신기사 등 상당한 글이 '김정일 알리기'에 바쳐져 왔다. 또한 방송사들은 〈남북의 창〉〈통일전망대〉 등과 같은 프로그램에서 김정일 소식을 으레 편성해 방영했다. 많은 글이나 프로그램의 핵심을 추리면 그는 '영화광' '스피드광' '히스테리증 환자' '정신병자' 등이다. 몇몇 극소수 연구서를 제외하고는 어느 누구도 그를 지도자의 자질을 갖춘 사람으로 설명하지 않았다. 그가 영도하는 이북이라는 사회 또한 집단광기에 휩싸인 곳 이상으로 보지 않았다. 더불어 이북주민은 집단광신도쯤으로 여겨

왔다.

그런데 2000년 6월 13~15일 남한 TV화면에 비친 김정일 국방위원장은 전혀 낯선 사람으로 남한 사람들에게 다가오기 시작했다. 한 예로 정상회담이 있던 무렵, 어느 사이버 사이트에서 "김정일 국방위원장의 모습을 보고 어떤 생각을 하게 되었습니까?"라는 중복응답을 허용한 설문조사에 참여한 105명이 "그 동안 알고 있었던 모습과는 달라서 놀라웠다(73.1%)" "지도자의 자질이 크다는 걸 느꼈다(55.2%)"고 대답했다. 실로 격세지감이 아닐 수 없다.

남북관계 연구자의 입장에서는 김정일 국방위원장의 실제 면모 그 자체보다 오히려 영상에 비친 김정일을 향한 우리 국민들의 새로운 시선이 놀라웠다. 북한 전문가를 자처하는 숱한 사람이 있어 수많은 해설이 우리 눈과 귀를 바쁘게 했는데도 왜 우리는 여전히 이북을 모르는가? 그들은 무엇을 해설해 왔던가? 아니, 이것을 이렇게 다시 질문해 본다. 우리는 왜 이북, 이북 사람, 이북 지도자를 제대로 알 수 없는가?

대답은 명명백백하다. 흔히 보는 것과 깨닫는 것은 다르다고 한다. 이북에 대해 아무리 많은 모습을 보여주고 말한다 하더라도 제대로 된 관점으로 하지 않는다면, 이것은 아는 것이 아니다. 그 대표적인 예의 하나가 '기쁨조'이다. 이북이탈자 고영환이나 김명철, 강명도 등이 언급한 '기쁨조'는 김정일과 북한 최고위층의 부패상의 상징으로 여겨졌다. 그런데 여만철은 이남에 와서야 비로소 그 사실을 알았다면서 공연예술에 종사하는 사람들을 지칭하는 듯하지만 실상은 알 수 없다고 했다. 또한 북의 고위간부였던 신경완은 기쁨조 자체가 존재하지 않는다고 한다(정창현, 1999).

1995년부터 늘어난 이북이탈자들은 우리 사회에서 이북 사회를 말해 주는 향도가 되어온 경향이 있다. 그들이 북한에 대한 많은 정보를 제공해 주었다고 하더라도 결과적으로 보면 정보기관의 요구대로 이용될 뿐 그들이 제공하는 사실은 이남 사람들이 이북 사람들을 여전히 오해하거나 몰이해 상태에 머물게 해온 측면이 있다. 따라서 우리가 북한에 대한 균형 잡힌 이해를 하려면 우선은 북한이 생산해 내고 있는 자료에 기초해야 함을 절실히 느끼게 된다. 정확한 사실과 정보에 올바른 관점이 결합할 때 사물을 제대로 파악하고 이해할 수 있기 때문이다.

아직도 이북 사회·여성에 대한 우리의 인식은 고정되어 있다. 글쓴이는 그들을 우리와 같은 인간으로 보기 시작했을 때 비로소 세상에 대해서 또는 통일에 대해서, 희망에 대해서 논할 수 있다고 생각한다. 한때는 이북 사람을 '빨갱이'로, 또 한때는 '거지떼'로 고정된 이미지를 머릿속에 새겨온 우리의 현실을 그대로 둔다면 우리는 결코 불신의 벽을 허물 수 없다. 더욱이 여성이 세상을 이끄는 수레의 한쪽 바퀴라면, 우리 여성부터 서로를 향한 선입견과 고정관념의 틀을 벗고 서로를 같은 인간으로 그리고 동족으로 이해하고 수용하는 마음을 넓혀나가고 싶다. 이것이 바로 통일을 향하는 '여성주의'적 관점의 표현이다.

지금까지 금단의 땅이었던 한반도 북쪽의 여성을 생각하면 키에로프스키 감독의 영화 〈베로니카의 이중생활〉이 떠오른다. 나와 닮은 또 다른 여성이 북한에는 없을까? 그는 사춘기 시절에 얼마나 방황했고 '여성'이 된다는 사실에 또 얼마나 몸서리를 쳐가며 어른이 되었을까? 사회주의 소련이 무너지던 1991년 8월 그 여름, 그는 무엇을 하고 있었을까? 근대적 질서가 거부당하며 새로운 질서는 끝내 오지 않을 것 같은 아득함 속에 나타나고 있는 세기말 징후들을 보며 그는 무엇을 느꼈을까? 그곳에 가보고 싶은 이유는 많겠지만 나를 닮은 또 다른 북한 여성을 만나게 되지 않을까 하는 상상력이 50여 년의 분단을 견딜 수 없도록 만든다.

그 꿈을 통일된 뒤로 미루기에는 너무 오랫동안 참았다는 생각이 들어 그들을 만날 수 있는 방법을 찾아나서기로 했다. 그들을 미워하지도 않고 그들을 신비화하지도 않을 방법이 지금으로서는 어디에도 없을지 모르지만, 우리는 차선을 생각해 냈다. 북한의 대중매체에 나타나 있는, 우리가 쉽게 주목하지 않았던 그 재료들에서 북한 여성들을 만나보기로 했다.

만나는 과정에서 우리의 고정적인 틀로는 미처 볼 수 없었던 여성들이 거기에 있음을 깨닫기 시작했다. 그들을 강철같은 사회주의자, 엄격한 여성빨치산, 뿔난 빨갱이의 모습으로 붙잡아매둔 관념이 근거 없는 편견임을 고백하지 않을 수 없다. 그들은 의지적인 삶을 살려고 무진 노력을 하지만, 그러면서도 몸치장을 멋들어지게 하고 싶어하고 치맛바람을 내면서라도 자식을 잘 키우고 싶어했다. 목적의식적인 모습에는 질리도록 경이로운 점이 있었던 반면, 우리와 닮은 모습에는 실망스러운 바도 없지 않았지만 그 점에 오히려 편안함을 느꼈다. 그리고 언젠가 그들을 만나면 일상생활에서부터 사회활동에 이르기까지 할말이 무척 많을 듯했다. 미혼여성은 그들대로, 기혼여성은 그들대로, 남녀차별 문제에서부터 자녀문제, 남편문제, 시어머니 문제에 이르기까지 함께 나누고 싶은 이야기가 즐비하게 등장하였다. 그래서 통일된 사회에서 여성이 해방을 쟁취하기 위해서는 무엇을 어떻게 해야 할지 함께 의논할 것들이 구체적으로 떠올랐다.

물론 그렇다고 해서 우리가 대중매체를 통해 만난 북한 여성이 과연 현실 그 자체일까 하는 의문을 품지 않는 것은 아니다. 실상과 허상 간에 존재할 수밖에 없는 거리감을 인정한다. 우리가 만났다고 생각한 그들은 어쩌면 베버(M. Weber)가 말하는 '이념형'의 여성일지도 모른다. 그럼에도 불구하고 북한 대중매체의 여성들이 가상공간에 서 있는 것은 아니다. 북한 스스로 선전하고 문제제기하려는 그 지점에 서 있다. 북한 여성을 말하는 지점에는 북한 사회가 50여 년 걸어온 자취가 복선으로 깔려 있다. 복선이 선회에 선회를 거듭해 나가는 시점인 현시대의 의미에 대한 선결인식이 깔릴 때, 북한의 여성이 어디에 서서 무엇을 고민하며 어디를 향하고 있는지를 볼 수 있지 않을까 싶다.

글쓴이는 그 복선이 엇갈리는 지점을 1990년대 북한의 대중매체, 문예물, 동화 및 학교 교과서 등으로 설정하였다. 바로 거기에 서 있는 북한 여성을 포착해 낼 것이다. 물론 지점이란 바라보는 각도와 조건에 따라 불확실하고 가변적이듯, 서 있는 북한 여성 또한 마찬가지일 것이다. 그래서 글쓴이는 현재에 안주하고 만족하는 그들보다는 불평하고 비판하는 그들을 살펴보기로 했다.

"『로동신문』 속의 현대 북한 여성"에서는 이른바 주체적인 북한의 여성상과 고민을 짚어보고 있다. 『로동신문』이 당 기관지라는 한계에도 불구하고 각지에서 발굴해 낸 여성노동자들에 관한 기사는 북한 사회가 해결하려는 문제와 지향하려는 가치를 충분히 살필 수 있게 해준다.

"『조선녀성』과 북한의 슈퍼우먼"은 우리에게는 다소 생소한 ─ 이것은 낯설어서라기보다 무관심의 결과일 것이다 ─ 북한 전업주부들의 이모저모, 즉 '어머니' '아내' 그리고 '며느리'로서의 애환과 갈등을 짚어보고 있다. 이 글에서 느끼는 동질감은 같은 민족이란 무엇인가를 새삼 생각게 할 것이다.

그리고 "새 세대 소설로의 여행"은 소재의 성격 그대로 북한 여성에 대한 문학적 형상을 주제별로 끌어내어 살펴보고 있다. 북한의 문학이란 또 하나의 선전장이라는 일반적인 관념에도 불구하고 현대 북한 문예물들의 주요한 특징인 '절실하고 의의 있는 사회적 문제제기'가 소설에 흐르고 있는 만큼, 북한이 맞닥뜨리고 있는 문제들을 여성이라는 주제와 연관지어 살펴볼 수 있을 것이다.

"동화와 교과서 속의 여성상"은 특별히 마련한 장이다. 이 글에서는 미래사회의 주인공이 될 어린이들이 읽는 책들에 그려지고 있는 여성상, 여자 어린이의 모습을 짚어본다. 전통적 의식과 사회주의적 의식이 어린이 교육에서 어떻게 나타나는지 알 수 있을 것이다.

마지막으로 좌담은 여섯 사람이 함께 일곱 편의 영화를 본 후 엮은, 주제가 있는 감상회이다. 각 장의 문제의식을 기반으로 하여 영화에서 표현된 구체적인 장면들을 예로 들면서 때로는 논쟁하고 때로는 일치하며 장장 일곱 시간에 걸쳐 진행한 좌담이다.

글 한편 한편에는 글쓴이 나름의 노력과 서로에 대한 충고와 질책이 배어 있다. 그럼에도 불구하고 독자들의 많은 질정과 충고가 따를 것이라 생각된다. 특히 90년대 중·후반의 이북 현실을 충분히 반영하지 못한 점에서 더욱 그러할 것이다. 물론 이는 무엇보다도 글쓴이의 게으름의 소치이겠으나, 굳이 변명을 한다면 북한은 지난 5년 동안 한국전쟁 때보다 더 심각한 천재지변을 겪었음에도 불구하고 그 현실은 크게 보아 별 변함 없이 진행되고 있기 때문이다. 또한 북한 여성을 인간으로 보아야 하는 노력이 여전히 우리에게 필요하기 때문이다. 그리고 이 책에서는 독자의 이해를 돕기 위해 조그마한 시도를 하였는데, 상상의 여지에 가속을 붙이기 위해 이북 여성의 이모저모를 보여줄 수 있는 사진을 많이 실은 점과 북한 여성을 실체로서 다가가기 위해 어렵게 몇 가지 문헌과 자료를 동원하여 북한을 이끄는 여성 지도자들의 인물록을 만든 것이 그것이다.

반성컨대 글쓴이의 이북이나 세상에 대한 이론, 연구방법론, 정책적 사고 면에서 더욱더 발전된 모습을 보여주지 못하고 있음을 시인한다. 다만 조금씩 깨달아가고 있는 것은 진정한 인간관계란 물질적 조건이 아니라 인간 중심적 인식에서 나온다는 것이다. 이 책을 통해서 글쓴이와 독자 간에 인간에 대한 사고가 보다 더 깊어지고 한반도 문제에 대해서도 인간을 중심에 놓고 사고할 수 있기를 바란다.

추천사를 기꺼이 주신 한완상 은사님께는 아무리 감사하다고 말해도 부족하다. 그리고 이 책의 글들에 대해 예리하고도 통찰성 있는 비판을 해준 많은 논평자들에게도 감사를 표하고 싶다. 바쁜 시간에도 불구하고 자료를 찾는 데 수고를 아끼지 않은 지인, 월간 『말』의 임종진 사진기자와 자료를 정리하는 번거로운 일을 기꺼이 맡아준 조윤영 학생에게 고마움을 전하고 싶다. 마지막으로 어려운 출판환경에도 불구하고 좋은 책 만들기에 여념없는 당대출판사 박미옥 사장과 직원들께 감사드린다.

2000년 8월
김귀옥 씀

차례

책을 내면서 • 5

북한 여성의 어제와 오늘 • 17

『로동신문』 속의 현대 북한 여성

1. 여성들은 어떤 일을 하고 있는가 • 34
여성노동력 인입 과정과 배치의 특징 • 34

여성관리자의 비율 • 42

2. 새세대 여성들의 사회진출 양상 • 44
집단진출한 19명의 처녀들 • 44

신발수리공 가족과 '와도우 처녀' • 47

3. 북한 여성의 노동관과 노동생활 • 53
인민을 위해서라면 다 좋은 일터야요 • 53

'우리 당'이 바라는 일을 • 57

우리 힘으로 본때 있게 • 61

모든 여성이 과학자로 • 66

책임감 높은 여성노동자들 • 70

4. 북한 여성의 고민과 갈등 • 76
집단이해와 개인희망 사이에서의 갈등 • 78

여성노동자의 '자격지심' • 80

치마 두른 관리위원장 • 84

『조선녀성』과 북한의 슈퍼우먼

1. 북한의 어머니들, 그들의 고민 • 92

딸을 '알뜰한 살림꾼'으로 • 94

출석부 없는 학생 • 97

교양과 설득으로 자녀교육 • 102

어머니는 자식의 거울 • 105

2. 알뜰한 아내, 외조하는 남편 • 109

여성의 참된 행복은 어디에 있는가 • 110

내조 잘하는 아내가 좋은 아내인가 • 114

북한의 '슈퍼아내' • 117

성공한 아내와 앞치마 두른 남편 • 120

3. 북한의 시어머니와 며느리, 그들의 갈등과 꿈 • 127

북한의 고부갈등 • 128

북한 며느리들의 의식 • 137

새세대 소설로의 여행

1. 북한 미녀도 • 147

강초애와 꽃분이 • 147

북한 남성의 구원의 여인상 • 153

2. 새세대 여성 풍속도 • 158

사랑과 일의 당당한 지휘자 • 158

'마법의 성'에 갇힌 기혼여성을 구하라 • 165

3. 일터의 북한 여성들 • 169

여성기능공과 북한판 '참교육 선생님' • 170

기계와 흙에 도전하는 여성노동자들 • 175

경제 현대화의 주역, 여성 인텔리 • 179

선글라스 쓴 여성 '봉사원' • 184

4. 북한 여성들의 요즘 고민 • 188

시대의 변화, 세대의 변화 • 188

허구와 현실, 어디서 무엇이 되어 만날까 • 192

동화와 교과서 속의 여성상

1. 전래동화와 창작동화 • 200

북한에서 계승된 전래동화의 특징 • 200

여전히 이어지는 전통적 요소: 성 역할 구분 • 202

전래동화에서 재조명되는 사회주의적 요소들 • 206

희생적 여인상과 모성의 현대적 해석 • 208

현대 창작동화에 담긴 사회주의적 요소 • 211

현대 창작동화에 담긴 전통적 요소 • 217

2. 아동 교과서 • 220

교과서에 비친 남녀 어린이의 성역할 • 220

교과서에 비친 남녀 어른의 성역할 • 225

교과서에 비친 사회주의 규범 • 229

좌담
현대 북한영화 속의 여성들, 그 삶과 꿈

북한 남녀의 문화, 사랑 그리고 결혼 • 237
북한 여성이 그리는 이상형 남성 • 243
가정생활 • 248
나팔바지와 통굽구두 • 253
북한 여성의 사회진출 • 258
도시 처녀 시집 와요 • 269
이중노동과 가사노동의 사회화 • 271
'북한식 가부장제' • 278

참고문헌 • 283

부록/현대 북한을 이끄는 각계 여성지도자 • 286

북한 여성의 어제와 오늘

1 1990년대 중반 현재 사회과학계에서 들끓듯이 일어나는 페미니즘 논의는 과거 80년대 페미니즘 논의와 일정한 거리를 두고 진행되고 있다. 80년대 논의는 주로 주류 좌파사회변혁론과 동일선상에서 사회의 근본적 변화가 바로 여성해방, 인간해방을 가져오리라는 마르크시스트 페미니즘적 입장에 서 있었다. 그러나 90년대 페미니즘은 이러한 인식을 의문시하여 마르크시즘이 페미니즘의 대안이 아닐 수 있다는 논의를 왕성하게 펼치며, 나아가 사회주의는 해방적 페미니즘관을 담기는커녕 오히려 가부장제와 필연적으로 결합하고 있다고 하여 '가부장제 사회주의'라는 개념을 검토하기까지 한다. 다시 말해 과거 소련과 동유럽의 현실사회주의 체제에서 남성에 의한 여성억압이나 여성에 대한 가부장제 지배이데올로기를 타파하지 못하였으니 결국 실패한 원죄는 가부장제적 국가사회주의 전체의 실패에 있다고 하는 것이 최근 논의이다. 이는 베를린 훔볼트 대학 문화이론 교수

인 이렌느 돌링(Irene Dolling)이나 바바라 아인호른(Barbara Einhorn)의 주요 주장이다.

그렇다면 이러한 논의를 현존하는 사회주의 국가들, 특히 북한의 여성문제 혹은 북한의 사회성격 설명에 적용시킬 수 있을까? 물론 북한의 여성문제나 사회성격에 대해 '가부장제적 사회주의' 개념을 적용하여 설명하는 글들이 있기는 하지만 본격적으로 주장하는 데는 주저하고 있는 듯한 인상이다. '가부장제적'이라는 수식어로써 어떤 사회를 규정한다는 것은 가부장제가 그 사회의 본질적·구조적 성격, 가부장제적 억압구조로 사회적 관계가 맺어져 있다는 함의를 가지게 된다. 다시 말해 제도로서의 가부장제가 사라진 북한에 가부장적 이데올로기가 존재한다고 하여 그 사회를 가부장제 사회라고 규정할 수는 없다. 그런데 북한의 본질적 성격과 북한 여성문제를 어떻게 보느냐 하는 것은 보는 사람의 관점에 따라 다른 것이 오늘날의 현실이다.

우리는 북한을 가부장제적 사회주의로 보는 시각에 대해 동의하지 않는다. 왜냐하면 가부장제가 북한의 본질적·구조적 성격이거나 사회적 관계를 지배하지는 않기 때문이다. 하지만 시각에 따라 가부장제적 요소가 있을 수 있음을 주목한다. 북한의 경우 공식적 문헌 어디에서도 가부장제를 지지하는 흔적은 찾아볼 수 없으며, 오히려 봉건제적 악습을 일찍이 청산했음을 과시하고 있다. 그럼에도 불구하고 북한은 스스로 가부장제 사회로 규정될 만한 기초를 제공한다. '수령-당-대중'의 '사회정치적 생명체론'이 그 첫째이고 '아버지=수령, 어머니=당' 논리가 둘째이다. 이 두 개념은 오늘날 북한에서 사회주의 위기를 인식하면서 그 극복을 위한 처방전으로 내놓고 있는 '사회주의 대가정론'으로 정식화되고 있다.

사회정치적 생명체론을 둘러싸고 여러 학자들 사이에서 북한 사회성격에 대한 논쟁이 있었다. 스즈키 마사유키(鐸木昌之)는 『북한의 '사회정치적 생명체'론』에서 북한의 사회정치적 생명체론이 유교 및 주자학이 기초하는 동아시아적 사유에 기반을 두고 있다고 지적했다(박한식 편, 1991, 244~248쪽). 그러나 와다 하루키(和田春樹)는 그 사상적 연원을 플라톤의 『국가론』에서 찾고 있다. 와다 하루키는 "지혜를 짜내는 부분과 패기를 내는 부분 그리고 욕망을 내는 부분이 인체에도 있거니와 국가에도 있다"는 플라톤의 말을 언급하며 생명유기체에서 사회유기체론으로 개념을 확장하고, 이 점에 입각하여 북한 사회의 성격을 전체주의적인 것으로 설명하고 비판하였다(和田春樹, 1993년 1월호). 전자는 사회주의적 대가정론을 사회정치적 생명체론과 같은 맥락에서 설명하고 있다. 반면 후자는 사회정치적 생명체론을 유럽적 유기체론 전통에서 온 것으로, 사회주의 대가정론을 그야말로 전통적인 아시아 국가관의 맥락에서 설명하였다. 그러나 이러한 아시아 국가관의 논의가 곧바로 여성억압의 원천 중 하나로서의 가부장제 사회 논의와 연결되기는 어렵다.

다른 한편 전혀 다른 시각에서 해석할 소지도 있다. 기든스(Anthony Giddens)는 '친밀성 영역'을 민주적 의사소통을 가능하게 하는 구조로 파악하여, 친밀성에 기반을 둔 '생활정치'야말로 민주주의를 회복할 수 있다고 주장한다. 그의 주장을 북한에 적용시켜 보면 북한의 사회주의 대가정론은 다른 지평에서 보일 수도 있다. 김일성 주석과 김정일 국방위원장은 자신의 독특한 정치방식인 현지교시 및 현지지도를 모든 당원들에게 끊임없이 강조해 왔다. 책상 앞에 앉아 지시하고 명령할 것이 아니라 현장에 내려가 현장에서 생기는 문제와 열의를 직접 느껴보라고 당원들에게 가르치는 것이다. 그러는 동안 당과 인민은 서로를 육체적으로 느끼며 부모자녀와 같은 일체감을 느끼게 되어 당과 인민 간에 분리가 없어질 수 있다고 강조한다. 이러한 원리를 '혁명적 군중노선'이라고 부르며 북한식 민주주의를 구현하는 방식이라고 주장한다.

북한 여성문제를 바라보는 시선을 페미니즘이나 가부장제 문제로만 고정시켜서는 안 된다. 아니, 최근 페미니즘 논의가 제자리를 찾아나가며 영역의 문제를 탈피하여 구체적인 역사와 현실 속에서 페미니즘 논의를 확장 및 심화시킬 필요가 있다. 미국이나 서구 중심의 페미니즘을 벗어나 아시아 또는 한반도의 눈으로 페미니즘을 설명하고 현실에 기반한 페미니즘으로 재구성하는 노력이 필요하다. 그러한 패러다임의 변화·발전의 관점에서 비로소 북한 여성문제를 만날 수 있다. 다시 말해 여성문제 없는 많은 북한 문제를 이야기한다고 해서 북한의 주요한 그림을 그려낼 수 없듯이 아무리 많은 여성문제를 이야기한다고 해서 북한의 핵심적인 문제를 짚어낼 수는 없는 것이다.

2 북한 여성이 여러 가지 사회문제들과 부딪힐 때 여성정책이 드러난다. 이러한 여성정책을 크게 네 가지 범주로 나누어 살

펴보겠다.

　우선 여성운동의 주체형성의 측면에서 나타난 여성관 및 여성정책을 살펴본다. 1945년 10월 25일 평양에서 김일성은 여성들에게 한 강연에서 「현 국제국내 정세와 녀성들의 과업」이라는 글을 통해 대중적인 민주주의 여성조직을 결성할 것을 제시했다. 그후 같은 해 11월 18일 '북조선민주녀성동맹'(초대 위원장 박정애, 이하 여맹)이 창립되었다. 여맹은 다른 근로단체들처럼 당과 국가의 인전대(당과 대중을 연결시키는 정치조직)로 결성되어, 식민지적 잔재와 봉건적 잔재의 청산, 각종 인민정권기관의 건설, 사회주의적 개조 등 사회적 과제를 해결하는 과정에서 여성의 권익을 향상하고 여성을 조직하는 데 이바지하는 것을 목적으로 설정하였다.

　초기의 여맹이 사상교양 사업과 노동력 지원사업을 동시에 수행했다면 1961년 제4차 당대회를 거치면서부터는 전자의 성격이 강화되었다. 여맹을 주축으로 '어머니학교'를 개설하여 여성의 사상의식 개혁사업을 추진하기 시작한 것도 이 시기에 들어와서이다. 1971년부터 여맹은 여성들의 혁명화, 노동계급화, 인텔리화와 3대기술혁명의 일환으로서 '여성을 힘든 노동으로부터 해방시킬 것'에 대한 과제를 수행해 나가는 사상교양의 주체가 되었다. 또한 북한 사회를 하나의 '사회주의 대가정'으로 규정하고 가정에서 여성들은 혁명의 후대인 어린이를 공산주의자로 양육하고 남편에게 긍정적 역할을 해야 한다는 주장도 제기하였다. 여맹원 수는 70년대까지 270여만 명을 헤아렸으나 1988년 기록을 보면 20여만 명으로 줄어든 것을 볼 수 있다. 이는 80년

대의 경우 여맹원 대상을 직장에 다니지 않고 가정에 있는 가두 녀성(전업주부의 이북식 표현)으로 한정시킨 탓이다.

둘째, 제도적 수준에서 남녀평등의 실현과정을 살펴본다. 북한은 인민민주주의의 일환인 '반제반봉건민주주의혁명' 시기에 여성과 관련한 몇 가지 정책을 폈다. 1936년 5월 5일 '조국광복회 10대강령'과 1946년 '20개조 정강'에서 제시한 남녀평등 사상에 기초하여, 1946년 3월 한 달 만에 전격적으로 시행된 토지개혁에서 18~50세 성인여성에게 성인남성과 동일한 점수를 부여하여 일정 면적의 토지를 나누어주었다. 또한 1946년 6월 24일 제정한 '북조선로동자 및 사무원에 대한 로동법령에 대한 결정서'의 여성관련 조문 6개조 5개항, 1946년 7월 30일 북조선임시위원회 결정 제54호로 공포된 '북조선의 남녀평등권에 대한 법령' 9개조 등에서 근대적 의미의 경제적 남녀평등권, 예를 들면 '동일노동·동일임금'을 제도적으로 보장한 바 있다.

또한 '북조선 남녀평등권에 대한 시행세칙'(1946. 9. 14)에서 부부의 재산관계, 자유결혼, 이혼의 자유 등을 규정하여 가정 내 여성의 지위를 강화하는 데 기여했다. 이 당시 이혼의 자유의 의미는 흔히 소련의 볼셰비키혁명 초기 이혼의 자유 규정을 도입한 것으로 설명하지만, 이보다는 과거 축첩제 및 각종 봉건제적 인습으로 인해 가족관계에 묶여 있던 여성들을 해방시키려는 성격이 강했다. 또한 1948년 헌법에서도 4개조에 걸쳐 남녀평등권을 보장하였다. 1972년 '사회주의 헌법'과 1978년 '사회주의 노동법'에서는 앞선 시기의 남녀평등권을 탁아소나 가사노동의 사회화와 같은 훨씬 구체화된 사회정책으로 시행하여 남녀평등권을 실질적으로 보장하고 있다.

셋째, 남녀평등을 법적·제도적으로 뒷받침하는 조치 외에 마르크스주의적 기본강령을 실현하는 중요한 정책인 '가사노동의 사회화' 정책을 살펴본다. 이에 관한 원론적 차원의 논리를 편 사람은 엥겔스로서, 그는 "생산수단이 공동소유로 됨으로써 개별가족이란 사회주의사회에서 경제적 단위는 되지 않는다"고 보았다. 또한 "사사로운 집안 살림은 사회적 산업으로 되고, 아이들을 돌보며 교육시키는 것은 공공사업으로 될 것"이므로 여성탄압은 해결될 수 있다고 보았다(김대웅 역, 1985, 84쪽).

북한에서는 1970년 제5차 당대회에서 3대 기술혁명의 하나로서 '여성들을 가정일의 무거운 부담으로부터 해방'시키는 과제를 제기하였고, 이러한 과제는 1972년 '사회주의 헌법' 제62조로 명문화되었다. 문헌에서는 사회화의 방도를 이렇게 설명하고 있다.

> 녀성들을 많이 사회에 진출시키려면 녀성들이 마음놓고 일할 수 있는 조건을 더 원만히 보장하여 주어야 합니다. 무엇보다도 탁아소·유치원을 더 많이 꾸리며 녀성들을 위한 여러 가지 편의봉사시설도 더 잘 갖추어야 합니다. 또한 3대 기술혁명을 다그쳐 질 좋은 식료가공품과 부엌세간들을 많이 생산·공급하여 녀성들의 가정일을 훨씬 덜어주도록 하여야 합니다
> — 사회과학원, 평양: 사회과학출판사, 1975, 22쪽.

가사노동의 사회화 중 가장 중시했던 일은 탁아소의 건설이다. 1947년 탁아소 설립에 대한 규칙이 제정된 이래 탁아소 및 유치원은 꾸준히 증설되어 1976년경에는 6만여 개 시설에 350

만여 명이 수용됨으로써 대상 어린이들을 대부분 포괄하게 되었다. 또한 가사노동의 사회화는 식료공업을 발전시키고, 옷공장과 공동세탁소를 설치하고, 가정용 냉동고와 전기가마 등의 부엌세간을 공급하고, 농촌수도화를 건설해 나갔다. 또한 이미 50년대 후반부터 국공장, 밥공장, 공동식당 등을 설치·운영하여 여성노동력을 확보하고 이중노동 부담을 줄여주기 위한 노력을 기울이고 있었다.

넷째, 북한의 여성정책 가운데 눈여겨보아야 할 정책인 '모성보호정책'을 살펴본다. 남한의 경우 모성보호정책은 오랜 기간 여성운동가들의 주장으로만 남아 있었다. 1987년 '남녀고용평등법'으로 제도화는 되었지만, 신자유주의가 기성을 부리고 있는 현재 기혼여성의 경우 정규직은 고사하고 임시직이라도 구하고자 혈안이 되어 있는 형편에 모성보호 주장은 여전히 공염불인 것 같다. 한편 동유럽의 경우 모성보호정책이 여성의 전통적 역할을 강화하고 여성의 노동력을 착취하기 위한 조치라고 해석되기도 한다. 이러한 사례를 북한에도 적용하여 북한의 모성보호가 여성의 노동력을 동원하고 착취하기 위한 수단이라는 주장도 있었다.

하지만 여기서 우리는 노동력 동원을 부정시하여 모성보호조차 부정시하는 어리석음을 범해서는 안 된다. 또한 현단계 사회 조건을 무시하는 사고는 사회주의에 대한 좌편향적 사고에서 비롯된 것이다. 우리는 사회주의 사회를 모순이 존재하는 과도기 사회로 인식하고 여성의 자립이 경제력으로부터 나옴을 인정해야 한다. 그러할 때 정글의 법칙만 남은, 시장경제하의 경제활동을 택할 것인가, 모성보호가 있는 안전한 사회에서의 경제활동을 택할 것인가? 그 대답은 다소 자명해 보인다.

북한의 경우 모성을 보호하기 위한 여러 조치를 마련해 두고 있다. 예를 들면 여성의 출산기능을 보호한다는 측면에서 월 1회의 유급 생리휴가를 인정하고 있다. 임신한 여성의 건강진단을 매달 1번씩, 출산이 가까워지면 보름에 1번, 일주일에 1번씩 정기적으로 무료진료를 실시하고 있다. 출산할 경우 평양산원이나 기타 산원에서 무료로 출산을 할 수 있으며, 그리고 여성이 직장을 다니면서 출산할 경우 산전 35일, 산후 42일의 출산휴가를 받을 수 있다. 1986년 이후부터는 산전 60일, 산후 90일 총 150일의 출산유급휴가를 실시하고 있다(리경혜, 1990, 147쪽).

또 산모에게 수유시간을 주고 있다. 북한에서는 각 직장이나 마을 근처에 탁아소가 있기 때문에 일하는 여성들이 유아들과 멀리 떨어져서 작업을 하지는 않는다. 수유시간은 생후 1년 이하의 유아를 가진 어머니의 경우 오전·오후 각 2회 각 30분씩, 1년 이상의 유아를 가진 어머니의 경우 오전 오후 각 1회 각 30분씩 할당되어 있다. 이러한 조치의 제도화 및 일상화는 90년대 후반 경제위기 상황에서도 대략 지켜졌던 것으로 최근 북한이탈주민들은 증언하고 있다.

그외에도 임산부를 가벼운 업무에 배치하는 조치와 시간외노동·야간노동 금지조치를 취하고 있으며, 또 모성보호에 관한 비용은 전적으로 국가와 협동단체가 부담한다. 그리고 여성노동력 배치의 원칙에서 성인여성이 성인남성에 비해 상대적으로 경노동에 주로 배치하도록 조치하고 있다.

3 그렇다면 이런 과정을 거쳐온 북한 여성들의 오늘날 모습은 어떠할까? 그들의 직장과 가정생활 모습을 한 여성의 사례에서 찾아보자. 사례로 본 여성은 『더디 가도 사람생각 하지요』의 저자 조광동 씨가 만경대 학생소년궁전을 찾았을 때 안내를 맡았던 박명희 씨이다.

그는 결혼한 지 5년째 된 30대 직장여성으로 아침 5시 50분에 일어나 6시 35분까지 출근하는 남편을 돕고 가족들의 점심도시락을 싼다. 8시 30분까지 직장에 출근하여 일하고 오후 5시에 퇴근한다. 그는 11년제 의무교육을 마치고 "사회가 선생을 상당히 높은 존재로 보기 때문"에 김형직사범대학을 지망, 졸업하고 교원이 되었다고 한다.

그의 이야기에서 알 수 있듯이 북한에서는 교직, 특히 여성교원을 높이 평가하여 여성들의 교직 진출률은 상당히 높다. 70년대 초까지 여성의 교직진출 수준을 보면 탁아소 보육원과 유치원 교양원에는 대체로 여성이 집중 배치되어 있고, 인민학교에서는 80%, 고등중학교에서는 35%, 대학에서는 15%에 이른다.

교직을 선호하는 분위기는 그 사회의 교사에 대한 인식이 매우 양호함을 나타내주는 것이라고 할 때, 북한 여성의 교직 선호는 교사를 높이 평가해 주는 북한 사회의 인식이 반영된 것이라고 볼 수 있다. 이것은 곧 후대들에 대한 교육의 중요성을 깊이 인식하고 있는 북한 사회의 한 단면을 보여주는 것이기도 하다. 그러나 고등교육 체계로 갈수록 여성의 비율이 피라미드식으로 줄어드는 것은 교직에서조차도 성별 분리가 이루어지고 있음을 보여주는 현상이며, 고급직업으로의 여성진출 기회가 남성보다 상대적으로 열악하다는 것을 시사한다.

박명희 씨는 시부모와 함께 살고 있는데 "시부모와 며느리의 갈등은 세계적으로 해결하지 못한 문제 중의 하나"가 아니겠느냐면서 시부모와의 갈등이 있음을 인정하고 있다. 그러나 그는 그 갈등을 "젊은 사람이 이해하고 맞춰"서 풀어야 한다고 판단하는 새세대 여성이기도 하다.

그의 시아버지는 1991년 현재 60세로 이전에는 부기·재정을 하였고, 시어머니는 53세로 맛내기공장의 된장부에서 일하고 있다. 그리고 친정아버지는 60세로 은퇴하였지만 자기 전문분야인 의학계통의 연구를 계속하고 있으며, 친정어머니는 가내반에서 장갑 만드는 일을 하고 있다고 한다. 이렇게 친정부모와 시부모 모두가 직장생활을 하는 경우가 박명희 씨 가족만의 특수한 상황일까? 북한 여성들은 이 가족의 경우처럼 모두 사회적 노동에 참여하고 있는 것일까?

원론적인 측면에서 북한은 실업이란 것이 존재하지 않는 사회주의 사회이다. 따라서 사회적 활동을 할 수 있는 능력을 소지한 일반인들은 모두 노동을 통해 사회적 활동을 하고 있다. 물론 이것은 남성과 여성 모두가 동일하게 노동에 참여함을 의미하지는 않는다. 그러나 북한에서는 여성해방·남녀평등을 실현하려는 목적으로, 생산력 발전을 위한 경제건설의 당면과제를 해결하기 위한 목적으로 여성을 점차적으로 생산현장에 참여케 하는 여성 노동계급화 정책을 꾸준히 추진해 왔다. 여성 노동계급화 정책은 1958년 '인민경제 각 부문에 여성을 더욱 인입시킬 데 대하여'를 발표하면서 획기적인 전환점을 맞이하게 되며 6, 70년대의

〈표 1〉 연도별 총취업자 중 여성비율   (단위: 천명, %)

	취업자수	남자	여자	여성 비율
1953	638	463	165	26.3
1956	850	680	170	20.0
1959	1,459	948	511	35.0
1964	2,092	1,287	805	38.5
1976	-	-	-	48.0
1990	-	-	-	48.0
1991	-	-	-	49.0

* 한국여성개발원, 『북한여성의 지위에 관한 연구』, 1992, 65쪽.

〈표 2〉 1993년 말 노동력 직업분포와 여성노동력 비율

산업	남(명)	녀(명)	남+녀(명)	백분비(%)	여성 백분비(%)	여성노동력 분포(%)
농 업	1,718,021	1,663,909	3,381,930	30.7	49.2	30.0
공 업	1,921,658	2,196,674	4,118,332	37.4	53.3	39.4
건설, 지질	352,124	112,242	464,366	4.2	24.2	2.0
운수, 통신	285,321	117,156	402,477	3.7	29.1	2.0
상업, 유통	161,097	347,533	508,630	4.6	68.3	6.2
교육, 문화보건	339,459	504,188	843,647	7.7	59.8	9.6
기 타	784,171	501,289	1,285,460	11.7	40.0	9.0
합 계	5,561,851	5,442,991	11,004,842	100.0	49.5	100.0

* 「북한의 식량위기와 북한 여성의 경제활동」, 『북한의 식량위기와 여성』, 1999년 12월 10일 한국여성연구원 제7차 통일문제학술세미나 발표문.

경제계획에 따라 본격적으로 추진되었다. 특히 70년대 3대 기술혁명의 추진은 여성노동력의 수요를 절실하게 요구하였다. 1978년 4월에 발표된 '사회주의 로동법'은 여성 근로자들이 사회적 노동에 참여할 수 있도록 모든 조건을 보장하고 직장에 나가지 못하는 가정부인들과 가두여성들에게는 가내작업반과 가내협동조합을 통해 일할 수 있게 하였다.

북한의 산업구조는 1965년 1차산업 59%, 2차산업 25%, 3차산업 16%에서 1981년에 각각 49%, 33%, 18%로 바뀌었는데, 중공업부문이 몰려 있는 2차산업의 비중이 상대적으로 크게 증가하였음을 알 수 있다. 여기서 여성들의 산업별 취업현황을 보면 1970년의 경우 농업노동 60~80%, 경공업 70%, 임업 30%, 중공업 15%를 차지하고 있다. 북한 여성의 노동력은 주로 농업이나 경공업 부문에 집중되어 있는 것이다(기사연 통일연구위원회, 1994, 356쪽). 또한 90년대에 들어서도 모든 산업부문 경제활동인구의 49.5%를 여성들이 차지하고 있다(〈표 2〉 참조). 그중에서도 상업·유통부문과 교육·문화보건 부문, 공업부문에서는 여성노동자의 비율이 남성에 비해 더 높다.

따라서 박명희의 시부모와 친정부모의 노동생활은 북한 노동정책의 일면을 보여주는 하나의 사례라고 할 수 있다. 특히 친정어머니의 가내작업반 노동은 유휴노동력을 활용하는 북한의 적극적인 노동정책을 보여주고, 시어머니의 맛내기공장 된장부에서의 노동은 주요 가사노동을 사회화시키는 현실을 보여준다.

한편 박명희의 사례에서는 가사노동의 사회화가 어느 정도 진전되었는가 하는 현실적 측면과 함께 가정에서의 여성의 역할도 엿볼 수 있다. 남편이 가사일을 얼마나 도와주는가라는 물음에 대해 그는 이렇게 대답한다.

많이 도와줍니다. 단둘이 있으면 지금보다 더 많이 도와줄 것 같습니다. 그런데 부모님들이 계시지 않습니까? 색시가 생겼다고 자기 색시만 도와주고 방에 들어가 자기네들끼리 있으면 아무래도 섭섭해하지 않습니까? … 그리고 다른 가정들은 각이합니다. 우리 부서에 여성들이 많은데 우리 세대주는 호령만 하고 도와주지 않는다고 말하는 사람도 있고 너무 할 정도로 도와주는 사람도 있다는 겁니다.

—조광동, 1991, 139쪽.

비록 북한이 가사노동의 사회화를 많이 진전시키고는 있지만 역할의 주 담당자는 남쪽과 마찬가지로 여전히 여성임을 알 수 있다. 한편 남편이 어른의 눈치를 보느라 부인을 적극적으로 돕지 못하는 경우도 많다는 은연중의 토로에서는, 남쪽의 어른을 모시고 사는 가정에서 일상적으로 나타나는 현상과 비슷한 점을 발견할 수 있다.

박명희 씨의 사례가 보여주듯이, 북한 여성들은 남쪽과는 다른 사회적 조건과 여성정책에 기반을 두고 오늘의 모습을 가꾸어왔다. 그러나 그 이면에는 남쪽 여성들의 역할이나 의식과도 별로 다르지 않은 전통적 요소도 여전히 들어 있다. 지금부터 그러한 '같음'과 '다름'이 어떻게 나타나고 있는지 대중매체 및 소설, 동화와 교과서 등을 통해 구체적으로 추적해 보기로 하자.

『로동신문』 속의 현대 북한 여성···

『로동신문』 속의 현대 북한 여성

이경하

북한 여성들은 공장일이든 사무실 일이든 부업이든 대부분 사회활동을 한다. 그렇다면 북한 여성들은 구체적으로 주로 어떤 직업에 종사하고 있으며 어떤 활동을 할까? 또한 **새세대** 여성들을 구세대 여성들과 비교할 때, 직업관 및 노동생활에서 어떤 차이가 날까? 이러한 궁금증을 『로동신문』에서 소개하고 있는 여성들의 삶을 통해 살펴보려고 한다.

『로동신문』은 주로 제4면에 평양에서부터 탄광, 첩첩산중의 농장에 이르기까지 여러 노동현장에서 창출된 다양한 모범사례를 소개하는 기사와 사진을 싣고 있다. 이 지면에 등장하는 여성에 대한 기사는, 간힐적으로 모범을 창출한 여성들의 노동과 삶을 그리고 있을 뿐 그리 많은 편은 아니다. 여기서는 『로동신문』에 실린, 수적으로 제한적인 여성에 대한 기사를 통해서 북한 여성들의 노동과 삶의 모습을 추적해 보려고 한다.

> 북한 '새세대'는 전후 복구가 끝나가던 1950년대 중·후반 이후 태어나 경제적으로 과거 세대에 비해 절대궁핍에서 벗어난 세대이다. 또한 이들은 전쟁을 직접 겪지 않았기에 당이나 국가에 의해 '고생을 모르는 세대'라는 말을 듣거나 사회주의 제도가 완비된 사회에서 자랐기에 '당의 품 안에서 자란 세대'라는 말을 듣는다. 이러한 성향이 강하게 나타나는 세내는 70년내 중반 이후 김정일 주도하의 '3대혁명소조운동'의 기수가 되었던 청년들이었다.

북한의 신문은 당기관지 『로동신문』, 정부기관지 『민주조선』, 사로청기관지 『로동청년』 등 3개의 중앙일간지와 10개의 도별 지방일간지가 있다. 이 밖에 격월간지 2종, 주간지 2종, 격주간지 9종 등이 있으며 영어·프랑스어판 『평양타임스』와 『인민군신문』과 같은 특수지도 발간되고 있다. 『로동신문』은 1946년 9월 1일 북조선공산당 기관지인 『정로』와 신민당 기관지인 『선진』을 통합하여 창간한 것으로서 당 노선과 정책의 해설, 당원과 근로대중에 대한 공산주의적 교양이 주된 내용이다.

그런데 신문에 날 정도의 여성이라면 굉장히 유명하거나 그 사회에서 전형으로 내세우는 선택받은 여성이 아닐까 하는 생각도 들 수 있다. 또한 『로동신문』에 실린 여성들의 삶이 북한 여성 전체의 삶이거나 평균적인 삶 그 자체는 아닐 것이라는 생각도 든다. 이러한 우려에도 불구하고 기사에 표현되어 있는 평범한 여성들의 의지, 용기, 고민 등을 보면 특정한 여성만을 뽑아 선전하는 것으로만은 볼 수 없는 측면이 있다. 어쨌든 이런 점들을 염두에 두고 『로동신문』을 통해 북한 여성의 삶을 읽는다면, 1990년대 북한 여성의 좌표를 가늠하게 되리라.

1. 여성들은 어떤 일을 하고 있는가

여성노동력 인입과정과 배치의 특징

북한 여성들은 각계각소에서 다양한 일을 하고 있으며 경제건설의 중요한 한 축을 이루고 있다. 『로동신문』에 소개된 여성들의 직종만 보아도 과연 북한 사회에서 여성의 손길이 닿지 않는 곳이 있을까 싶을 정도로 다채롭다. 협동농장 관리위원장에서부터 농장원, 유색금속연구소 연구사, 기계연합소 산소분리기 공장 선반공, 피복공장 지배인, 병원 과장, 과학자, 판매원, 모방직공장 직장장, 열차승무대 대장, 교통경찰(교통

거리의 여성교통경찰

경찰대원), 우편통신원, 식료공장 지배인, 신발수리공, 인민학교·고등중학교 교원, 공업종합대학 부교수, 도로를 청소하는 도로관리원, 대동강변의 풍치를 한껏 돋우며 오가는 여객선의 선장, 집집마다 찾아다니며 보일러를 손봐주는 온돌수리공, 역에서 손님들이 지루하지 않도록 노래를 부르는 안내원, 각종 **편의봉사원**에 이르기까지 참으로 다양한 직종과 직책에서 일을 하고 있는 것이다.

북한 정무원 인민봉사위원회에서는 주민들에게 위생, 가공, 수리, 이발 등 각종 서비스 시설을 제공하기 위해 전국 시·군마다 '편의봉사 관리소'를 두고 있다. 북한 내 유일한 종합서비스 사업체인 셈이다. 편의봉사 관리소는 1개소당 150명 정도로 구성되어 있으며, 책임자(지배인)는 거의 대부분 여자이다. 운영은 독립채산제에 따른다. 창광원에는 대중탕·독탕·가족탕·한증탕 등 목욕탕과 수영장, 미용실, 청량음료점, 의무실이 갖추어져 있다. 지역에 따라 창광원, 은덕원, 은정원, 자남원, 와우도원 등으로 부른다.

북한 여성들이 노동 일선에 본격적으로 나서기 시작한 것은 한국전쟁 시기였다. 이것은 당시 남성이 전장에 있는 상황에서 공업·농업을 담당하여 생산물을 생산해야 했기 때문이다. 또한 전후 '트럭 대 일(一)'(김진계, 1990)이라는 말이 나올 만큼 다수의 여성에 남성이 절대 부족한 상태에서 전후 복구사업을 하면서 여성들의 사회적 참여를 독려하고 "여성의 평등을 실현하기 위하여 여성을 가정에서 해방시켜 산업사회에 돌려야"했다. 여성노동력을 여성들이 할 수 있는 직종과 직업으로 인입하고 기존의 이 부문에 종사하던 남성노동력을 여성노동력과 교체하여 더 힘들고 어려운 부문으로 돌리는 방식으로 진행되었던 것이다.

> 녀성로력을 광범히 인입함으로써 우리의 로력전선을 보충하며 확대되어야 할 것이다. 녀성들의 체질과 소질에 적당하게 경공업 부문에 많은 녀성로력을 인입하여야 할 것이다. … 그리하여 많은 사무기관에서 남성로력을 녀성로력으로 교체하여 그들을 생산직장으로 돌릴 것이다.
>
> ─조선중앙통신사, 『조선중앙년감』, 1954~55, 4쪽

이러한 노동정책의 결과 부녀 노동력의 증가율은 1953년부터 1957년까지 해마다 100%를 웃도는 가파른 상승곡선을 보였고, 1958년에 이르게 되면 213%라는 높은 수치까지 이르게 된다. 이러한 단기간의 급상승은 1957년부터 시작된 제1차 5개년계획과 **천리마운**

동의 추진으로 여성노동력 인입정책이 가속도를 받았기 때문이라고 파악된다.

'남녀로력 교체사업'은 6, 70년대에도 계속되었다. 이 시기는 전후 복구사업이 마무리되고 본격적인 사회주의 경제건설을 추진하던 때인데, 이에 맞추어 여성노동력 인입정책의 강조점도 노동력 확보라는 현실적 차원에서 '부엌일로부터의 해방'이라는 미래지향적 차원으로 옮겨진다. 그 시기에 가사노동의 사회화 문제가 제기되고, 모성과 여성노동의 보호가 사회적 배려의 일환으로 강조되기 시작한 것은 이와 맥을 같이 한다.

> 녀성들을 사회적 로동에 참가시키는 것은 유휴로동력을 합리적으로 쓰기 위해서만 필요한 것이 아닙니다.…녀성들을 사회주의 건설에 참가시키는 것은 단순한 행정실무적 조치로 볼 것이 아니라 하나의 큰 정치사업으로 여겨야 합니다.
> ―조선중앙통신사, 『조선중앙년감』, 1971, 469쪽

지속적인 여성노동력 인입정책의 결과 80년대에 들어서면 구체적으로 여성이 차지하는 각 부문별 비율이 〈표 3〉과 같이 나타나고 있다. 〈표 3〉을 보면 여성들이 대부분 농업, 경공업, 교사(주로 인민학교) 등의 직업에 몰려 있음을 알 수 있다.

북한 여성의 주요 직업유형은 미흡하나마 『로동신문』을 통해서도 살펴볼 수 있다. 〈표 4〉는 1990년 1년

천리마운동은 마치 천리마가 질주하는 기세로 사회주의를 빠르고 훌륭하게 건설하고자 하는 대중적인 경쟁운동이다. 1956년 당중앙위 12월 전원회의의 결정을 실천하는 과정에서 시작되었으며 1959년 강선제강소의 '진응원작업반'의 호소를 계기로 '천리마작업반운동'으로 확대되었다. 이 운동은 70년대 말 이후 사상·기술·문화의 '3대혁명 붉은기쟁취운동'으로 계승, 발전되었다.

〈표 3〉 부문별 여성노동력 비율

농업	경공업	중공업	인민학교 교사
60%	70%	15%	80%
고등중학교 교사	교수	지하노동	임업
35%	15%	20%	30%

*통일원, 『북한의 여성생활』, 1986, 통일연수원, 17쪽.

〈표 4〉 『로동신문』 제4면 기사에 등장한 여성의 직업분류(1990)

농업	경공업	중공업		인민학교 교사	
6회	4회	4회		3회	
고등중학교 교사	교수	의사/연구사	서비스		총
2회	2회	4회	5회		30회

동안 『로동신문』 제4면 기사에 등장하는 여성들의 직업을 분류한 것이다.

〈표 3〉에서 경공업과 중공업 부문의 여성노동자 구성비는 현격한 차이를 보이지만 〈표 4〉의 『로동신문』에 기사화된 횟수는 비슷하다. 또한 〈표 3〉의 교사직종 중에서 집중적으로 몰려 있는 인민학교 교사의 구성비에도 불구하고 『로동신문』에 기사화된 횟수는 다른 부문이나 상급교직에 비해 상대적으로 적다. 이러한 사실은 경공업부문과 인민학교 교사부문에 비해 중공업부문이나 고등중학교 교직, 대학교수직, 연구직종에 참여하는 여성의 활동을 북한이 정책적으로 좀

더 강조하고 있기 때문이라고 보아야 하지 않을까 싶다. 이러한 정책적 강조는 또한 인간의 창조적 능력 계발을 중시하는 북한 이데올로기와 '전사회의 인텔리화'라는 당정책과도 연결되어 있다고 해석할 수 있다.

한편 중공업에 종사하는 여성에 대한 기사 4편에서 두드러지게 나타나는 공통적인 특징은 새세대 여성들이 집단 혹은 개인적으로 광업기업소 또는 시추소원으로 자진 진출했다는 점이다. 이것은 새세대 여성들의 사회진출 양상과 함께 북한 노동정책의 현주소와 방향을 짚어볼 수 있게 하는 하나의 근거이다.

여성노동력이 사무직, 경공업 부문에 많이 배치되어 있는 것은 1994년부터 1995년 2월까지의 『로동신문』 기사 자료들을 통해서도 알 수 있다. 1995년 1월 11일자 제4면에는 평양 피복공장에서 일하고 있는 노동자들을 취재하고 작성한 기사가 있다. 사진에는 대략 10여 명의 여성노동자들이 머릿수건을 쓰고 일하고 있

제사공장 여성노동자들

다. 또한 평양의 제사공장·편직공장·염화비닐신발공장, 사리원 편직공장, 신의주 신발공장, 성천강 피복공장 등 경공업분야에는 대부분 여성들이 집중적으로 일하고 있는 모습을 볼 수 있다.

더욱이 1995년 1월 12일 제3면에 실린 성천강 피복공장의 사진을 보면, 그 큰 공장에 일하고 있는 수많은 노동자 가운데 남성노동자는 단 한 명도 발견할 수 없다는 사실에 다소 놀라게 된다. 그 반대로 같은 신문에 실린 만경대공장 기계공장, 성진제강 연합기업소 등 중공업분야의 경우 여성노동자는 한 명도 없거나 극소수만 있을 뿐이다. 그 밖에 여성들이 주로 많이 일하는 직종으로는 식료공장·김치공장의 노동자, 유치원, 간호사, 신발수리공 등으로 나타난다.

이것을 어떻게 볼 것인가?

북한 사회에서도 남자일과 여자일 간에는 수평분업이 이루어져 있다고 판단하게 된다. 1962년부터 시행된 노동력 재배치 정책에 따른 북한의 여성노동정책의 주된 목적은 여성노동을 힘든 노동으로부터 보호하려는 의도와 여성의 사회참여 확대에 있었다. 그러나 그 재배치 정책은 결과적으로 노동영역에서의 직종간 성별분업 현상을 낳고 있음을 볼 수 있다.

이러한 성별분업 현상은 북한의 여성 역시 가사노동이라는 이중노동 구조에서 완전히 벗어나지 못하고 있는 현실과 함께 중공업 등 노동환경이 거칠고 완력을 필요로 하는 영역은 남성의 몫이라는 관념이 여전함을 말해 준다. 이것은 여성의 경노동에의 배치를 '당의 특별한 배려'라고 표현하고 있는 것에서도 드러난다.

여기서 성별 노동력이 과연 생리적으로 차이가 있는가 없는가 하는 문제는 현대 페미니즘 연구자들 사이에서도 논란이 되고 있는 부분이기에 논외로 치더라도, 좀더 쉬운 일의 부여라는 이면에서 유추되는, 가사노동이라는 이중노동 구조의 잔존은 유심히 살펴볼 만하다. 북한이 정책적으로 추진하는 가사노동의 사회화 정도와 함께 가사노동에 대한 사회적 의식을 엿볼 수 있게 하는 측면이기 때문이다.

그런데 『로동신문』에서는 다른 기사를 통해 다양한 노동영역에서 여성들이 남성과 함께 일하고 있는 현장을 부각하는 것은 성별노동정책의 추진방향을 함축해서 보여준다. 일례로 안변군 배화협동농장원에 대한 기사와 함께 실린 사진에서는 한 여성이 경운기를 몰고 있고 쌀가마니를 남성과 여성이 같이 들어올리는 모습이 실려 있다. 또한 신의주 편직공장 사진에서는 남성과 여성이 거의 같은 비율로 일하고 있는 것을 볼 수 있다. 어쩌면 이러한 모습은 현실적인 모습이기도 하지만 현재로서는 모든 부문에서는 남녀평등이 실현되기 어려운 미래지향적 청사진으로서 제시된 것으로도 볼 수 있다.

그렇다면 북한이 의도적으로 사회적 활동에 있어서 남성의 일과 여성의 일을 분리하고 있다고 단정할 수는 없을 것 같으며, 가사노동의 사회화를 진척시키고 성별 노동력의 차이를 없애나가는 일종의 과도기 상태로 파악할 수 있을 것 같다.

여성관리자의 비율

직장에는 관리직이 있다. 이 관리직은 대개 다년간의 노동경험을 통해 노동과정과 인력배치에 능통하거나 탁월한 모범을 보인 노동자가 맡게 된다. 그렇다면 과연 북한의 여성노동자가 자신의 직장에서 관리직으로 올라갈 수 있는 가능성은 얼마만큼 열려 있을까?

『로동신문』에 실린 여성들은 대부분 자신이 일하는 현장에서 사회적 모범을 창출한 '혁신자'들이다. 이 여성들 중에는 온돌수리공, 도로관리원, 구두공장 노동자 등도 있지만 공장지배인, 관리소장, 직장장, 과장의사, 선장, 협동농장위원장 등 고위직 지위를 가진 중견 관리자들도 꽤 등장한다. 실제로 1990년 한 해 동안 노동영역에서 여성이 창출한 모범적 사례에 대한 기사 중에서 관리직 여성이 등장한 횟수를 뽑아보았더니 총 23회 중 10회로 43%였다.

1993년 북한이 유엔에 보고한 경제활동인구 보고서에 따르면(〈표 2〉 참조), 현재 북한에서 여성이 차지하는 노동력 분담률은 약 49.2%이다. 또한 1995년 9월 14일자 『내외통신』은 여성 기술자·전문가 숫자가 북한 전체 인텔리 숫자의 약 40%인 58만 명 정도라고 한다. 따라서 만일 총 여성 경제활동인구 중 관리직에 해당하는 여성이 약 40%에 이른다면 분명히 여성노동자들도 노동력 투여량이나 능력에 걸맞은 충분한 사회적 지위를 보장받고 있다고 볼 수 있다.

그러나 기사화된 비율만으로 실제 북한 사회에서 여성들이 차지하는 관리직의 비율이 그 정도라고 보기는 힘들다. 이것은 기사에 등장하는 관리직 여성이 주로 여성 밀집분야에 집중되어 있고, 최근 북한에서 여성간부 발굴사업이 김정일의 주요 지침 가운데 하나라는 사실에서도 간접적으로 확인할 수 있다.

사실 북한의 정책적 지향과는 별개로 아직까지는 여성의 관리직 승진이 그다지 활발하게 이루어지고 있지는 않은 것 같다. 그렇다고 해서 북한에 그러한 현상이 있는 것이, 구조적·제도적으로 여성차별 요소가 있어서 주원인으로 작용하는 것 같지는 않다. 이것이 과연 북한 당국이 "여자는 국가 정치·경제·사회·문화 생활의 모든 부문에서 남성과 동등한 권리를 가진다"는 남녀평등권 조항을 실질적으로 구현해서인지, 아니면 남한의 연구자들이 주로 해석하듯 "여성 노동력을 합법적으로 동원"하기 위해 조장한 결과인지 확인할 수는 없다.

그럼에도 원인으로 일단 떠올려 볼 수 있는 것은, 남한이나 여타 국가들의 관공서와 기업에서 나타나는 것과 같은 보이지 않지만 뿌리깊은 여성차별 구조, 임신 및 출산·양육으로 인한 가정으로의 회귀, 남녀의 봉건적·가부장적 차별의식 등의 사정이다. 즉 북한에서 여성관리자의 수가 적은 원인은 가사노동이라는 이중노동의 부담이나 남성과 여성 모두에게 해당되는 봉건적·수동적 의식의 잔존에서 주로 찾을 수 있겠다. 또한 여기에 여성간부 양성의 역사가 짧다는 것도 그 원인으로 가세하고 있다. 게다가 경노동 작업장에 여성노동력이 집중 배치되어 있는 경제구조도 그 배경으로 작용하고 있다고 판단된다.

2. 새세대 여성의 사회진출 양상

최근 들어 구세대 여성들과 달리 새세대 여성들은 과거에는 남성 전유물이라고 인식되어 왔던 중공업분야로 진출하는 경우가 종종 있다. 이러한 변화상은 『로동신문』에서도 집중적으로 조명되고 있는데, 특히 경공업분야 공장에서 일하는 젊은 여성이나 군대를 갓 제대하거나 고등중학교를 막 졸업한 처녀들의 중공업이나 1차산업 ― 주로 광업, 임업 ― 분야로의 진출을 취재한 기사가 눈에 띄게 늘고 있다. 진출의 방식이나 계기 또한 북한 사회주의의 특성이 깃들인 '집단진출' '모범 따르기' 등이다.

집단진출한 19명의 처녀들

얼마 전 함흥 성진강 피복공장 1직장 7작업반의 19명 처녀들은 우리 당의 원대한 구상에 따라 새로운 규모로 거창하게 일떠서는 대흥 광업종합기업소에 집단진출하여 청춘의 리상을 꽃피울 것을 열렬하게 결의하여 나섰다.

—『로동신문』, 1990. 6. 13

이 기사는 19명의 처녀들에 대해 "장하다! 대흥의 딸들"이라는 칭송을 아끼지 않고 있으며, 그들의 결심을 다른 젊은 세대 여성들이 모범으로 삼을 것을 강조하고 있다. 그렇다면 피복공장에 근무하던 새세대 여성들이 왜 어렵고 힘든 광업기업소로의 진출을 결심했을까?

그들이 집단적으로 결의하게 된 구체적인 계기는 예술영화 〈우리는 청춘〉을 보고 나서라고 한다. 영화의 주인공들이 당의 구상을 실현하는 데 젊음을 바치는 모습을 보고 그들은 감동을 받았다. 그런 가운데 누군가는 당장 간척지 건설현장으로 가자고 하고 또 누군가는 수도건설 현장으로 가자고 하는 목소리들이 커지기 시작했다. 결국 당이 중요하게 추진하고 있는 대흥 광업종합기업소로 가자고 엄화숙 여성이 제안하자 많은 처녀들이 그 의견에 지지를 보냈다는 것이다.

기사대로라면 진출하는 이유는 딘 힌 가지, 새세대 여성들의 공산주의적 자각이다. 하지만 이것을 선뜻 받아들이기에는 계기가 너무 단편적이다. 그 이면에는 당연히 북한의 요구와 현실이 담겨 있을 것이다.

기사의 내면에서 읽혀지는 인상은, 북한에서도 광업

북한 근로자들의 평균임금은 1993년 기준 통일원 추산으로 100원 정도로서 남한 돈으로 환산하면 3~4만 원 정도이다. 물가를 보면, 쌀은 kg당 8전, 소고기 kg당 7원 50전, 맥주 1병당 1원 1전, 와이셔츠는 한 벌에 16~40원, 세탁기는 400원이다. 생필품은 거의 형식적인 가격일 만큼 싼 대신 고급소비재는 대단히 비싸다. 생필품은 배정품과 자유판매품으로 구분하여 구매카드를 가지고 지정된 상점에서 구매하도록 되어 있으며, TV, 냉장고 등 상대적으로 값비싼 가전제품은 직장에서 할당받아 구매한다.

과 같은 업종이 일종의 '3D 업종'으로 분류되어 젊은이들이 기피하고 있구나 하는 것이다. 실제로 소설 등을 보면 광업관련 업종의 **임금**이 경공업분야의 임금에 비해 거의 두세 배 가까이 높고 대우도 특별히 좋은데도 그 분야로 진출하는 젊은이들은 상대적으로 적다는 것을 알 수 있다. 적지 않은 젊은이들이 임금은 좀 적게 받더라도 깨끗하고 문화적 환경이 잘 갖추어진 도시에서 일하고 싶어하는 현실은, 〈도시 처녀 시집와요〉(1992), 〈하얀꽃〉(1991), 〈마음에 드는 청년〉(1989), 〈도라지꽃〉(1987) 등과 같은 근래의 북한 영화에서 비판적으로 다루는 주제이기도 하다.

따라서 『로동신문』의 기사화는 연약한 여성이 그런 험한 일에 자원한다는 사실을 공론화함으로써 기피하고자 하는 사람들, 특히 새세대 남성들을 분투시키고자 하는 의도가 다분히 깔려 있다고 볼 수 있다. 물론 최근의 심각한 경제사정으로 미루어보면, 상대적으로 많은 임금이나 물품을 받기 위해 여성임을 무릅쓰고 젊어서 한때의 고생을 자원하는 경우도 있을 법하다. 그러나 광업이나 산림개발 등의 경우 그 노동의 성격상 현실적으로 남성노동력을 요구한다는 점에서, 좀 가벼운 표현이긴 하지만 여성에 대한 '고임금 유인책'이라기보다는 앞의 해석이 타당성을 가진다고 본다.

또 다른 예를 『로동신문』이 "탄전이 자랑하는 한떨기 꽃"으로 표현한 승인옥 여성에게서 살펴보자.

연풍 청년탄광 창동갱 '김혁청년돌격대' 대원 승인옥 동무는 세 해 전까지만 해도 4·3종합공장에서 선반공으로 일하였다. 그러던 그는 석탄증산으로 당의 높은 뜻을 받들어갈 일념을 안고 안주지구 탄광련합기업소에 자원 진출하여 연풍 청년탄광 창동갱 '김혁청년돌격대'에서 권양기 운전공으로 일하게 되었다.

—『로동신문』, 1995. 2. 6

승인옥 여성의 기사에서 특징으로 나타나고 있는 것은 수령-당-인민이 삼위일체라는 '하나의 생명체론'이 개인의 직업진출에도 구현되고 있다는 점이다. 즉 기사내용 중 석탄증산에 대한 '당의 높은 뜻'은 시기적으로 보아 김일성이 1993년 신년사에서 밝힌 "석탄생산을 늘릴 데 대한 교시"가 "더 높은 석탄산을 쌓게 하는 투쟁을 힘차게 벌여나가자"는 당적 지침으로 표현된 것이다. 또한 바로 그것은 승인옥 여성으로 하여금 탄광으로 진출하는 데 원동력이 되어주었다.

신발수리공 가족과 '와도우 처녀'

새세대 여성의 직업선택 과정에서 볼 수 있는 또 하나의 두드러진 특징은 주변에서 창출된 모범이나 사회가 정형으로 제시하는 모범인을 따르는 것이다. 가장 가까운 사람인 어머니를 따라 신발수리공이 된 두 딸과 한 아들의 이야기를 실은 기사 내용을 보자.

"어머니, 어머니의 뒤를 이어 저도 신발수리공이 되겠어요."

이리하여 맏딸 한복순 동무는 33살이 되던 때부터 어머니와 함께 신발수리공으로 일하게 되었다. 군대에서 무전수로 복무하면서 예술소조원으로 인기를 끌던 막내딸 한순실 동무는 제대하자 포항구역 편의협동조합에 찾아와 이렇게 말했다. "제가 박분선 어머니의 딸입니다. 저도 어머니처럼 신발수리공으로 일하고자 왔습니다."

박분선 동무는 두 딸과 함께 청송1 신발수리소에서 일하게 되었다. 후에는 또 아들 한찬욱 동무도 신발수리공으로 일하게 되었다. 이리하여 박분선 동무네는 신발수리공 일가로 사람들의 존경과 사랑을 받고 있다.

—『로동신문』, 1990. 6. 27

꼭 북한에서만이 아니더라도 가업을 잇거나 부모의 직업을 따르는 일은 간혹 볼 수 있는 일이다. 개인적 동기에서 보면 누군가를 존경하고 사랑하게 되면 닮고 싶어하고 같은 일을 하고 싶어하는 마음도 저절로 우러나오게 마련이다. 특히 어렸을 때 '누구를 존경한다'는 이야기는 '무엇이 되고 싶다'는 소망과 일치되어 있음을 떠올릴 수 있다. 아마 초등학교에서 달리기 선수로 활약하는 어린이들에게 물어보면 대개가 "황영조 선수를 존경한다"는 얘기가 나올 것이며, 국회의원들에게 물어보면 그것이 본의든 품위를 계산한 말이든 "김구 선생을 존경한다"라든가 "대통령이 목표이다"는 식으로 나타날 것이다.

그러나 사회적으로 볼 때 부모세대의 직업과 자식세대의 직업이 전사회에 걸쳐 동일하게 나타나는 것은 수직적인 사회이동(vertical social mobility)이 활발하지 않은 사회임을 암시한다. 교과서적으로 말해 사회이동 면에서 개방사회를 표현하는 말은 수직적인 이동이 활발할 때이다. 그러나 현실적으로 보아 전통사회에서 초기 산업사회로 이동할 때나 전(前)사회주의 사회에서 사회주의 사회로 이동할 때, 사회주의 사회가 붕괴할 때 사회이동은 급격하게 활성화되는 것을 볼 수 있다.

그러나 이런 시기가 지나가면 어느 정도 수직적 사회이동은 완만하게 나타나는 것으로 볼 수 있다. 미국과 같은 선진자본주의 국가들에서는 현재 계급이동의 경우 수직이동보다는 수평이동이 더 일반적인 것 같다. 북한의 경우에도 1945년 이후부터 60년대까지는 사회이동이 급격하게 일어났지만, 80년대 이후에는 상당히 완만해지고 있는 듯하다. 또한 북한에 계급·계층은 존재하더라도 모순적이지 않다고 보는 경우 수직적 사회이동 자체가 직업이동 외에 사회적 지위 자체의 이동을 의미하지 않는다. 따라서 수직적 사회이동 자체가 개방사회이고 수평적 사회이동이 폐쇄사회라는 공식에는 의문의 여지가 있다.

그런데 북한은 개인이 직업을 선택하는 데 있어서 설득식·자원식 방식으로 선택의 폭에 영향을 미치고 있는 것 같다. 즉 당국은 정책적으로 집단의 요구에 충실한 일꾼을 본받고 그 뒤를 잇는 식의 식업선택을 모범으로 주목하고 정형으로 제시한다. 이러한 주목과 제시는 또한 단순히 미담을 알리는 차원이 아니며, 한 단위에서 모범을 창조하여 전사회로 확대하는 북한 특유의 영도방법을 실현하는 것이기도 하다.

이런 의미에서 『로동신문』에서의 모범 따르기에 대한 기사화도 일종의 정책홍보인 셈인데, 이는 실제로 새세대 여성들의 선택으로 현실화되어 다시 기사화되는 식으로 순환되고 확산된다. 이는 『로동신문』에 기사화된 룡수탄광의 '영웅 갱장'의 이야기를 보고 룡수탄광의 압축기 운전공을 자원한 '와도우 처녀' 정영옥 여성의 사례에서도 확인할 수 있다. '와도우 처녀'는 그의 결단을 사랑한 룡수탄광의 일꾼들이 붙여준 애칭이다.

새세대 청년의 가슴에는 그 영웅 갱장처럼 당이 부르는 초소에서 청춘을 빛내이고 한생을 빛내이려는 지향이 뜨겁게 불타올랐다. 정영옥 동무는 자기의 그러한 생각을 담아 룡수탄광의 초급당 위원회 앞으로 편지를 썼다.

"『로동신문』에 실린 갱장 동지에 대한 기사를 읽고 저는 '검은금'을 캐는 탄부들이 이 세상 제일 돋보이는 사람들이라는 생각을 깊이 가지게 되었습니다. 당이 부르는 어려운 초소에서 실천투쟁으로 우리 당이 받드는 그런 훌륭한 사람들의 대오 속에서 청춘시절을 빛내이고 싶은 것이 저의 절절한 심정입니다."

—『로동신문』, 1990. 10. 31

모범의 확산은, 어머니의 모범이 딸의 모범으로, 다시 모녀의 모범이 주변인의 모범으로 꼬리를 물며 이어지기도 한다. 김명숙 여성의 경우를 보자.

지난해 8월 말이었다. 연사군당위원회에 낯모를 한 처녀가 찾아왔다. 인민군대에서 제대되어 개천시의 한 공장에 배치받아 일하던 김명숙 동무였다. "전 이곳으로 자진하여 찾아왔습니다. 삼포리에 있는 나무모기르기 작업반으로 보내주십시오." … 처녀는 자기가 굳이 그곳으로 가려고 찾아온 사연에 대하여 이야기하였다.

몇 해 전 6월이었다. 그때 구분대의 위생지도원으로 군사복무를 하고 있던 김명숙 동무는 임무를 받고 연사군 삼포리로 가게 되었다. 그곳에서 김영숙 동무는 제일 외진 곳에 자리잡은 나무모기르기 작업반의 김순금 녀성 집에 숙소를 정하였다. 그 집에는 나무모기르기 작업반에서 일하는 딸 전혜숙 동무가 있었다. 그는 김명숙 동무보다 두 살 우였다. …조국에 대한 뜨거운 사랑을 안고 나무모기르기에 지성을 쏟아붓고 있는 그들의 모습은 김명숙 동무를 크게 감동시켰다. …김명숙 동무는 지금 연사군 삼포리에 자리잡은 군 조림사업소 나무모기르기 작업반에서 일하고 있다. 나무모를 푸르싱싱 키우며….

—『로동신문』, 1995. 1. 7

어머니 김순금에서 딸 전혜숙으로, 다시 김명숙으로 이어지는 모범 따르기 양상은, 물론 『로동신문』이 직업진출의 모범적 요소가 다양하게 나타나는 사례를 목적의식적으로 발굴하기 때문이기도 하겠지만, 적어도 그 같은 사례의 많고 적음을 떠나 현실 속의 분명한 하나의 흐름이라는 사실을 확인시켜 준다.

한편으로 그러한 여성들의 이면에서 엿보이는 것은 북한 새세대 여성들의 결단력과 순수함이다. 언뜻 대립적 요소로도 보이는 이러한 품성들은 북한을 방문한 사람들이, 체제나 이념에 대해 비판적인 입장을 가진 사람들까지도, 인상적이었다고 표현하는 일종의 '인민성'이기도 하거니와 쉽게 감동받고 단호하게 행동화하는 내면의 동력이라고도 볼 수 있을 것이다.

김명숙 여성의 사례에서는 직업선택의 자유 문제도 끄집어내어 간접적으로 살펴볼 수 있다. 김명숙은 도시 공장노동자로 배치를 받았으나 자신이 원하는 일을 택했다. 이것은 국가기관에서 직업을 배치받았다고 하더라도 그 일을 하고 안 하고는 개인의 재량권이 작용하고 있다는 사실을 보여준다. 물론 김명숙의 거부와 선택은 사회적 요구가 좀더 높고 힘든 일에 맞추어져 있다는 점에서 그 자체로 재량권의 무한정한 허용을 의미한다고 판단할 수는 없다.

아마도 사회주의 사회인 만큼 직업선택에서 집단이해를 침해하는 수준까지의 개인적 욕망의 추구가 제도적으로 허용되지는 않을 것이다. 그러나 북한에서도 청년들이 도시에서 좀더 편한 직업을 선택하려는 추세가 늘어나고 있어 사회문제화되고 있다는 식의 남한의 보도에서도 역으로 드러나듯, 최소한 직업선택의 기본은 개인의 희망에서 출발함은 구태여 부정할 필요가 없을 듯하다.

3. 북한 여성의 노동관과 노동생활

『로동신문』 기사를 통해 만날 수 있는 북한 여성들의 일하는 모습은 그야말로 억척스럽기까지 하다. 조국에 대한 애정과 자부심, 일에 대한 책임감과 자긍심 또한 대단하다. 물론 전체 여성들이 이러하다고 단정하기는 어렵지만 북한 사회가 '다 함께 따라 배우자'고 칭찬하는 여성들의 모습은, 현실 속에서 실재하는 여성이자 북한 사회가 지향하는 미래의 여성상일 것이다.

인민을 위해서라면 다 좋은 일터야요

북한에서는 사회적 요구에 부합하는 직업선택과 노동생활이 일차적인 긍정적 행위로 강조되고 있다. "로동에 대한 긍지와 보람은 무슨 직종에서 일을 하는가 하는 데 있는 것이 아니라 사회와 집단을 위하여 어떻게 일하며 자신의 로동이 조국과 민족의 부강발전과 륭성 번영에 얼마나 이바지하는가 하는 데 있습니다"

라는 김일성의 교시는 북한 사회가 장려하는 직업관과 노동관을 단적으로 말해 준다.

사실 노동의 신성시와 노동의 공적·집단적 성격에 대한 강조는 사회주의를 내걸고 역사상에 출현한 모든 나라에서 공식적으로 표방했던 것이기도 하다. 경쟁을 통한 개인이윤의 극대화의 추구를 기본으로 사회적 책임을 '권고'하는 자본주의적 노동관과 협력을 통한 집단가치의 극대화 추구를 기본으로 개인욕망의 조화를 주장하는 사회주의적 노동관 가운데, 과연 어떤 것이 인간본성과 부합하는지는 별개의 차원에서 논의해야 하겠다. 어쨌든 두 문제는 비중의 차이가 있을 뿐 자본주의 사회이든 사회주의 사회이든 다같이 사회적 책임을 강조한다는 점에서 그러한 노동관이 현실화하는 것은 그 자체로 부정적인 일은 아닐 것이다. 문제는 그 자발성의 정도와 실천일 텐데, 북한의 경우 다년간의 교육을 받은 결과이겠지만, 공적 노동관이 체질화되어 있는 여성을 발견하기란 그리 어려운 일이 아니다.

먼저 구세대 여성이라고 할 수 있는 박분순 여성의 경우를 보자. 박분순은 앞의 신발수리공 가족의 사례에서 나온 바로 그 어머니이기도 하다.

전쟁기간 전선 군인으로 싸웠으며 당원의 영예를 지닌 박분선 동무에게는 마음에 드는 직업을 선택할 권리가 있었다. 그런데 그가 구역의 로동과에 갔을 때였다. 로동과의 일군과 편의협동조합에서 온 사람이 주고받는 이야기에서 신발수리공으로 가겠다는 사람이 적다는 것을 알게 되었다. 집에 와서 남편과 시부모님들에게 자기 결심을 말했더니 '다른 좋은 직업도 많은데…' 하는 기색이 그들의 얼굴에 비껴 있었다.

"우리나라는 지금 허리띠를 졸라매고 사회주의 건설을 하는데, 바삐 뛰는 사람들에게 신발이 얼마나 중요하나요. 그러니 신발수리공도 있어야 하고 그것도 아주 중요한 일이라고 할 수 있지 않나요. 나라와 인민을 위해 하는 일에 무슨 좋은 직업, 나쁜 직업이 있겠나요. 정 붙이고 일하면 다 좋은 일터야요."

—『로동신문』, 1990. 6. 27

박분선이 "전선 군인으로 싸웠으며 당원의 영예"를 갖고 있다는 것은 그 관록과 사회적 지위를 단적으로 말해 준다. 즉 그는 '출신성분'이 가장 좋은 최정예 당의 일군이다. 따라서 그의 결정은 사상의식이 투철해야 하는 정예다운 당연한 선택이라 할 수 있을 것이다. 그런데도 정예당원이 국가적 요구에 호응하는 것은 당연한 선택인데도, 『로동신문』이 이를 주목하여 모범으로 다루는 것은 왜일까?

이에 대한 답은 멀리에서 찾을 것 없이 '다른 좋은 직업도 많은데' 하며 실망하는 남편과 시부모의 기색에서 드러난다. 북한에서 박분순과 같이 젊은 날을 '혁명과 건설'에 충실히 바친 여성은 사회적 보상을 받을 권리가 있고, 그것은 좀더 좋은 직업을 선택할 수 있는 권리로도 행사될 수 있다. 이러한 식의 노력명가들이나 '공로자'들에 대한 의식주, 교육기회 등의 우대정책은 다수의 북한 방문기에서도 확인되는데, 남한이나 서방 세계의 언론은 이를 '특수 계층'으로 분류하여 비판적으로 취급하기도 한다.

『로동신문』이 박분순 여성을 부각하는 기사의 행간에는, 모름지기 당원의 노동관은 이래야 한다는 '강조'와 함께 이를 묵묵히 실천하는 당원들에 대한 '격려', 그리고 권리가 있다고 개인적 안락만 찾으려는 당원에 대한 '경고'가 숨어 있는 것으로 보인다. 어쩌면 이러한 각각의 태도 차이를 좀더 확대하여 해석해 보면 현시기 북한의 '관료주의에 대한 투쟁'과도 연결될 수 있지 않을까 생각된다.

박분순의 사례에서 또 하나 읽혀지는 것은 북한에도 좋은 직업, 나쁜 직업에 대한 구분과 편견이 엄연히 존재한다는 사실이다. 구태여 남이 알아주지 않는 직업을 택한 박분순이 "나라와 인민을 위해 하는 일에 무슨 좋은 직업, 나쁜 직업이 있겠나요. 정 붙이고 일하면 다 좋은 일터야요" 하고 경쾌하게 말하는 것은 바로 이러한 구분과 편견에 대한 겨냥일 것이다.

직업에 대한 편견의 존재는 현단계 북한 사회주의의 발전 정도와 맞닿아 있는 문제이다. 북한은 현 북한의 사회성격을 정신노동과 육체노동, 중공업과 경공업, 도시와 농촌 간의 차이가 남아 있는 사회주의 사회로서 공산주의 사회로 이행하는 과도기 상태에 있다고 규정한다. 따라서 사상·기술·문화의 3대혁명을 통한 인간개조 사업이 추진되는 과정에서 직업에 대한 편견과 같은 낡은 사상의 잔재는 사라질 수 있다고 주장한다. 그러나 만약 현재 나타나 있는 직업에 대한 편견의식이 '낡은 사상 잔재'가 아니라, 직업의 차이가 현실적 차별을 낳은 결과 생긴 '신종 의식'이라면? 안타깝게도 우리의 능력과 많은 질문을 던지는 데 그칠 뿐이다. 박분순 여성이라면 혹 대답을 할 수 있을지 모르겠지만 그는 너무 먼 곳에 있다.

'우리 당'이 바라는 일을

『로동신문』이 박분순과 같이 남이 하기 싫어하는 일을 자원한 중견 여성일꾼만 조명하는 것은 아니다. 당의 노선을 따라 자신의 꿈과 재능을 꾸준히 살려나감으로써 인텔리 일꾼으로 자란 중견 간부에게도 초점을 맞춘다. 말하자면 '전주민의 노동계급화'와 '전주민의 인텔리화' 정책의 과정과 정당성을 이런 노동관을 실천해 온 인물들을 통해 보여주는 것이다. 대학 여교수인 최순영의 경우가 이에 해당한다.

1964년 당시의 김책공대 전기공학부를 졸업한 최순영 동무는 대학 교원으로 되였으며 얼마 후에는 연구원에 들어가게 되였다. 포부가 컸던 그는 처녀시절에 가치 있는 론문을

북한의 대학은 기본 4~6년제이나, 교원대와 전문학교는 3년제이다. 김일성종합대학과 김책공업종합대학을 비롯해 각 도에 공대, 농대, 의대, 상대, 교대 등이 설치되어 있다. 그외 기업소 및 산업지구에 공장대학, 농장대학, 어장대학 등 각종 생산노동대학이 운영되고 있다. 남한의 방송통신대학과 같은 구실을 하는 김일성종합대학에서 실시하는 방송강좌도 있으며 대다수 대학에 직장인을 위한 야간대학도 설치되어 있다. 김일성종합대학의 경우 여학생 비율은 25% 정도이다.

쓸 잡도리를 하고 정력적으로 달라붙었다. 대학을 졸업한 이듬해에 그는 역시 전자공학에 뜻을 둔 언니와 함께 도서관에 공부하러 갔었다. 거기서 그는 뜻밖에도 친애하는 김정일 동지를 만나뵙는 크나큰 영광을 지니게 되었다. 김정일 동지께서는 그와 그의 언니의 생활에 대하여 료해하시고 우리나라에 전자공학을 하려는 녀성들이 많으니 매우 기쁘다고 하시며 전자공학을 빨리 발전시켜야 기술혁명을 수행할 수 있고 근로자들을 힘든 일에서 해방시킬 수 있다고, 앞으로 과학 연구사업에서 성과를 거두고 훌륭한 녀성과학자가 되라고 뜨겁게 말씀하시였다. 그날 최순영 동무는 언니에게 이렇게 말했다. "언니, 참다운 리상이란 뭐겠어요. 조국이 바라고 우리 당이 바라는 일에 자신의 모든 것을 바쳐나가는 거기에 있는 것이 아닐까요. 이젠 내가 무엇으로 당과 조국을 받들어야 하겠는가가 뚜렷해졌어요."

—『로동신문』, 1990

언뜻 이 기사는 흔히 볼 수 있는 하나의 사례를 다룬 것에 불과한 듯이 보인다. 그러나 자세히 보면 곳곳에 북한 사회를 읽을 수 있는 핵심적인 요소들이 숨어 있음을 발견할 수 있다. 즉 최순영이 여성과학자로 성장해 온 경로는 곧 북한의 여성노동정책, 당 노선, 지도자의 역할 등에 대한 작은 역사이기도 한 것이다.

먼저 최순영이 대학 교원으로 진출한 1964년은 시기적으로 "녀성 학자들을 키워내는 데 깊은 당적 주목"을 돌리기 시작한 때이다. 그 무렵인 1962년에는 김일성이 전국어머니대회에서 "녀성들 가운데서도 학사, 박사 들이 많이 나와야 합니다. 지금 우리 녀성들 가운데는 아직 박사가 없습니다. 이것은 유감스러운 일입니다"라고 강조하면서부터 여성 고급간부 양성작업이 본격화한 때이기도 하다. 그런 분위기에서 전기공학부 학생 최순영이 그 1순위로 꼽혔을 것임은 당연하다.

최순영이 졸업한 1964년은 한편으로 김정일이 김일성대를 졸업한 해이기도 하다. 김정일은 졸업 후 바로 당중앙위원회로 진출하여 지도원을 거쳐 비서가 된다. 최순영이 도서관에서 '친애하는 김정일 동지'를 만났다는 것은 현재형의 표현으로, 북한에서 친애하는 지도자 동지라는 표현은 70년대부터 쓰이기 시작했다고 알려지고 있다.

최순영과 김정일이 학교만 다를 뿐 졸업동기라는 사실은 김정일 체제의 주축으로 파악할 수 있는 이른바 '테크노크라트'의 역사적 형성과정을 단적으로 유추 해석할 수 있다. 즉 항일무장투쟁 시기부터 김일성과 함께해 온 노혁명가들이 북한 지도부의 1세대였다면, 2세대인 현 지도부의 주축은 사회주의 건설과정에서 김정일과 함께 교육받고 단련된 기술관료들이라고 볼 수 있는 것이다. 이것은 김정일의 정치적 성장과정이 수십 년에 걸쳐 목적의식적으로 이루어졌으며 현재 북한이 자랑하는 '130만 인텔리 대군'도 김정일의 성장과정과 맥을 같이함을 시사해 준다.

'대를 이어' 계승된 이러한 '하나의 생명체'가 과연 1세대와 같은 혈연적 끈끈함으로 유지되고 있는가 하는 것은 의문의 여지가 있다. 그러나 "우리 당이 바라는 일에 자신의 모든 것을 바치겠다"는 최순영과 같은 여성 인텔리를 찾아볼 수 있다는 사실은, 현재의 극심한 경제적 위기와는 별개로 2세대 지도부인 김정일 체제의 유연함과 강도를 유추할 수 있게 해주는 주목할 만한 현상이 아니겠는가.

최순영의 사례에서는 구세대와 새세대의 평균적 교육정도에 따라 직업에 대한 강조점이 달리 찍히고 있는 측면도 살펴볼 수 있다. 예컨대 최순영과 같은 구세대 여성들의 경우 고등교육을 받은 사람이 상대적으로 드물기 때문에 아무래도 직업선택에 교육변수가 크게 작용할 수밖에 없다. 그러나 새세대의 경우 대다수 여성들이 고등교육을 받았거나 받고 있다. 즉 최순영 같은 여성 인텔리들이 이젠 흔한 것이다. 이것은 박분순 같은 신발수리공 지망생보다 최순영 같은 과학기술자 지망생이 많으리라는 것을 짐작케 한다. 그리고 이런 희망은 그것이 개인의 교육경험과도 부합한다는 점에서 무시될 수 있는 성질이 아닐 것이며, 바로 여기에 북한 노동행정사업 관련기관의 현실적 고충이 있지 않을까 하는 생각도 든다.

혹시 『로동신문』이 새세대 여성들을 향해 집중적으로 노동계급성을 교양하는 이면에는 이러한 고충이 담겨 있지 않을까? 당과 인민의 요구를 앞세우는 직업관, 노동관을 가진 각 연령층의 여성을 반복하여 등장시키는 것도 그래서가 아닐까? 그리하여 북한의 새세대 여성은 사회활동의 참여라는 무게에 궂은일을 좇아야 한다는 부담이 덧붙여져 그 어깨가 한층 더 무겁지는 않을까? 궁금한 일이다.

우리 힘으로 본때 있게

인간, '인민'의 자주성을 생명처럼 귀하게 여기는 것은 북한 이데올로기의 핵심이다. 자주성에 대한 강조는 사회주의 자립경제 원칙으로 이어지며 생산현장에서 자립적으로 생산하고 노동하는 기풍의 강조로 나타난다.

『로동신문』에도 자신의 직업에 대해 주인의식을 갖고 일하는 여성들의 모습이 자주 등장한다. 자기 일 속에서 자체의 힘으로 원료를 개발하여 생산에 활용하는 식의 이러한 '억척여성'의 모습은 일차적으로 공장지배인 등 간부들에 대한 조명을 통해 강조되고 있다. 함흥시 해안구역 해안식료공장 지배인 최명신 여성과, 삭주군 수풍 피복공장 지배인 승정숙 여성에 대한 기사를 보자.

최명신 동무가 공장 지배인으로 일하기 시작한 것은 14년 전부터였다. 최명신 동무는 원료기지를 꾸리는 일에 두 팔을 걷고 나섰다. "우리 힘으로 원료를 생산하여 구역 주민들에게 더 많은 식료품을 공급하자요."

　최명신 동무는 나무등걸이들을 들어내고 잡판목 뿌리들을 들춰내여 원료기지를 확장하는 일의 앞장에서 제일 많은 땀을 흘렸다. 공장이 바다가에 자리잡고 있어서 별로 원료기지로 쓸 만한 빈 땅이 없었으나 최명신 동무는 십리를 가든, 백리를 가든 씨앗을 심을 빈 땅이 있다면 주저없이 찾아갔다. … 최명신 동무는 용접공 렴윤섭 동무와 같이 전투현장에서 일하고 있었다. 그날 점심시간이 가까워올 무렵에 다른 기관에서 온 한 일군이 용접현장에 찾아와서 공장지배인이 보이라 쪽에 있다는데 보지 못했는가고 물었다. 그 말에 렴윤섭 동무가 최명신 동무를 가리키며 자기들과 함께 일하고 있는 그가 바로 지배인이라고 귀띔해 주었다. 그때 감탄해 마지않는 그 일군에게 렴윤섭 동무는 이렇게 말했다. "늘 그렇지요. 우리 지배인 동무는 언제 봐야 현장에서 로동자들과 함께 일하니까요."

　최명신 동무는 우리에게 이렇게 말했다. "일하는 사람이 누굽니까. 원료기지를 가꾸는 사람도 로동자들이고 식료품을 생산하는 사람들도 그들이지요. 지배인이야 그들을 위해서 있는 사람이 아닙니까."

―『로동신문』, 1990. 5. 9

　승정숙 동무는 1974년 4월부터 당의 신임으로 공장 지배인으로 일하게 되었다. 공장을 더 잘 꾸리자면 재봉작업반 건물과 기술준비실 건물을 더 지어야 하였다. 승정숙 동무는 건설부지를 확정하고 공장의 로동자들과 종업원들을 재봉작업반 건물건설에로 불러일으켰다. 80여 리 떨어진 곳에서 **석비례**를 파오고 그것으로 블로크를 찍어야 했으며 목재와 기와를 비롯하여 건설에 필요한 모든 것을 자체의 힘으로 해결해야 하는 이 공사는 대부분 가정부인들로 구성된 이들에게 있어서 쉬운 일이 아니였다. 그러나 승정숙 동무는 신심을 가지고 로동자들을 불러일으켰다. "…우리 힘으로 재봉작업반 건물을 본때 있게 일떠세우자요." 승정숙 동무는 석비례를 파오고 그것으로 블로크를 찍는 일에 앞장섰으며 자력갱생, 간고분투의 혁명정신을 높이 발휘하여 없는 것은 만들어내고 부족한 것은 찾아내면서 건설공사를 힘있게 밀고나갔다. …몇 해 안 되는 사이에 공장의 면모가 일신되고 생산량이 늘어나게 되자 질을 높이는 문제가 일정에 오르게 되었다.

—『로동신문』, 1990. 1. 29

> 석비례란 돌이 풍화되어 생긴 흙으로서, 벽돌, 블록, 기와 같은 것을 만들어 쓰거나 도로를 포장하는 데 쓴다.

앞의 인용문에서 최명신이 보여준 노동자세에는 관리일꾼이 솔선수범함으로써 노동자들을 독려한다는 의미 이상의 것이 들어 있다. 바로 노동행정사업을 '사람과의 사업'으로 여기는 당 노선이 반영되어 있는 것이다. 구체적으로 그것은 "윗기관이 아랫기관을 도와주고 윗사람이 아랫사람을 도와주며 정치사업을 앞세우고 군중을 발동시켜 혁명과업을 수행"하도록 하는 **청산리방법**이 최명신을 통해 표현되고 있음을 뜻한다.

북한은 노동활동을 통해 근로대중의 자주성을 드높이고, 자주성이 노동생활에 대한 자긍심과 열정을 불

> 청산리방법은 1960년 2월 청산리협동농장에 대한 김일성의 현지지도를 통해 창출된 것으로서, 사회주의 건설의 새로운 요구에 맞추어 북한 특유의 군중노선을 구체화한 것이다. '대안의 사업체계'란 바로 이 청산리방법을 구현하기 위한 체계로서 1961년 12월 대안전기공장에 대한 김일성의 현지지도를 통해 그 전형이 창출되었다고 한다.

러 일으켜 생산력도 높일 수 있다고 주장해 왔다. 노동행정사업을 사람과의 사업으로 규정하는 것도 그 때문이다. 따라서 공장, 기업소, 협동농장 등 제반 노동현장의 작업구조도 이러한 정치사업이 관철되게끔 짜여져 있다.

이렇듯 기업운영에서 정치적 지도와 군중노선을 결합하는 방식을 '대안의 사업체계'라고 하는데, 이 체계는 현재 북한 경제관리체계의 기본으로 되어 있다. 공장 지도부가 공장 당위원회의 당 서기와 공장지배인의 집체적 관리구조로 짜여 있는 것이나, 협동농장에서의 기본 단위인 '작업반' '분조' 등이 당 세포를 떠올리게 함도 이러한 이유와 관련이 있다. 아마도 앞 기사의 사례를 보면, 지배인 최명신이 노동현장에서 창발성을 동원하고 있는 동안, 당서기는 그 주에 있을 단위별 '신년사'나 『로동신문』 독보회 혹은 '위문공연'

작업장을 순회하며 생산을
고무하는 위문공연단

을 효과적으로 진행하기 위해 준비하고 있을지도 모르겠다.

한편 최명순, 승정옥과 같은 관리자들의 생산노동에의 참여 역시 이를 모범으로 삼아 공산주의적 태도를 키우는 정치사업의 일환으로 일정하게 의무화되어 있다. 물론 이는 최명신처럼 "언제 봐야 현장에서 로동자들과 함께 일"하는 정도는 아니다. 의무조항을 구체적으로 살펴보면, 연간 1천 명 이상의 종업원을 가진 공장·기업소·협동농장의 관리일꾼들은 1년에 60일간, 행정경리부문 관리일꾼들은 48일간 생산노동에 참여하도록 되어 있으며, 천 명 미만의 종업원을 가진 현장에서는 각각 72일간, 60일간으로 규정되어 있다(『로동행정사업 경험』, 사회과학출판사, 1989, 52쪽). 사무행정직 노동자들의 이른바 **금요노동**도 이러한 정책에 따른 것이다.

승정옥의 기사에서는 앞의 측면들 이외에도 생산목표를 단계별로 정한 다음 '전격전, 섬멸전'을 펼치는 '속도전' 방식도 확인할 수 있다. "자력갱생, 간고분투의 혁명정신"을 발휘하는 과정이나 "공장의 면모가 일신되고 … 질을 높이는 문제가 일정에 올랐다"는 표현은 이를 말해 준다.

『로동신문』에 나오는 여성관리자들 가운데는 자리나 승진을 위해 요령을 피우는 식의 개인적인 욕심을 부리는 사람은 찾아보기 힘들다. 그렇다고 해서 여성간부들 전반이 두 여성과 같다고 보기는 어렵다. 오히

금요노동은 당·정 간부 및 사무원 들이 매주 1회씩 의무적으로 참여하여 행하는 의무노동의 한 형태. 북한은 1959년 3월 1일 「내각결정18호」로 사회의무노동제를 도입, 학생·사무원 들을 매년 일정 기간 육체노동에 동원하고 있다. 금요노동은 이러한 의무노동의 한 형태로서 당·정 간부 및 사무원 들을 그 대상으로 하는데 이들이 주로 금요일에 노동에 참여한다고 하여 이와 같이 이름붙여졌다.

려 현실적으로 두 여성과 같은 '인민의 참된 복무자'가 부족하기에 끊임없는 계몽이 필요한 것이 아닐까 하는 뒤집어보기 식의 시각은 이 부분에 대한 평가에서도 유효하지 않을까 생각한다.

그리고 최명신과 같은 고위직 여성들이 사회적 귀감이 되기 위해 열성적으로 일하는 모습은 아름답게 보이기도 하지만 한편 너무 버거워 보이기도 한다. 최근 들어 남한에서는 '일하는 여성이 아름답다'는 가치가 퇴장하고 있는 반면 생활에 여유가 생기면서 여가에 대한 가치를 새롭게 인식하며 삶의 질을 따지기 시작하고 있다. 여가란 빈둥거리는 태만을 의미하는 것이 아니라 인간의 심신에 활력을 불어넣는 원동력이라고 재해석하고 있다. 물론 북한도 여가생활에 대해 강조하기는 하지만 상대적으로 노동중심적 입장이 강하다. 앞과 같이 사회적으로 높은 지위를 차지하고 사람들, 특히 고위직 여성들에게서 그런 입장을 쉽게 발견할 수 있다. 그런 생각과 입장이 사람을 지치게 만들고 그러다 보면 형식주의·권위주의적으로 만드는 것은 아닐까.

모든 여성이 과학자로

북한은 굳이 연구실의 과학자나 연구사가 아니라 할지라도 생산현장 속에서 좀더 발전적이고 새로운 것을 창안하려는 태도를 가진다면 생산현장의 과학자가 될 수 있다고 강조한다. 이것은 인간의 본성 가운데 하나인 창조성은 무한히 발현된다는 철학이 노동관으로 표현된 것이자 기술혁명이라는 현단계 북한 사회주의 경제건설의 핵심 과제를 시사해 주는 말이다.

북한은 이미 1988년 3월 당중앙위 제6기 전원회의에서 제시한 '과학기술발전 3개년계획'을 통해 기술혁명을 위한 원료기지 축성과 민족기술 인재 육성을 촉구한 바 있다. 이러한 기술혁명의 강조가 어느 정도인지는 '기술혁명은 사회주의 경제건설의 생명선'이라는 표현에서 단적으로 찾아볼 수 있다. 최근의 『로동신문』의 보도에서 신기술을 창안한 여성이 자주 등장하는 것은 그런 면에서 당연하다. 황주군 가내생산협동조합 관리위원장 리승하의 경우와 닭먹이 개발자 리춘홍의 사례가 대표적이다.

어느 날 농촌 리에 나갔다가 무드기 쌓여 있는 강냉이오사리를 본 그는 그것으로 소비품을 만들 수 없겠는가 하는 생각을 가지게 되었다. 그는 조합에 들어와 사람들과 의론하던 끝에 곱게 물들여 꽃으로 만들어보고 다래넝쿨로 틀을 만들고 오사리를 엮어 의자와 실내화를 만들어보았다. …수십 번이 실패를 거듭하였으나 그들은 사소한 동요 없이 이악하게 달라붙어 마침내 직기를 만들어냈으며 거기서 '오사리천'을 짜내는 데 성공하였다. 천에 문양까지 넣으니 '오사리문양천'이 나오고 '오사리격자천'이 생산 …조합에서는 제품의 양과 가짓수를 높이기 위한 투쟁을 힘있게 벌여 강냉이오사리와 왕골로 130여 가지의 초물제품을 생산하게 되었다.

—『로동신문』, 1990. 11. 12

단백질먹이를 가득히 싣고 날마다 공장에 들이닿는 자동차들을 기쁘게 바라보던 리춘홍 동무는 자신을 자책하게 되었다. 나라에서 보내주신 단백질먹이에만 의존하면서 너무도 쉽게 일한다는 생각이 들었던 것이다. '우리 공장에서 자체로 동물성 단백질먹이를 생산하여 알 생산에 리용한다면 그만한 단백질먹이가 절약되어 다른 곳에서 더 많은 닭알을 생산할 것이 아닌가.' 이렇게 생각한 그는 단백질먹이 서식장을 만들기로 결심하였다. …그의 불타는 로력으로 공장에서는 해마다 수많은 동물성 단백질먹이를 생산하여 알 생산을 늘이였으며 새로운 방법으로 보충먹이도 생산하여 1년 동안에 수백 톤의 먹이를 절약하게 되였다.

—『로동신문』, 1990. 5. 19

북한은 자립경제를 구축하기 위한 한 방도로 기술혁명과 함께 남아돌고, 안 쓰고 버려두고 있는 것을 적극 활용하여 경제적 효용성을 높이는 방안을 강조해 왔다. 북한에서는 이를 '예비축적'이라 하고 예비는 쓸수록 자꾸 나온다는 '예비축적의 법칙'까지 주장한다. 또한 예비란 과학 교과서에 있는 게 아니라 생산현장에서 일하는 사람에게서 찾아진다고 하는 요지의 "내부예비는 대중의 심장 속에 있다"는 말도 있는데,

이의 사례로 드는 것이 연안군 천태협동농장 관리위원장인 백경실 여성이다.

그는 해종일 농장의 논밭을 돌아보며 일을 잘해 갈 결심을 가다듬었다. 농장의 논밭을 밟아보는 그에게 제일 눈에 걸리는 것이 니탄구뎅이들로 경지면적은 졸금졸금 줄어들고 있었으나 그런 것을 셈에 넣는 것 같지 않았다. "이게 어떤 땅인가? 이 흙 한 줌에 얼마나 많은 피가 슴배여 있는 것인가." 그는 밤늦도록 구뎅이들을 메워나갔다. 이것을 계기로 하여 작업반과 분조들에 널려 있던 니탄구뎅이는 모조리 메워지게 되었다. 그런데 모내기를 시작한 후에 보니 한 분조의 논에 니탄구뎅이가 그냥 있는 것이 눈에 띄었다. 손이 딸려 미처 메우지 못하고 모내기를 시작한 것 같았다. 남편인 신 동무가 벌에 찾아나왔을 때 백경실 동무는 이렇게 말하는 것이었다. "난 이걸 두고 오늘 밤 발편잠을 잘 것 같지 못해요." 땅을 아끼는 안해의 마음에서 높은 계급적 자각을 본 남편은 지게를 빼앗아 지었다. 그들은 온밤 흙을 날라 구뎅이를 메우고 모까지 꽂고서야 한시름을 놓았다.

—『로동신문』, 1990. 1. 13

자신이 일하는 일터에서 폐기물을 활용하고 신기술을 개발하는 식으로 끊임없이 창조성을 발휘하는 것은 현실적 측면에서도 이익이지만 즐거운 노동행위라는 점에서 더욱 높은 가치를 부여할 수 있을 것이다. 그러나 북한이 예비를 강조하는 이면에는 자원부족이라는 현실적 측면도 반영되어 있다는 점에서 이렇듯 닝민적으로민 바라볼 수는 없다. 또한 자원이 부족한 상황에서 '자립적 민족경제'를 추진해야 하고 그 정책에 따라 개인들은 부족한 조건에서 뭔가를 끊임없이 궁리해서 스스로 돌파구를 찾아야 한다는 것은 엄청난 긴장을 주는 일일 수도 있다. 하지만 예비를 잘 동원하는 사람이 반드시 과학자나 교수가 아니라 오히려 자신의 일에 대해 철저히 잘 아는 사람들이라는 점에서, 이러한 예비의 강조가 여성들에게 자기 삶의 주인이 되게 하고 직업에 있어서 프로가 될 가능성을 열어주고 잠재성을 일깨워줄 수 있다는 장점 또한 인정해야 하지 않을까.

책임감 높은 여성노동자들

이 항목에서는 『로동신문』이 여성노동자들을 다룬 기사 중 책임감이 강한 여성을 조명한 사례들을 모아서 살펴보려 한다. 북한 여성의 노동생활에 표현된 책임감을 집중적으로 살펴보고 싶은 까닭은, 책임감은 자본주의냐 사회주의냐를 떠나 다 함께 긍정적인 노동관 요소로 취급하는 것인 만큼 이를 살펴보면 일정하게 정치성이 상대적으로 배제된 상태의 북한 여성의 노동관을 파악할 수 있으리라고 판단되기 때문이다.

여기서는 의사 지정애와 북한 편의봉사망의 최일선이라 할 수 있는 공업품상점 점장 김영월의 경우를 들어보겠다. 이 같은 직업을 가진 여성을 선택한 까닭은 이 직업들이 현대인의 생활에 중요한 서비스를 제공하는 분야이고, 또 그만큼 책임감도 요구된다고 판단하기 때문이다.

그가 모란봉구역의 한 종합진료소에서 소장으로 일하던 때의 일이였다. 어느 날 저녁 의사들의 하루 치료사업 정형을 료해하던 지정애 동무는 한 의사로부터 그날에 꼭 치료받아야 할 한 영예군인이 오지 않았다는 사실을 알게 되었다. …그는 그 영예군인의 병력서를 깐깐하게 보았다. 그러는 과정에서 그는 그 영예군인의 치료에 그즈음 새로 나온 한 종류의 동약이 좋으리라는 생각을 하였다. 다음날에 담당의사를 큰 병원에 보내여 그 영예군인에게 쓸 약을 구해오게 하리라고 생각하며 병력서를 거두던 순간 …자기가 한 영예군인의 치료문제를 다음날로 미루고자 생각했던 것을 두고 심한 자책을 느끼며 그는 그 저녁으로 큰 병원을 찾아갔다. 지정애 동무가 해당한 약품을 마련해 가지고 그날에 치료받기로 되어 있었던 영예군인의 집 문을 두드린 것은 밤이 퍼그나 깊었을 때였다. "새로 나온 효능 높은 약인데 써보세요. 차도가 있을 겁니다." 늦어진 것을 사죄하며 이렇게 말하는 지정애 동무를 보는 영예군인과 그의 가족들의 눈길은 깊은 감동에 젖어 있었다.

—『로동신문』, 1990

그가 문덕군와 한 공업품상점 점장으로 배치되였을 때였

다. 그는 먼저 상점에서 만들어놓은 '우리가정수첩'부터 펼쳐보았다. … 생각 깊은 눈으로 그것을 이윽토록 들여다보던 김영월 동무는 판매원들에게 이런 이야기를 하였다. "'우리가정수첩'이라는 말이 얼마나 친근한 말이에요. 나는 '우리가정수첩'에 우리 주민들의 구체적인 생활을 적어야 한다고 생각해요. 그들의 생활을 주부의 심정으로 돌봐주는 사람이 바로 우리 봉사일군들이 아니겠어요." 이튿날 … 인민반의 매 가정들을 일일이 찾아다니며 그는 '우리가정수첩'을 새로 작성하였다. 며칠 후 그는 판매원들 앞에 그 수첩을 내놓았다. 판매원들은 수첩을 한장 한장 펼쳐보며 감동을 금치 못했다. 수첩에는 젊은 부부가 사는 가정, 늙은이들이 있는 가정, 영예군인이 있는 가정, 아이들이 많은 가정, 시집장가 갈 아들딸이 있는 가정 등이 구체적으로 적혀 있는가 하면 매 가정의 식구들의 나이, 취미, 기호 등도 적혀 있었다. 그리고 어느 가정의 누구는 공장예술소조원이고 악기를 잘 탄다는 것, 어느 가정에서 언제 환갑이나 결혼식을 한다는 것까지 세세히 적혀 있었다.

—『로동신문』, 1990. 3. 12

지정애와 김영월의 노동자세에서 공통적인 것은 둘 다 인민을 '찾아간다'는 점이다. 이것은 공급자가 수요자에게 적극적으로 다가간다는 현상적인 측면에서는 자본주의 사회와 같지만, 그 행위의 양상이나 주요 동력이 이윤동기에 의한 책임의식이 아니라는 점에서 다르다.

'우리가정수첩'을 철칙으로 삼고 있는 상업관리소

특히 현대 자본주의 사회에서 의사는 거의 병원에 대기중이고, 환자들을 직접 찾아가는 일은 상상도 못할 만큼 항상 바쁜 직업이다. 주치의처럼 환자를 찾아가는 경우도 있으나 일부 부유층이나 소수에게 국한되어 있다. 이것은 물론 의사 개인의 자질보다는 인구 대비 의사 수의 절대부족 현상과 함께 의료의 사기업적 성격 때문이겠으나, 의료분야기 세상 무엇보다 중요한 인간의 생명을 직접 다룬다는 점에서 비판적으로 다룰 이유가 충분하다.

그런 점에서, 북한을 포함한 사회주의 체제의 공적 의료체계에 대해 적어도 정치체제나 이데올로기에 대한 비판과 별개로 많은 부분 긍정적으로 평가, 연구되고 있다는 것은 바람직한 일이라고 할 수 있을 것이다.

지정애의 책임의식에는 사회주의 국가들이나 북한의 '사회주의 예방의학'의 원칙에 기반한 '의사담당구역제'라는 의료체계에서 발원한다. 이 제도는 의사가 일정한 지역의 주민들을 담당하여 그들의 건강을 책임지면서 외래환자들을 진료하는 방식인데 거주지담당제와 직장담당제 형태로 구분되기도 한다. 따라서 앞의 사례에서 지정해가 '료해'했다는 것은 모란봉구역 내의 한 거주단위의 주민들을 책임진 의사의 하루 활동보고라고 할 수 있다.

또 이 항목에서 다루고자 하는 노동자세와는 좀 다른 측면의 이야기지만, 영예군인의 병력을 보면서 '새로 개발된 동약'이 떠올랐다는 표현에서는 동의학과 신의학의 배합이라는 북한 의료의 또 하나의 특징을 엿볼 수 있다.

두번째 사례의 김영월 여성은 현재 문덕군 상업관리소 소장이다. 그의 주된 일은 주민들로부터 주문받은 물품을 공급하는 역할인데, 남한 식으로 표현하면 '문덕 공판장' 책임자인 셈이다. 이 김영월 여성이 '우리가정수첩'을 활용하는 것은 이른바 **정춘실운동**이 확산된 것이기도 하다.

'우리가정수첩'은 사회주의 상업의 한 특징인 주문제 상품공급 방식과 함께 상업망 일선에서 수요와 공급에 대해 국가의 적극적 개입이 어떻게 이루어지고

정춘실운동은 상업분야 종사자들의 충성심과 노력 제고를 독려하기 위해 전개하고 있는 '숨은 영웅 따라배우기' 운동의 한 유형. 이 운동은 1991년 10월 31일 김정일이 자강도 전천군 상업관리소 소장인 정춘실이 상업부문에서 보인 충성심과 헌신적 복무정신을 '모범'으로 내세워 "정춘실의 당과 수령에 대한 충성심과 인민에 대한 헌신적 복무정신을 모든 일군들과 상업부문 종사자들이 따라 배울 것"을 지시함으로써 시작됐다. 이후 북한은 이 운동을 "인민들의 생활을 끊임없이 향상시키며 우리식 사회주의의 우월성을 더욱 높이 발양하기 위한 대중운동"이라고 주장하며 '전군중적 운동'으로 전개하고 있다.

있는지를 시사해 준다. 물론 김영월의 헌신적 노력 자체는 '생활적이지만 수공업적'이라는 점에서 사회 전체의 물질수요를 계산하는 근본 방식으로 쓰이고 있는 것은 아닐 것이다. 그보다는 "주부의 심정으로 돌봐주는 사람"이라는 표현에서도 드러나듯 국가의 수요측정이 최대한 주민생활과 밀접하게 이루어져야 하며, 그 일에서 상업일꾼의 책임의식이 무엇보다 요구된다는 것을 강조하는 것이 김영월을 조명하는 주요 목적일 것이다.

또한 상업일꾼의 책임의식을 강조하는 데는 북한식 관료제 문제, 즉 형식주의 문제가 놓여 있다. 주문제 생산-공급 방식은 논리적으로는 시장을 대체하는 합리적인 체계이다. 그러나 누가 주민들의 수요를 파악하여 적절할 생산과 공급을 보장할 것인가가 관건이다. 관리들이 형식주의에 빠지게 되면 주민들의 수요가 있을지라도 경제흐름은 막히게 되기 십상이다. 경제의 동맥경화증을 해결하기 위한 방안 중 하나가 상업부문 관리들이 주문제를 관철하는 것이다. 그러한 취지에서 북한은 '정춘실운동'을 일반화시키게 된다.

한편 "주부의 심정으로 돌봐주는 사람"이라는 표현에서는 여성 중견간부에게 추가로 부가되는 짐이 연상된다. 물론 북한에서는 당을 '어머니'로 비유하며 당원의 역할을 '인민을 보살피는' 존재라고 말한다는 점에서 단지 노동자세를 강조하는 고유한 표현이라고 여길 수도 있다. 그러나 일상적으로 가정생활과 대면

하는 편의봉사 일꾼의 책임자가 '여성'인 지정애라는 점에서도 나타나듯이 모성 이데올로기가 북한 여성의 직업, 나아가 노동관에까지 일정하게 스며들어 있다는 것은 분명한 듯하다. 이런 점에서 북한 여성은 주부이든 전업노동자이든, 고위직 일꾼이든 남성과는 또 다른 부담을 지고 있지 않을까라는 생각도 떨쳐버릴 수 없다.

4. 북한 여성의 고민과 갈등

북한은 여성의 자유로운 사회활동을 보장하기 위해서 법적·제도적 불평등과 여성에 대한 사회적 편견을 제거하는 일을 정책적으로 꾸준히 수행해 왔다고 주장한다. 또한 가사노동의 부담을 줄이기 위하여 가사와 육아의 사회화를 계속적으로 추진해 왔다. 앞에서 사례로 든 『로동신문』의 여성노동자들 기사는 대개가 이러한 '승리의 현장'에서 발굴된 것들이라 볼 수 있다.

그러나 이것은 일면이다. 북한 스스로 현 북한 사회를 '완전히 승리하지 못한 사회주의 사회'라고 규정하는 것에서도 드러나듯이, 북한 여성들도 직업을 선택하고 일에 대한 책임을 다하는 과정에서 여러 가지 애로와 갈등도 분명히 존재할 것이다. 또한 자기 일에 대한 책임감이 남다른 만큼 여성으로서 느끼는 어려

움도 많을 것이다.

하지만 『로동신문』의 기사는 이러한 갈등이나 이 갈등의 과정에서 개인의 이해선택으로 기우는 여성의 이야기를 주연급으로 부각시켜 다루지 않는다. 이것은 익히 알듯이 당 매체라는 성격 때문이기도 하며 선행을 강조하여 확산시키는 특성 때문이기도 하다.

그러나 그렇다고 아예 다루지 않는 것은 아니다. 『로동신문』 등의 대중매체를 보고 좋은 측면만 선전하기 때문에 실제 사회상이 드러나지 않는다고 평가하는 것은 자본주의 신문을 읽는 눈으로 보기 때문이다. 『로동신문』도 현실 사회문제를 적극적으로 다룬다. 다만 그 취급방식이 주연보다는 조연으로, 그리고 그 문제가 이러이러한 노력으로 좋게 풀렸다는 결과론을 거의 반드시라고 할 만큼 덧붙이는 것이 차이가 날 뿐이다. 그런 면에서 보면 직업선택을 놓고 갈등하고 좌절하는 여성 역시 궁극적으로는 여성 '노력영웅'과 똑같이 주연으로 취급된다고 할 수도 있을 것이다. 이것은 "전체는 하나를 위해서, 하나는 전체를 위해서"라는 구호를 구체적인 인간개조사업으로 적용하는 것이기도 하다.

그러면 이제 '승리의 현장'에 공존하는 북한 여성들의 고민과 갈등을 추적해 보자. 여기서는 주로 앞에서 언급한 사례들과 연관해서 새세대 여성들의 고민과 갈등이 함께 나타난 기사와 기혼여성의 사례 한 편을 통해 간략히 살펴보는 것으로 그치겠다. 이것은 가사와 육아 등과 연관된 북한 여성의 어려움과 갈등 사례가 『로동신문』보다는 『조선녀성』이나 북한 소설·영화에 더 풍부하게 나타나 있는 만큼 중복을 피하기 위해서이다.

집단이해와 개인희망 사이에서의 갈등

19명의 처녀들 중에는 선뜻 집을 떠날 수 없는 동무들도 없지 않았다. 한 가정의 맏이인 엄화숙 동무, 평양에 약속한 총각이 있는 김룡숙 동무, 상급학교에 갈 결심을 하고 입학시험 준비를 하는 정옥실 동무, 유망한 체육선수로 발전할 길이 열려 있는 강경옥 동무…동무들이 앞을 다투어 수표를 하는 모습을 보며 강경옥 동무는 선뜻 나설 수 없었다. 림시로 얼마 동안 가서 일하다가 돌아올 돌격대 생활도 아닌 한생을 영원히 뿌리내려야 하는 대흥 땅이고 보면 생각이 많아졌던 것이다. 아버지 없이 홀로 계시는 어머니 생각이 머리 속에 갈마들기도 하였고 체육선수로 이름을 떨칠 생각도 놓고 싶지 않아 18살의 애어린 처녀로서는 선뜻 결심을 내비치기가 힘들었다.

—『로동신문』, 1990. 6. 13

이것은 이 글의 앞부분에서 집단진출 사례로 살펴본 "장하다, 대흥의 딸들"이라는 기사의 후속 내용이다. 미혼의 새세대 여성들이 집단적으로 미지의 지역으로 진출하는 것과 각 개인의 희망, 가정환경이 서로 부딪히고 있는 현실이 생생하게 나타나고 있다.

강경옥 여성 등의 갈등은 북한의 새세대 여성 역시 일차적으로는 개인의 처지와 희망에서 출발하여 직업 선택 문제를 고민함을 말해 준다. 또한 자신의 미래에 대한 포부와 북한 사회의 현실이 요구하는 것들 사이에 상당한 차이가 있는 경우가 꽤 많다는 사실도 시사해 준다.

그 한편에서 떠오르는 말이 또한 우리나라의 근현대사에서 청년층에 널리 회자되었던 "역사가 부른다, 시대가 원한다"는 말이다. 사람들은 대개 자신의 이해보다 집단의 대의를 택했던 이런 사람들에 대해 존경을 보내기도 하지만 자신과는 뭔가 다른 사람, 특별한 조건을 갖춘 사람이기 때문에 가능하리라고 생각한다.

북한 사회는 주민들, 새세대 여성들로 하여금 바로 그런 사람이 되도록 요구하고 있다. 물론 이것은 국가가 막무가내로 강요하고 배치하는 것으로 나타나지는 않는다. 그런 강제된 방식이 일반화되어 있고 쉽사리 관철된다면 사실 이렇듯 구구절절한 홍보와 모범적 여성의 제시가 별로 필요 없을 것이다.

그런데도 이러한 대대적인 홍보 역시 일종의 국가적 차원의 의식화교육이라 해석할 수 있다는 점에서, 설사 그 교육이 북한의 시대정신과 맞닿아 있다 하더라도 국가나 사회가 개인의 삶에 대해 어느 정도까지 요구하고 개입할 수 있는가라고 물을 수 있다. 특히 강경옥 등과 같은 집단진출의 경우, 누군가에 의해 요구가 제기되고 이어 다수의 결의가 나오는 상황에서 거부하는 여성은 자칫 스스로의 자의식이나 타인에 의해 일탈자로 취급될 수도 있을 것으로 추측된다는 점에서도 이 문제는 어쩔 수 없이 제기된다.

이 기사에서는 고민 끝에 가지 않기로 결정했다가 번복하는 두 여성의 행로와 심리가 이렇게 그려진다. 이 두 여성의 행로를 되돌린 힘이 과연 어떤 것인지 그 참다운 내면은 오로지 그 두 여성만이 알 것이나, 우리 함께 그 행로와 심리를 고민해 보는 것은 어찌 되었든 북한 사회를 짚어보는 데 매우 유익하리라 생각한다.

"언니 나는 더 걷지 못하겠어요. 이렇게는, 이런 길로는 부끄러워 더 걸을 수가 없어요." 강경옥 동무의 물기 어린 그 말에 박명희 동무도 발걸음을 멈추었다.

"동무 말이 옳아요. 내가 고등중학교에 다닐 때 우리 선생님은 우리 학교를 마친 언니들이 서곡 땅에 집단진출하여 위대한 수령님께 기쁨을 드렸다고 늘 자랑하군 하였어요. 오늘 나의 모습을 본다면 아버지, 어머니는 물론 배워준 선생님들이 얼마나 섭섭해하겠나요. 공장으로 돌아가자요. 우리도 수표를 하자요."

여성노동자의 '자격지심'

셋째딸 옥실이가 영광스러운 조선로동당에 입당한 지난

해 2월, 그의 고등중학교 동창생들은 자기들 중에서 제일 먼저 당원의 영예를 지닌 그를 축하해 주기 위하여 찾아왔다. …옥실이는 마치 영웅처럼 떠받들리웠다. "난 도로관리원이 제일 좋아. 우리가 길을 잘 닦아놓으면 다니는 사람들의 얼굴에 웃음이 피여난단다." 동무들에게 말하는 옥실이다. 그 말을 듣는 김성녀 동무의 얼굴에는 만족한 웃음이 비꼈다. 그에게는 몇 해 전 옥실이가 처음 도로관리원을 하던 때의 일이 선히 떠올랐다.

어느 날 도로에 석비레를 펴던 옥실이가 갑자기 없어졌다. 김성녀 동무는 딸을 찾았다. 대답이 없었다. 잠시 후 대학생 대렬이 지나갔다. 얼마 후 길 옆 나무숲 속에서 나온 옥실이의 눈은 부석부석해 있었다. …옥실이는 대학생 대렬을 보고 부끄러워 숨어버린 자신을 민망스럽게 생각하였다. 그리하던 옥실이가 오늘은 동창생들 앞에서 얼마나 의젓한가. 직업에 대한 사랑은 사람을 그렇듯 참되게 키우는 것이다.

—『로동신문』, 1990. 9. 19

도로관리원인 옥실이가 대학생 행렬을 보고 부럽고 부끄러운 마음에 몰래 숨어 울었다는 이야기는 남한의 가난한 여성들과도 비슷해 가슴을 아프게 한다. 물론 동창생 가운데 처음으로 '당원의 영예까지 지니게 된' 현재의 옥실이는 과거의 자격지심에서 벗어나 도로관리원이라는 직업에 만족과 보람을 느끼고 있다고 묘사되고 있다.

그러나 만약 비슷한 자격지심을 가진 상태에서 도

여성도로관리공

로관리원이 된 옥실이 또래의 다른 여성들이 다수 있다면? 혹시 그들 가운데 어떤 여성은 아직도 그 자격지심을 버리지 못한 채 대학생 대열을 피하고 있지 않을까? 아마 이 질문에 대해서는 『로동신문』도 '아니오' 하지 못할 것이다. 옥실이의 사례를 다룬 것 자체가 벌써 새세대 여성의 의식에서 나타나는 직업에 대한 우열관념이 상당한 현실문제의 하나임을 보여주고 있기 때문이다.

정신노동과 육체노동의 차이가 남아 있다는 것은

북한 자체적으로도 인정하는 것이다. 그런데 이 차이는 중공업분야 노동자가 경공업분야 노동자에 비해 두 배 이상의 임금을 받는다는 사실과 관련이 있지만, 단순한 보수만의 차이는 아닌 듯하다. 그렇다면 차이의 주 요소는 과거의 옥실이에게서 보여지는 자격지심과 같은 관념상의 문제에 불과한 것일까? 아마도 그렇지는 않을 것이다. 뭔가 분명한 현실적인 요인이 있을 것이다.

일반적으로 대학생이나 정신노동을 하는 사람이 선망을 받는 것은 일단 뭔가 깔끔하고 여유롭게 보이기 때문이다. 이러한 것들은 단순히 표면적 이미지만은 아니다. 선남선녀가 넘치는 도시생활과 깨끗한 환경에서의 학습생활, 좀더 손쉬운 노동생활에서만이 가꿀 수 있는 이미지로서 사실상 현실적 차이인 것이다. 따라서 정신노동과 육체노동의 차이가 반영된 옥실이의 자격지심에는 도·농 간의 차이나 중노동과 경노동의 차이, 남녀 성별분업상의 차이, 총체적으로는 현단계 북한 사회의 삶의 차이와도 맞물려 있다고 볼 수 있다.

그런 면에서 옥실이는 곧 오늘의 북한 사회주의의 모습이라고 생각된다. 즉 오늘의 북한은 옥실이의 자격지심으로 나타나는 현실적 불평등요소가 존재하는 한편, 옥실이가 그 자격지심을 극복했듯이 그 불평등요소를 극복하기 위해 애쓰는 사회라고 규정할 수 있는 것이다. 그것의 성공 여부는 아마도 훗날 중년여성이 된 옥실이의 모습이 어떠하느냐에 따라 가늠할 수 있을 것이다.

치마 두른 관리위원장

한달화 동무가 관리위원장으로 농장에 왔을 때 사람들 속에서는 치마 두른 관리위원장이 왔다고 뒤숭숭해했다.

차돌 같은 마음을 안고 이른 아침마다 밀짚모자를 푹 눌러쓰고 남 먼저 포전에 나가 첫 이랑을 타고 앉아 밭고랑이 훤하게 김을 매나갔으며 저녁이면 치마폭에 새끼돼지를 싸 안고 집집을 찾아다니였다. 그러던 어느 해 늦가을이였다. 한달화 동무가 평안북도의 한 지방에 가서 여러 마리의 종자 염소를 구해 가지고 수백 리 길을 걸어 며칠 만에 농장에 돌아왔을 때였다. 농장원들과 녀성들은 그의 축간 얼굴을 보고 혀를 차며 이렇게 말했다. "그러다 몸져누우면 어쩔려구… 이젠 좀 쉬염쉬염하라구요."

그러나 한달화 동무는 아직은 젊은 몸이여서 그런지 별로 힘들 줄 모르겠노라고 하면서 빙그레 웃었다.

—『로동신문』, 1990

20대에 관리위원장이 되어 지금은 장강군 무덕협동농장 관리위원장으로 있는 한달화 여성에 대한 이야기이다. 지금은 50고개를 넘어선 중년여성으로서 농장일을 "깐지고 알뜰히 꾸려가는" 농장의 관리위원장으로 정평이 나 있다.

"치마 두른 관리위원장이 왔다고 뒤숭숭해했다"는

표현을 보면 북한에서도 윗사람이 여성이면 미덥지 않게 여기고 깔보는 경향이 많이 남아 있었던 것 같다. 물론 한달화 여성이 관리위원장이 된 시기가 1960년대 초라는 점에서 이러한 경향을 현재형으로 보기에는 무리가 따른다. 당시만 해도 교육받은 여성이 절대 부족한 것이 현실이었으므로 법·제도상으로 남녀차별을 없앴다고는 하지만 여성이 윗사람으로 오는 것은 경험상 아주 낯선 일이었을 것이다. 즉 당시 사회관습이나 의식 면에서는 남녀차별적 태도가 강했으리라고 추측할 수 있는 것이다.

현재는 과거에 비해 중견 여성간부가 상대적으로 많아지고 최고인민회의 제10기 대의원의 경우 여성의 비율이 20%가 넘을 정도이며 또한 협동농장부문의 관리직이나 경공업부문 관리직 간부에서 여성이 차지하는 비율도 높은 것이 현실이다. 그러한 분위기에서는 더 이상 일반인들이 고위간부가 여성이라고 해서 과거와 같은 편협한 태도를 보이지는 않을 것이다.

하지만 북한 여성도 결혼하면 반수 가까이는 전업 현장을 떠난다는 점에서 보면 아무래도 여성진급자 수는 남성에 비해 현저히 적을 수밖에 없다. 따라서 전체 중견 및 고위 간부 가운데 여성의 구성비도 아직은 절대적·상대적으로 낮고 사회제도적으로도 낮은 위치를 차지하고 있다고 보아야 한다.

한달화는 수십 년에 걸친 열성과 헌신으로 사람들의 편견을 없앴고 존경할 수밖에 없도록 만들었다. 결국 그 모습이 암시하는 것은 여성해방의 주체는 여성 자신이라는 진리이다. 그러나 과연 남녀평등은 한달화 여성처럼 얼굴이 축갈 정도로 일하거나 수백 리 길을 걸어오는 우직함을 보여주는 방법으로밖에 쟁취할 수 없는 것일까? 여성 개개인의 몇 곱절 되는 노력으로써만 남성과 동등한 사회적 지위 속에서 일할 수 있고 사회에서 여성에 대한 뿌리깊은 편견을 없앨 수 있는 것이라면, 그것을 근본적이고도 옳은 해결책이라고 할 수 있을까? 이 물음은 북한에 대해서도 또한 현재형으로 제기할 수 있다고 생각된다.

『로동신문』이 조명한 여성들은 다들 사회와 인민을 위해 한몫씩 거들고 있는 당당한 노동자들이었다. 지난 90년대 중반 이래로 북한이 겪어온 절박한 식량위기, 경제위기 상황에서 여성들은 가족의 해체를 막기 위해 처절하게 사회적 활동을 해온 것으로 보인다. 장마당에 나선 사람들은 대개는 여성이고 조-중 국경 장사를 나섰던 사람들도 여성이었다. 최근 들어 북한에서 여성의 사회적 참여에 대한 사회적 편견의 흔적을 거의 볼 수 없었다는 점은 북한 사회가 거둔 성과로 볼 수 있을 것이다.

그러나 현실에서의 차별요소나 사회적 요구와 가정의 요구에 다같이 부응해야 하는 이중부담은 여전히 곳곳에 남아 있다. 또한 여성들이 모든 직업과 직종에 참여하고 있기는 하지만 아직은 방직·식료가공·피복공업 등 경공업과 상업편의봉사 부문, 교육(주로 초

중등) 부문, 문화·보건 부문에 치중되어 있다. 즉 자본주의 사회의 성별차별 방식인 수직분업과 수평분업이 북에도 여전히 남아 있는 것 같다. 이것들은 설사 그 현실이 현 북한 사회의 물적 토대를 반영하는 어쩔 수 없는 측면으로 해석된다 하더라도, 성별분업과 여성의 낮은 지위를 확인해 주는 징표들임은 틀림없을 것이다.

이런 점에서 지면을 통해서나마 현대 북한 여성들의 적극성을 확인한 것은 일면 놀랍고 일면 반갑다. 새세대 여성들은 구세대 여성에 비해 교육수준도 높고 진취적이어서 여성이 집중되어 있는 부문이 아닌 직종에서도 고위직이 되거나 잔존해 있는 남녀차별적인 사회관습에 대해 더욱 치열하게 문제제기를 하리라고 본다. 이제 강성대국(强盛大國)으로 가고 있다고 선언한 북한에서 경제가 다시 회복됨에 따라 북한 여성들의 목소리가 더욱 높아질 것으로 전망된다. 그들에게는 '한국전쟁 이래로 최대의 위기'를 극복해 냈다는 자긍심이 있는 것이다. 무엇보다도 여성이 남성과 동등하게 생활하고 노동하기 위해서는, 개인의 희망과 사회의 희망이 조화되는 접점에서 개인의 노력과 집단의 노력이 함께 가야 한다는 사실을 확인한 것은 통일 후의 연대를 기대할 수 있게 하는 즐거운 수확이다.

『조선녀성』과 북한의 슈퍼우먼 •••

『조선녀성』과 북한의 슈퍼우먼

황은주

 사회체제와 이념의 차이가 여성 고유의 역할이라고 여겨져 온 것들까지 전혀 다른 것으로 바꾼 것 같지는 않다. 남이든 북이든 결혼한 여성들은 아내, 어머니 또는 며느리라는 새로운 역할체계 속에 놓이게 되고 또한 그 의무를 다하는 것을 인생의 중요한 일로 여기며 살게 되는 것도 별반 다를 바 없다.
 그러나 북한 사회의 이념과 의식은 여성의 역할을 그 사회구조와 맞물리도록 재구성시켜 온 것 또한 간과할 수는 없다. 북한 사회가 여성들에게 거는 다양한 기대수준에 맞추어 여성들은 여러 가지 사회활동을 통해 자신들의 모습을 재사회화해 내고 있는 것이다. 여성들에게 다가가는 가정의 무게는 우리와 같을지라도, 북한 사회의 특성으로 인해 가치관과 의식의 변화를 가져온 것이 분명하고, 이 글은 바로 그 지점에 도달해 보고자 한다.

북한의 잡지는 『근로자』 『천리마』 『조선녀성』, 영문판인 Democratic People's Republic of Korea, Korea Today 등이 있다. 『조선문학』 등 직능단체별 전문지도 발간된다. 『조선녀성』은 조선민주녀성동맹의 기관지로서 여성들을 대상으로 정치·사상·문화 교육의 역할을 담당하고 여성들의 모범적 활동을 소개한다. 1946년 창간되어 1982년 8월까지는 매월 발행되다가 그 이후 1년에 6회 발행되고 있다.

이 장에서는 특히 북한 가정에서의 여성들의 모습을 『조선녀성』의 사례들을 통해 살펴보겠다. 이 잡지는 북한 내에서 여성들만을 위해 공식적으로 발행하는 유일한 잡지이고, 각 직장이나 조선민주녀성동맹(이하 여맹)에서 여성들에 대한 교육용으로 활용되는 매체이기도 하다. 이 잡지를 통해 북한 여성들이 가정에서 어떤 모습으로 자신의 역할을 수행하는지, 사회가 여성들에게 거는 독특한 기대는 무엇인지에 대한 윤곽을 그려보는 것은 매우 흥미 있을 것이라 본다.

가정에서의 역할과 인간관계는 이에 따른 다양한 고민과 갈등을 북한 여성들의 삶에 지속적으로 던지고 있다. 그러나 이 모든 주제를 폭넓게 다루기에는 『조선녀성』이 보여주는 자료의 양이 대단히 부족하다. 특히 아내, 며느리에 대한 기사는 두세 편에 불과하여 총련에서 발행하는 잡지 『조국』을 참고하기도 하였다. 여기에서는 주로 1974년부터 91년까지 발행된 『조선녀성』 전편에 실린 자료들을 토대로 부족하나마 북한 여성들의 삶의 일면을 살펴보고자 한다.

1. 북한의 어머니들, 그들의 고민

"여자는 약하지만 어머니는 강하다"는 말이 있다. 여기서 '강함'이란 모성을 의미한다. 북한은 '모성 이데올로기'를 강조하는 사회라고 불릴 만큼 어머니의 힘

줄다리기 시합에서 힘을 과시하는 북한 여성들

과 역할에 대해 지속적으로 강조해 왔다. 이러한 모성의 강조는, 앞장에서도 언급했지만 당을 어머니로 비유할 만큼 모성이라는 개념을 중요시하는 것으로 표현되기도 한다.

이러한 모성은 또한 여러 가지 어머니상으로 나타난다. 북한의 어머니들 중에는 기존의 전통적인 어머니상도 있고, 가정 안팎에서 적극적이고 진취적인 어머니상도 있다. 또한 자녀의 교육에 적극적인 나머지 '치맛바람'을 연상케 하는 경우도 있다. 남과 북이 처해 있는 현실은 크게 다르지만 자녀가 훌륭하게 커주기를 바라는 어머니들의 정서는 크게 다를 바 없는 것이다. 그들 역시 자신들이 처한 조건에 따라 자녀들에 대한 다양한 고민을 안고 있으며 이를 해결하는 방법도 다양하다.

딸을 '알뜰한 살림꾼'으로

몇 해 전 어느 일요일이었다. 나는 뜻밖에도 인민학교 1학년에 다니는 셋째 주해가 제 학습장에서 종이를 여러 장 찢어내더니 연을 만드는 것을 보게 되었다. 나는 주해의 학습장이며 학용품을 살펴보기 시작하였는데 절반씩 쓰다 말거나 뒤 등에 여기저기 그림을 그려넣은 학습장들이며 칼장난을 하며 토막을 낸 지우개를 보며 나는 심한 자책감에 잠겼다.
—평양시 서성구역 하신동 4반 김영숙, 『조선녀성』, 1979. 7

『조선녀성』이 이것을 기사로 다룬 것은 주해처럼 학용품을 장난감으로 여기고 낭비하는 아이들이 북한에도 꽤 많기 때문일 것이다. 분명 나쁜 버릇이긴 하지만 남한의 아이들과 비슷하다는 점에서 왠지 마음 한 구석에서 반가운 느낌이 들기도 한다. 구태여 비교하자면, 현재의 남한의 초등학생들은 주로 값비싼 외제에 솔깃해하고 멀쩡한 학용품을 내버리거나 잃어버려도 찾아가지 않아 문제라면, 북한은 있는 학용품을 낭비하는 것이 문제라는 정도이겠다. 또한 이는 북한의 자력갱생의 원칙과 특히 1990년대 북한의 경제사정과 관련지어 볼 때 검소한 생활을 어린이에게 일상적으로 습관화시켜야 하는 어머니의 과제를 부여하는 것이라고도 볼 수 있다.

자책감에 잠긴 주해 어머니는 대책을 강구하기 시작한다. 남북 어린이들의 나쁜 습관에서 공통성을 찾을 수 있는 것처럼 과연 그 대책도 비슷하게 나타날까?

다음날 나는 퇴근길에 담임선생을 찾아가 아이의 교양 대책을 의논하였다. 그후 나는 아이들의 학습장에 번호를 써주고 매 장마다 페이지 수를 적어주었으며 마지막 장까지 다 쓰도록 타일렀다. 그러던 어느 날 주해는 학습장 만드는 공장에 구경을 갔다 온 후 글짓기를 하였는데 학습장을 망탕 찢은 것이 잘못되었다는 자기비판을 하고 그럴듯한 결의까지 다졌는데 어쩐지 이 대목에서 나는 가슴이 뭉클함을 느꼈다. 이번에는 자기 물건뿐만 아니라 나라의 공동재산을 아끼고 사랑하는 버릇을 키워주어야겠다고 생각한 나는 어느 날 저녁 이미 준비한 것들을 가지고 주해와 함께 학교 교실에 나가 칠판에 먹필을 하고 학생들의 책상까지 반들반들하게 닦아놓고 집으로 돌아왔다. 지금은 우리집 애들 5명이 모두 10점 최우등이며 그렇게도 부잡하던 주해가 '알뜰한 살림꾼'으로 가정에서나 학교에서 칭찬을 받고 있다.

—같은 글

주해를 바르게 키우려는 어머니의 노력은 지나칠 정도로 극성스럽게 비치기도 한다. "우리집 애들 5명이 모두 10점 최우등"임을 자랑하는 것에서는 아이들 성적에 목을 매다시피 쫓아다니는 남한 어머니들의 치맛바람이 연상되기도 한다. 물론 주해 어머니의 '극성'은 치맛바람과는 차이가 있다. 아이를 차별적으로 일명 '주석궁'으로 불리던 김일성 주석의 관저인 금수산의 사당을 김일성 사후 성역화해 개칭한 것으로 김일성의 시신이 안치돼 있다. 평양 중심가에서 동북쪽으로 약 81km 가량 떨어진 대성구역 미암동 금수산(모란봉) 기슭에 위치하고 있으며 총 부지면적은 350만 평방미터에 달한다.

북한은 김정일 국방위원장이 김일성 사망 한 달 뒤인 1994년 8월 8일 "김일성수령을 금수산의사당 내에 영생의 모습으로 모셔야 한다"면서 직접 성역화를 지시했다고 밝히고 있다. 김일성 사망 1주기를 맞은 1995년 7월 8일 김정일 국방위원장을 비롯해 당·정·군 고위간부들이 참석한 가운데 개관식을 가졌다. 또 이에 앞서 6월 12일에는 '노동당 중앙위, 당중앙 군사위, 국방위, 중앙인민위, 정무원' 연명으로 「위대한 수령 김일성동지를 영생의 모습으로 길이 모실 데 대하여」라는 결정서를 발표 '금수산기념궁전' 조성사실을 공개했다. 금수산기념궁전은 정면 벽에 김일성 초상화를 배치하고 1층 홀에 입상을 마련해 놓았으며 김일성 시신을 지하가 아닌 지상에 안치했다. 또 궁전 앞에는 김일성과 김정일의 생일을 상징하는 폭 415m, 길이 216m의 광장을 조성했으며 방문객들을 위해 대성구역 용북동 주차장에서 금수산기념궁전 사이를 운행하는 전용 전동차를 운행하고 있다.

키우려 하거나 반드시 일등이어야 한다고 강조하는 경쟁의식에서 나온 극성은 아니기 때문이다. 주해 어머니가 신경 쓰는 것은 아이가 집단주의 정신에 따라 제 물건은 말할 것도 없고 공공재산을 아끼고 가꾸는 습관을 기르도록 하는 것이다. 집단을 먼저 생각하도록 교육하는 것에 중점을 두는 것은 남한의 일반적인 교육관과 가장 큰 차이를 보이는 부분이다.

그런데 여기서 한 가지 의문이 생긴다. '퇴근길'이라는 표현이나 거침 없는 의식과 행동을 보면 주해 어머니는 인텔리로서 중견 직장여성인 듯하다. 또한 주해의 집인 서성구역은 평양에서도 핵심요지로서 **금수산의사당**, 김일성종합대학 등이 있는 대성구역과 지척에 있는 곳이다.

그렇다면 혹시 이러한 환경에서 짐작되는 사회적 지위가 5명의 아이들을 하나같이 각별하게 키울 수 있는 '여유'의 배경이 아닐까? 물론 기사 속의 그는 자체로 현명하고 강한 어머니상이다. 그러나 남한의 무수한 강한 어머니들도 생활조건이 웬만큼 뒷받침되지 않으면 그 강함을 자식교육에 고스란히 쏟기가 힘든 것에 비춰보면 개인의 열성만을 이유로 들기에는 뭔가 미진함이 남는다.

한편 주해가 만약 남자아이였다면 '알뜰한 살림꾼'이라는 표현을 사용하였을까 생각해 보게 된다. 바로 이 단어가 풍기는 이미지에서 북한 어머니들의 내면에 깔려 있는 또 하나의 의식을 엿볼 수 있지 않을까 싶다. 이 점에 주목한다면 북한 어머니들 스스로가 '헌신적 여인상'을 재생산해 내는 주요한 교육주체로서의 역할을 기꺼이 수행하고 있다고 볼 수 있을 것이다.

출석부 없는 학생

북한 교육의 목적 중 하나는 집단을 먼저 생각하는 공산주의 인간형을 만드는 것이다. 북한은 어머니가 이러한 교육의 목적을 가장 충실하게 수행하는 가정교사가 되어야 한다고 강조한다. 또한 그 어머니들이 속한 집단에서도 자녀교육에 효과적인 방식을 적극적으로 토론, 개발하고 자체학습을 통해 어머니의 '힘'을 높임으로써 교육성과를 가져와야 한다고 강조한다. 이 집단은 대개 여성들이 속한 직장조직과 지역의 여맹을 가리키는데, 여맹 등의 집단은 남한의 '자모회' 식과는 다른 사회조직이라는 점에서 남한과는 다른 집단적 교육방식의 일면을 보여준다고 할 수 있겠다.

다음 사례는 곽산의 어느 여맹에서 있었던 일로, 아이들의 학업성적을 향상시키기 위해 어머니와 지역 여맹이 집단적으로 나섰던 일화를 기사화한 것이다. 자녀의 성적 문제에까지 집단이 개입하여 공동으로 해결하는 모습을 통해 북한 사회가 지향하는 교육방법을 살펴볼 수 있고, 또한 전체적인 사회 분위기도 읽을 수 있으리라 본다.

녀맹 초급단체에서는 우선 모든 녀맹원들의 자녀들을 우등, 최우등으로 만들 목표를 세우고 자녀들의 학업성적을 높이는 데서 어머니의 관심과 역할을 높이도록 하였습니다. 우선 초급단체에서는 학생이 셋인 허농녀 동무에게 분공을 주고 도와주기로 하였습니다.

—『조선녀성』, 1979. 11

그 지역 여맹이 "자녀들을 우등, 최우등으로 만드는 것"을 목표로 삼은 것을 보면 북한 여성들도 자녀의 성적 향상을 교육문제의 큰 고민으로 안고 있음을 알 수 있다. 그런데 그 목표를 성취해 나가는 방식이 좀 낯설다. 그들은 먼저 학생이 셋인 허농녀의 가정을 전형으로 선택해 한 가정에서 모범을 창조하게끔 집단적으로 도와주는 일에서부터 출발한다. 그리고 조직에서 임무를 부여받은 허농녀는 자식의 성적을 향상시키기 위하여 다음과 같이 열성적으로 노력한다.

허 동무의 아들 동건이는 학습에서 그리 모범이 되지 못했습니다. 동건이가 고등중학교 1학년에 다닐 때의 일이었습니다. 어느 날 그는 숙제를 미루고 잠자리로 들려는 것이었습니다. 허 동무는 자신이 먼저 책을 펼쳐들고 책상 앞에 앉아 함께 공부를 하자고 하였습니다. 이렇게 동건이도 그의 숙제를 다 하고 허 동무도 어머니 학교에서 할 토론준비를 다 하고 기쁜 마음으로 잠자리에 들었습니다. 농녀 동무는 아들의 학습을 도와주기 위하여 거의 매일 학교에 찾아가 동건이와 함께 배웠습니다. 그러기에 학교에서는 허 동무를 '출석부 없는 학생'이라고 불렀습니다. 허 동무는 동건이가 좋아하는 체육 기자재를 마을에 만들어놓고 그가 과외시간에 마을의 학생들을 데리고 체육활동을 활발하게 벌이도록 도와주기도 하였습니다. 이렇게 하니 동건이는 점차 학업성적도 좋아지고 조직생활에서도 모범이 되었습니다. 녀맹 초급단체에서는 이러한 모범을 다른 여성들에게 일반화하였습니다.

―같은 글

허농녀가 밤잠을 설치면서까지 아들이 공부하지 않을 수 없도록 만드는 모습은 시험을 앞둔 자식을 가진 남한 어머니들의 안타까운 모성과 그 모습이 유사하다. 그런데 허농녀의 노력은 그보다 한 발 더 나아간다. '출석부 없는 학생'이라는 별칭을 얻을 정도로 학교라는 장소에까지 '개입'하는 것으로 이어지는 것이다.

이것은 허농녀의 헌신 정도를 보여주는 것이기도 하지만 한편으로는 북한의 사회조직 구조에 비추어 여맹과 학교조직의 이해와 추동이 없이는 불가능하다는 점에서 일종의 허농녀를 앞장세운 집단교육 방식이 진행되고 있음을 말해 준다. 이러한 방식은 이른바 북한의 생산현장에서 비약적 발전을 이끌어내는 하나의 방법론인 '본보기 단위'의 집단적 창조 방식과 동일한 맥락에서 해석될 수 있다.

여맹과 허농녀의 공동노력으로 결국 동건이는 모범

적인 학생이 된다. 이것은 곧 여맹의 다른 어머니들, 나이가 그 어머니들의 자식들에게까지 영향을 줄 수 있는 하나의 모범이 창조되었다는 것을 의미한다. 어머니들에게는 "허농녀 여성처럼 교육하면 당신의 아이도 우등생이 될 수 있다"는 자신감을 불러일으키고, 우등생이 아닌 아이들에게는 "너희도 동건이처럼 공부하면 우등생이 된다"는 것을 보여준 것이다.

각 지역의 **여맹**에서는 자녀의 교육문제에서 나오는 고민과 연관해서 어머니들의 지식수준을 높이는 일에도 관심을 기울인다. 이를테면 어머니 재교육이라고도 할 수 있겠는데, 사실 이러한 사회재교육이 없이 가정에서 아이들이 묻는 다양한 질문에 과학적 지식이 뒷받침된 정확한 대답을 하기란 쉬운 일이 아니다. 한 북한 어머니의 토로를 들어보자.

"어제 저녁 우리 막내가 탁상시계를 라디오나 텔레비젼 수상기 곁에 놓으면 안 된다고 하였는데 왜 그런가고 묻는 걸 그만 대답을 못하고 말았다오." 그러자 다른 여성들도 하나같이 아이들이 생각지 않았던 것을 묻는데 대답을 하지 못했다고 하였다.

—『조선녀성』, 80년대

이러한 문제를 해결하기 위해 여맹이 창안한 사업이 바로 **어머니학교**이다. 인민반·작업반 별로 한 달에 두 번 이상씩 개최되는 어머니학교는 여맹의 핵심

조선민주녀성동맹은 1951년 1월 19일~20일에 걸쳐 열린 남북조선녀성동맹 합동중앙위원회에서 조선부녀총동맹과 민주녀성총동맹을 통합·개편하여 창립한 조직이다. 가입대상은 18~55세 여성이나 실제적인 맹원은 30세 이상의 기혼여성들이다.

어머니학교는 오늘날 여맹이 가장 큰 비중을 두고 운영하는 사업으로서 여성들의 사상교양과 자녀교육 등을 진행한다. 동에서는 인민반, 리에서는 작업반별로 한 달에 2번 이상씩 개최한다. 1977년에는 9만 3천여 개의 어머니학교가 개설되었다.

가정의 혁명화: 가정에서 사이좋게 학습하는 부부

사업 가운데 하나로서, 기혼여성의 재사회화 공간이자 개인의 고민을 집단적인 토론을 통해 해결하는 통로라고 할 수 있다.

북한은 '전사회 성원의 혁명화, 노동계급화'라는 기본 방침에 따라 모든 어머니들은 "어머니학교에서도 배우고, 남편과 아들딸들에게서도 배우고, 책에서도 배우는 등 모든 조건을 다 이용하여 적극적으로 배워야" 하며 "특히 어머니들이 선진적인 아동교양 및 보육상식과 과학적인 가정관리 상식을 습득하도록 하여야"(『전국어머니대회 문헌집』, 1962) 한다고 강조한다.

이것은 그간 여맹의 각종 사업으로 현실화되었는데, 그 방식과 내용은 어머니학교 외에도 '어머니전람회' '강반석어머니학습회', 90년대 이래로 '김정숙 따라배우기 운동' 등으로 제기되었다. 어머니전람회는 항일투쟁에서 공을 세운 어머니들의 자료를 전시한 전람관을 돌아보는 것이고, 강반석어머니학습회는 김일성의 생모인 강반석을 따라 배우자는 의미로 이름붙인

김정숙 따라배우기 운동의 학습장

정치학습회이다.

교양과 설득으로 자녀교육

북한에서 강조되는 교육방법은 교양과 설득이다. 이는 자녀교육에서도 예외는 아니다. 강요나 윽박지르기 그리고 다른 아이들과 비교하기는 아이들을 주눅들게 한다는 점에서, 그 실제 현실화 정도를 떠나 원칙 자체는 눈여겨볼 만하다.

단천읍에 사는 한금숙 여성의 아들 광선이는 인민학교 4학년생이다. 광선이는 평소에 네 명의 누나가 번갈아 가며 숙제를 봐주는 바람에 수동적인 버릇이 든 아이다. 어느 날 누나들이 학교에 간 후에 작문숙제가 생각이 났으나 늘 도움을 받아왔던 광선이는 혼자 힘으로 숙제를 할 수 없었다.

그날 이후 저는 곰곰이 반성을 하였습니다. 숙제를 제 힘으로 하도록 이끌어주는 대신 누나들이 도와주지 않을 때는 나무라기까지 했으니 말입니다. 그날 저녁부터 저는 광선이를 설득하여 모든 일을 제 힘으로 할 것을 일깨워주기 위해 노력을 했습니다. 광선이는 작문을 저 혼자 지을 것을 결심하고 나섰습니다.

그러나 정작 달라붙고 나니 제 힘으로 해내려는 결심보다는 잡지에 난 글을 본따려고 하였습니다. 나는 광선이가 학습을 비롯한 모든 일을 자신의 힘으로 해내도록 하자면 우선 제 힘을 믿도록 해야겠다는 생각이 들었습니다. 그래서 스스로 토끼 우리를 만들어보도록 하였고 이를 스스로 잘해낸 광선이를 칭찬해 주며 이렇게 말했습니다.

"토끼우리를 제 손으로 만드니 네 마음도 기쁘지? 제 힘으로 하겠다는 마음만 굳게 먹으면 아무것이나 그렇게 어려울 게 없단다. 글짓기도 마찬가지란다."

이런 일이 있은 후 나는 담임선생님과 연계를 짜고 광선이가 혼자 힘으로 산수문제 풀이 등을 하도록 꾸준히 이끌었습니다. 그랬더니 이제는 숙제를 제 힘으로 해갈 뿐 아니라 광선이가 학급의 책상, 걸상을 제 손으로 고쳐놓은 사실에 대해 담임선생님으로부터 칭찬도 받았습니다.

―『조선녀성』, 1979. 3

광선이의 사례는 그대로 남한의 교과서에 실어도 되지 않을까 싶을 만큼 무난하게 읽힌다. 어머니가 생활 속에서 유도한 방식 또한 아동심리에 맞춘 적절한 교육방식으로 보인다.

그러나 자세히 보면 이 무난한 사례에는 북한의 교육방식뿐만 아니라 어릴 때부터 '자주성'과 '창조성'을 길러주어야 한다는 아동철학교육의 원칙이 고스란히 배어 있음을 알 수 있다. 말하자면 이 기사는 어머니가 자식의 성적을 올린 측면보다는 자식을 '사상교양'한 모범사례로 제시된 것이다. 이것은 한편으로 북한 어머니들의 자녀교육이 '가정의 혁명화' '공산주의 후비대 양성'이라는 이념적 틀로 규정되고 있긴 하지만, 그 방식이나 실제 내용은 남한의 가정교육과 상당 부분 유사하다는 것을 시사해 주는 것이기도 하다.

그런데 한금숙의 예를 앞에서 본 김영숙의 예와 비교해 보면 여자어린이와 남자어린이에 대한 어머니들의 다른 교육태도에 주목하게 된다. 두 사람 모두 어머니의 실천으로 자식들을 모범적인 학생으로 바꾸어 놓는 데는 성공한다. 하지만 김영숙은 그의 딸이 가정 안팎으로 '알뜰한 살림꾼'이 되는 것에서 기쁨을 느끼는 반면, 한금숙은 그의 아들이 숙제를 자발적으로 하고 학급의 책상과 걸상을 고친 사실에 만족을 느끼고 있다. 딸에게는 여성적인 '보살피는 일'을, 아들에게는 남성적인 '고치는 일'을 기대하는 것이다. 이는 혹시 북한 여성의 자녀교육관에도 성별분업에 대한 고정관념이 강하게 배어 있음을 보여주는 하나의 사례이지 않을까?

어머니는 자식의 거울

『조선녀성』은 유난히 어머니의 모범과 책임성을 강조한다. 이것은 "어린이의 첫째가는 교양자는 어머니입니다. 어머니는 아이들에게 걷는 것과 말하는 것, 옷입는 것, 밥 먹는 것으로부터 시작하여 그들에게 필요한 모든 것을 가르쳐줍니다. 어머니가 아이들에게 첫 교양을 잘 주는가, 못 주는가가 아이들의 발전에 큰 의의를 가집니다."(『조선녀성』, 1980. 4)라는 선언적 수준으로까지 제시된다.

『조선녀성』은 이렇듯 어머니의 역할을 강조하면서도 자녀에 대한 아버지의 역할이나 부성에 대해서는 좀처럼 다루지 않는다. 얼핏 기혼여성이 주요 독자인 탓이 아닐까 하는 생각이 들지만, 남편이 아내를 도와주는 외조의 사례가 간혹 조명되는 것을 보면 꼭 그런 이유만은 아닌 것 같다.

이런 점에서 북한의 자녀교육관에는 아버지의 역할이 상대적으로 약화되어 있다는 혐의가 있다. 그리고 그 이면에서 떠오르는 것은 집안일은 어머니, 바깥일은 아버지의 역할이라는 가부장적인 성별분업론이다. 김인숙 여성의 사례를 살펴보자.

인민학교 4학년에 다니는 맏딸 인희와 1학년에 다니는 아들애 학철이는 마을과 학교에서 품행이 단정한 아이라고 칭찬을 받습니다. 저의 체험에 의하면 어머니 자신이 가정에

> 평양의 교통편은 버스, 지하철, 무궤도전차 등이다. 교통체증은 없으나 버스는 만원인 편이다. 지하철요금은 거리에 관계없이 1회 10전이며 버스요금은 일반 10전, 학생 5전이다.

서 특히 아이들 앞에서 교양자라는 자각을 가지고 의식적으로 모범을 보여주는 일이 중요합니다. 때문에 저는 **지하철**이나 버스를 타는 경우 차례대로 줄을 서서 조용히 버스를 기다리거나 버스에 올라서는 노인들을 존중하여 자리를 양보하는 것과 같은 행동을 하였는데, 이는 아이들에게 백 마디 말보다 더 좋은 교양으로 되었습니다. 그리고 동네에서도 웃사람들에게 먼저 인사하고 짐을 맞들어주는 등의 행동도 아이들에게 깊은 인상을 주었습니다. 저는 우리 어머니들이 아이들의 교양사업을 학교나 선생님들에게만 맡기고 방관시할 것이 아니라 교양자라는 높은 자각과 열성을 가지고 자신의 모범적인 행동과 꾸준한 교양을 해야 한다고 봅니다.

—『조선녀성』, 1989. 6

　이 기사는 아이들의 준법생활과 예절교육에서 어머니의 일상적 모범이 중요함을 강조한 것이다. 그런데 대개의 경우 김인숙 여성처럼 모범을 보인다는 것은 사실 쉬운 일이 아니다. 함께 다니며 세심하게 가르쳐주고 싶은 마음은 굴뚝같아도 쉽게 실천하지 못하는 일이 허다하다. 특히 남한의 경우 직장에 다니는 여성들의 상당수는 이런 이유로 좋은 엄마가 되지 못한다는 자책감에 빠져 있는 경우가 많다. 이런 자책감을 '좋은 엄마 콤플렉스'라고 지칭한다면 무리가 따를까.
　영국의 'Little Friends, Big Friends' 프로그램을 보면 아이를 키우는 데서 여성의 역할뿐만 아니라 남성의 역할이 얼마나 중요한가를 깨닫게 해준다. 이 프로그램은 결손가정에서 아버지가 없는 아들에게 아버지의 역할을, 어머니가 없는 딸에게 어머니의 역할을 할 사람을 소개시켜 준다. 만나서 사귀는 과정에서 서로의 결핍된 역할을 서로서로 배울 수 있다는 취지이다. 다분히 서양식의 합리적인 방법으로 과연 모성이나 부성이 이런 종류의 '미팅'으로 충족될 수 있을까 하는 생각이 들긴 해도 부모의 역할을 같은 비중으로 전제하고 있다는 측면에서 의미 있게 살펴볼 수는 있을 것 같다.

북한은 모성을 숭고한 사명이며 영예로운 일이라고 강조한다. 특히 앞에서 언급한 '강반석 여사'는 북한 여성들의 이상적 어머니상으로 칭송되고 있으며, 이러한 이상형은 『조선녀성』 등의 매체를 통한 교양과 홍보를 통해 현실 여성의 모습으로 재생산되고 있다. 어쩌면 북한 여성들은 이러한 과정에 의해 이상적인 어머니가 되어야 한다는 중압감을 가질 수도 있을 것이다. 남한 역시 좋은 어머니상이 모호함에도 불구하고 여성들에게 이러한 콤플렉스가 널리 퍼져 있다고 볼 수 있는데, 북한처럼 어머니상이 뚜렷한 경우 여성들이 느끼는 부담감은 아무래도 더 클 것이리 짐작된다. 『조선녀성』이 '혁명적 어머니상'의 전형으로 조명한 양사석 여성의 사례를 살펴보자.

양사석은 남편을 여의고 둘째아들 정근이, 둘째딸 경란이와 함께 방직공장에서 일하고 있는 녀성이다. 어느 날 일을 마치고 집으로 들어오는 정근이는 공장에서 공구함을 잘 정리하지 않았다고 해서 상사에게 혼이 난 것을 몹시 못마땅해한다. 이를 본 어머니 양사석 녀성은 정근이가 오늘 공구함을 정돈하지 않은 일을 별찮은 일로 여겼다면 내일은 맡겨진 수리공 일을 눈가림식으로 하고도 이유와 구실을 앞에 대며 자신을 두둔하지 않는다고 어떻게 단정할 수 있겠는가?라는 생각을 하게 된다.

다음날 하루 일을 마치고 쉬는 칸의 문을 열려던 정근이는 안에서 들리는 말소리에 주춤 걸음을 멈추었다. "제가 공장의 오랜 주인으로서 또 어머니로서 구실을 다하지 못했어요. 제 아들이라고만 생각했지 그애도 나와 같이 혁명초소를 지키는 혁명전사라고 여기지 못했기 때문에 원칙적으로 타일러주고 도와주지 못한 제 잘못이 더 크다고 생각합니다." 순간 정근이의 가슴은 쿵쿵 뛰기 시작했다. 오랜 세월 정방기를 지켜온 어머니가 자신을 잘못 키운 반성을 하고 있는 것이었다. 그는 이날 다시 한 번 자식들을 대바르게 키우려는 어머니의 사랑에 대해 뜨겁게 느꼈고 어머니처럼 당당한 로동계급이 되리라고 다짐하였다.

—『조선녀성』, 1984. 5

정방기는 섬유공장 등에서 쓰는 실 뽑는 기계이다.

마치 고리키의 소설 『어머니』의 한 장면을 보는 듯한데, 그 굳세고 세심한 계급성은 장렬하기까지 하다. 물론 양사석의 비타협성에는 자식을 '대바르게' 키우려는 어머니의 사랑이 담겨 있다. 그 이면에서는 또한 오랜 세월 동안 정방기를 지켜오면서 어쩌면 '노력영웅'이라는 칭호까지 받았을지도 모르는 단련된 여성노동자의 자존심도 읽혀진다.

'부모 얼굴에 침 뱉는 행동'이라는 말도 있듯이, 자식의 바르지 못한 행동은 어머니에게 화살로 되돌아간다. 그런 면에서 자식의 행동에 대해 책임지는 일은 싫든 좋든 어머니 구실 가운데 하나일 것이다. 따라서 양사석의 가치판단과 행동은 당위적으로 전혀 틀리지는 않다. 그리고 좋은 엄마, 훌륭한 엄마가 되고자 하는 노력 그 자체도 매우 고귀한 것이다.

그러나 양사석을 포함한 모든 여성은 '어머니'이기 전에 개성을 가진 '인간'이며 불완전하기도 한 존재이다. 따라서 이런 여성들에게 훌륭한 모성의 지나친 강조는 여성들 개개인의 개성과 부족함을 인정하지 않는 완벽함의 강요로 흐를 가능성이 있음을 간과할 수는 없는 것이다.

2. 알뜰한 아내, 외조하는 남편

북한의 여성들은 아내라는 직분을 어떻게 생각하고 있을까?

여성들의 사회생활이 적극 권장되는 북한 사회인 만큼, 아내가 된 여성들은 가사와 육아 등 더욱 많은 일을 처리해야 하는 능력을 요구받는다. 물론 요구받는다는 것은 보는 이의 표현이며 어쩌면 자연스럽고 당연하게 여기면서 살고 있을지도 모른다. 북한 아내들의 삶에 대한 이야기를 들어보자.

여성의 참된 행복은 어디에 있는가

"뭐니뭐니 해도 여자는 남편을 잘 만나야 해. 그래서 아들 딸 낳고 깨가 쏟아지게 사는 게 여자의 행복이야." 다른 가정부인들은 종종 이렇게 이야기합니다.

저는 1966년 당시 원산경제대학 졸업반이던 동무와 가정을 이루었습니다. 결혼 후 저는 장판을 알른알른하게 닦고 새 가구를 사들이느라고 세월 가는 줄 몰랐습니다. 남편의 구미에 맞는 식찬을 준비하고 남편의 옷단추가 떨어지지 않았는지 손수건이 더럽혀지지 않았는지를 살펴보아야 마음이 놓이곤 했습니다.

—『조국』, 1991. 2

이 여성은 하루하루가 지날수록 생활에 빈 구석을 느낀다. 가정에서의 생활이 행복하게만 느껴지지도 않는다. 그러던 어느 날 같이 학교를 다녔던 친구를 우연히 길에서 만나면서 그녀의 인생은 바뀌기 시작한다. 직업을 가진 그 친구의 삶이 새롭게 보인 것이다. 그래서 이 여성도 가정생활에서부터 작은 도발을 시도한다.

우선 저는 야간돌격대에 나가보았습니다. 그후부터 바쁜 아침시간이지만 아이 아버지도 저의 일손을 도와주며 저의 하는 일에 대해 즐겨 물으며 조언을 해주곤 합니다. 그후 출판물 보급소의 보급원으로 일하게 되어 수많은 독자들을 위해 책을 구하러 다니기도 하고 외진 사택의 녀성에게 로동당의 목소리를 해설해 주기도 합니다. 그러다 보니 바빠서 집안일을 미처 보살피지 못하는 때도 많지만 이제는 세대주와 아이들이 집안일을 선뜻 도와서 해주곤 합니다.

그후 저는 원산시 출판보급소 소장이 되였습니다. 오늘 저의 가정에서는 안온한 분위기가 아니라 약동하는 패기와 정열이 넘쳐나고 있습니다. 저의 인생행로를 더듬어볼 때 이런 결론을 스스로 찾게 됩니다. 가정이라는 좁은 울타리 안에서의 행복은 진정한 행복이 아닙니다. 가정에서도 사회에서도 당당한 주인이라는 자부와 사회주의 건설과 조국통일을 위한 투쟁에 발걸음을 합칠 때 바로 녀성의 참된 행복을 맛보게 되는 것이라고….

─같은 글

이 수기는 장연순이라는 여성이 가정의 울타리를 벗어나 사회의 주역으로 자리잡아가는 과정을 소개하면서 가정주부들에게 참된 행복이 무엇인가를 보여주고 있다. 여기에서 남편을 잘 만나 가정을 꾸리고 "장판을 알른알른하게 닦던 것"을 가장 큰 행복으로 느껴왔던 한 여성이 어느 날 불현듯 가정이라는 공간의 한계를 느끼는 것은 남한의 중년여성들이 겪는 고민과 상당히 유사하다.

장연순이 사회의 일꾼으로 다시 태어나자 가족들의 인식과 행동도 바뀐다. 자신의 일에 대해 남편과 아이들이 긍지를 느끼고 가사일 등을 도와주는 새바람이 일어난 것이다. 그런데 장연순의 적극성에 의해 비로소 가정에 패기가 넘쳐났다는 것은 역으로 그의 남편이 지금까지 보여왔던 소극적 자세와 의식을 확인시켜 주기도 한다. 60년대에 경제대학을 졸업했으면 상당한 인텔리인 셈인데, 남편은 그 동안 장연순의 자질을 전혀 살려주지 않고 집 안에 박혀 있는 걸 '방관'했던 것이다. 이는 장연순뿐만 아니라 그의 남편의 의식도 남한의 중년남성의 의식과 비슷한 측면이 있음을 시사해 준다.

장연순 외에도 가정일에만 묻혀 살았던 것을 후회하는 **여성노동자**들의 고백은 『조선녀성』 곳곳에서 자주 보인다. 이 가운데에는 나이든 여성이 가정을 벗어나 사회에 이바지하는 것을 미덕으로 소개한 기사들도 눈에 띈다.

> 봉사일군으로서의 기쁨은 바로 인민들의 기쁨에서 찾아야 한다는 것을 가슴 뜨겁게 느꼈습니다. 참말이지 내가 가정에 파묻힌 채 있었더라면 이런 것을 느끼지 못했을 것입니다.
>
> —『조선녀성』, 1980. 8

북한 노동자의 정년은 남자 60세, 여자 55세이다. 퇴임한 이후에는 최종 노동시기에 받았던 임금의 70%를 매월 양로연금으로 지급받는다. 본인 의사에 따라 퇴임을 하지 않거나 다른 일을 요구할 수도 있다.

일하면서 배우는 여성노동자

지난날 가정의 좁은 울타리에서 아들, 며느리의 뒷바라지나 해주는 것을 낙으로 삼던 내가 조국과 집단, 사회의 이익을 위해 먼저 나섰다. …아들, 며느리가 직장에 나가 맡겨진 혁명임무를 잘 수행할 수 있도록 적극 뒷받침하는 한편 사회적인 지원사업에 열성껏 참여하고 있다.

—같은 곳

이런 개인적 고백을 부각하는 것은 물론 중년, 노년 여성의 재사회화라는 북한의 정책적 지향에 따른 것이다. 그러나 어쨌든 북한에서는 여성들에게 가정주부의 삶에 못지않게 사회인으로서 살아가는 것을 중요한 삶으로 여긴다는 점만은 분명한 듯하다.

한편 사회활동을 하지 않는 경우 "뭐니뭐니 해도 여자는 남편을 잘 만나야 해. 그래서 아들딸 낳고 깨가 쏟아지게 사는 게 여자의 행복이야"라는 말에서도 드러나듯 남편에게 많이 의존하는 모습을 보여주기도 한다. 이러한 양면적인 가치가 북한 여성의 입에서 동시에 나온다. 가정의 현모양처가 되는 것에 순응하는 의식을 전통적 의식이라 한다면, 여성의 사회참여를 지지하는 주장을 근대적 의식이라고 할 수 있다. 그렇다면 북한에는 아직도 전통적 가치와 근대적 가치가 공존하고 있고 종종 갈등을 겪으며 전자로부터 후자로 이행하는 과도기 상태에 있다고도 해석할 수 있지 않을까?

내조 잘하는 아내가 좋은 아내인가

남한에서 내조란 남편이 집안일에 신경을 안 쓰고 바깥일만 열심히 하도록 아내가 도와주는 것으로 통용된다. 남한의 대중매체 인터뷰 기사에서 사회적으로 성공한 남편이 수십 년에 걸쳐 '아무 소리 않고' 내조한 아내에게 공을 돌리는 것을 보기란 그다지 어렵지 않은 일이다. 이 경우 대개의 아내 역시 새삼스럽게 그 수십 년의 모진 세월을 떠올리며 가슴 벅차하게 마련이다. 사회자는 또 옆에서 "아내의 내조에 공을 돌리다니 참 겸손하십니다"라든지 "남편이 성공했으니 이젠 보람을 찾으신 셈이지요"라는 식으로 부추긴다. 이런 것은 아직도 완고하게 버티고 있는 현모양처 의식, 내조의식의 한 단면이기도 하다.

북한에서도 역시 여성들이 내조를 잘하는 것은 미

덕이며 지극히 당연한 일로 여기고 있다. 『조선녀성』
에서도 이를 반영한 내조의 모범사례가 자주 등장한
다. 그러나 남북의 특성은 내조에도 깃들여 있어, 그
내용에서 다른 점도 많다. 일단 북한에서는 내조의 기
본 내용을 가정생활의 전념에서 찾지 않는다. 그렇다
면 어떤 내조를 강조하는지 사례를 하나 살펴보자.

17년 전 함지원 철길대에서 철길관리원으로 일하고 있던 명
옥 동무는 군수송 배전소의 제대군인인 춘호 동무와 결혼을 하
게 되었다. 결혼한 지 얼마 되지 않아 남편은 군에서 멀리 떨어
진 한적한 초소로 옮겨가게 되었다. 남편의 일이 명옥에게는 마
음에 들지 않았다. 그곳은 직장을 다닐 만한 곳이 아니었다. 이
런 아내의 심정을 이해한 남편은 우리가 주요 동력인 송전선을
든든하게 지키자고 설득을 한다.

그 이후 남편이 자진하여 외진 산골을 맡아 나선 깊은 속도
이해되었다. 그 이후 남편의 보조공으로 일하면서 열심히 혼자
자습을 하여 4년 후에 그는 송전선로공 4급공의 자격을 받게
되었다. 이웃사람들이 가정부인이 남편의 일을 좀 도와주면 됐
지 얼마나 큰일을 하겠기에 그리 애를 쓰느냐고 물으면 그는
이렇게 대답하군 하였다. "나는 내가 하는 일이 단순히 남편을
돕는 일이라고 생각 안 해요. 당이 맡겨준 혁명초소를 남편과
함께 지킨다고 생각하지요. 그러니 제 몫을 당당히 하려면 기술
을 알아야 하지 않겠나요. 그리고 우리 애들이 이 일을 할 때면
배워주기도 해야지요."

그는 작업반 명단에는 이름이 오르지 않았지만 자신을 스스

로 초소의 주인으로, 보선작업반원으로 여기기에 그는 언제나 작업반 일을 주인처럼 찾아 했다.

—『조선녀성』, 1980. 7

　남편을 도와주기 위해 일을 시작하여 결국 자신이 그 일의 주인이 된 아내, 이것은 북한이 제시하는 내조 잘하는 아내의 한 유형이다. 물론 장명옥의 내조에서 노동과 생활을 별개로 분리시키지 않는 북한의 노동관과 노동력이 부족한 현실, 그리고 이와 연관된 가정주부의 유휴 노동력을 사회참여 또는 동원시키려는 노동정책을 읽을 수 있다. 예컨대 '송전선로공'이 충분하다면 장명옥이 남편과 함께 '혁명초소'를 지킨다는 똑같은 생각을 품고 나섰더라도 뭔가 다른 일에 참여했을 것이기 때문이다. 북한에서는 또한 꼭 장명옥처럼 남편의 일에 적극 참여하는 내조 형식이 아니라도 가내부업 형태의 노동이나 시급한 건설에 가정부인들이 지원을 나가는 것이 거의 제도화되어 있다.
　한편 여기에서 이웃사람들이 장명옥에게 한 말을 주목해 볼 필요가 있다. "가정부인이 남편의 일을 좀 도와주면 됐지 얼마나 큰일을 하겠기에 그리 애를 쓰느냐"라는 표현은 북한에서도 전업주부의 경우 일반적으로 남편의 보조자로서 규정되고 있음을 보여준다. 전통적 사고에 갇혀 있는 이러한 여성이 적지 않음은 장명옥을 모범사례로 다루는 것 자체에서도 이미 짐작할 수 있는 일이다.

북한의 '슈퍼아내'

가정에서는 알뜰한 아내이자 좋은 엄마, 사회에서는 일 잘하는 여성에게 흔히 붙여주는 호칭이 '슈퍼우먼'이다. '신기하고 놀라운 능력을 갖고 있는 여성'이라는 칭찬이기도 한 셈인데, 현대 여성의 상당수가 아마 고달픔과 바꾼 이런 칭찬을 들으며 살고 있을 것이다. 그런데 어머니의 역할과 여성의 사회생활을 한층 강조하는 북한 사회인 만큼 이런 슈퍼우먼은 북한에도 많지 않을까. '이상적인 너무나 이상적인' 북한의 한 슈퍼우먼을 만나보자.

평안남도 평성시 역전동의 한 아파트 베란다에는 아름다운 꽃들이 피여 있어 눈길을 끌었다. 이 집의 남편 김정렬 기사는 도로건설 설계를 전문으로 하고 있고 아내인 화옥 녀성은 남편의 문화정서적 취미로부터 출퇴근길의 차림새에 이르기까지 늘 섬세한 관심을 돌리며 구미에 맞게 음식을 요리하느라 성의를 다하는 녀성이다. 매사에 헌신적이고도 다정다감하고 상냥한 안해의 이 같은 사랑이 남편에게 언제나 새 힘이 되고 있는 것이다.

—『조국』, 1993. 3

집 안 미화에서부터, 요리, 매사의 상냥한 모습에 이르기까지 김화옥은 거의 만점 아내이다. 그러나 남편만 챙긴다면야 사실 이 정도야 못할 것도 없다. 그런데 그에게는 아들 셋이 있다.

얼마 전 일이다. 막내 준식이의 필갑을 보았더니 생일날 기념으로 사준 수지 연필이 없었다. 아버지가 꾸지람을 하려는 것을 막고 어머니는 조용히 사정을 물었다. 그랬더니 그는 자기 옆에 앉아 있는 동무가 그만 필갑을 집에 두고 와서 자기의 제일 좋은 그 수지 연필을 그에게 주었다는 것이다. 어머니는 "그렇겠지, 우리 준식이 용하다. 동무를 도와주는 것은 착한 일이야" 하고 칭찬해 주었다. 비록 연필 한 자루를 두고도 이렇게 교양하여 아이들의 마음속에 동무를 사랑하고 도와주는 마음의 싹을 틔워준 것이다.

—같은 글

아주 세심하다. 김화옥은 아이들에게도 더할 나위 없이 바람직한 어머니임에 틀림없다. 그러나 이 같은 아이들 교육 역시 한 여성이 집안일에만 전념한다면 능히 해낼 수는 있는 일이다. 그런데,

김화옥 녀성, 그는 직장에서도 혁신자이다. 그가 사량정 사업소에서 맡아 하는 사업도 결코 헐한 일이 아니다. 업무량도 적지 않지만 매우 책임적인 사업이다. 김화옥 녀성은 맡은 임무를 언제나 깐지게 잘 수행하면서도 사업소에서 수시로 제기되는 다른 일에도 앞장서군 한다.

—같은 글

이런 여성이 진짜 존재할까? 아마도 존재할 것이다. 이 정도의 '슈퍼우먼'이면 주변에서 꽤 알려진 여성일 것이며, 적어도 가공의 인물을 창조하여 역전동 주민과 사량정 사업소 노동자들에게 단번에 들킬 저차원적인 선전은 하지 않을 것이기 때문이다.

『조선녀성』이 김화옥의 사례를 조명한 이유에는 또한 공산주의적 인간형의 전형을 보여주려는 의도가 깔려 있다. 즉 특출한 능력을 가진 '슈퍼우먼 김화옥'보다는 즐거운 사회주의 가정을 창조한 '혁신자 김화옥'에게 강조점이 주어지고 있는 것이다. 이것은 그의 가사일이 꽃 가꾸기나 옷차림새 신경 쓰기, 요리 등 일종의 취미라고도 볼 수 있는 현대식 거리들로 발랄하게 묘사되어 있는 것에서도 드러난다.

그렇다 해도 김화옥이 지고 있는 짐은 여전히 가볍게 느껴지지 않는다. 그것이 설사 북한의 현단계를 반영하는 어쩔 수 없는 시대적 무게라 할지라도, 김화옥의 어깨에는 남성이 충분히 덜어줄 수 있는 짐까지 함께 얹혀 있는 것 같다. 그 한편에서는 또한 하루 일과를 마치고 김화옥의 기사를 보는 '아직 혁신되지 못한' 북한 여성의 풀죽음도 상상된다. 즐거운 가정을 만드는 일은 마음도 필요하지만 노동도 요구된다는 점에서, 어쩌면 그는 '나도 김화옥처럼 가정을 가꾸어야 할 텐데…' 하는 부담감을 안고 잠자리에서 뒤척일지도 모르겠다.

성공한 아내와 앞치마 두른 남편

여성들의 활동량이 많아지면서 남편이 외조를 하는 경우도 늘어나고 있다. 이 외조의 내용은 사회활동 때문에 가사일을 전담하지 못하는 것에 대한 '양해'에서부터 가사일의 적극적 분담, 그리고 나아가 가사일에 대한 '전업남편'에 이르기까지 층이 다양하다. 특히 최근 남한의 대중매체들에서는 돈은 아내가 버는 대신 육아와 가사를 책임지는 신세대 남편들이 등장하여 거침없는 논리를 펴는 것도 꽤 자주 볼 수 있다.

그러나 북한에서는 전업남편 식의 외조는 거의 찾아볼 수 없다. 이것은 실업자를 인정하지 않고 가사일의 여성 편중을 사회화를 통해 근본적으로 해결하려는 북한의 사회주의 정책과 연관이 있다. 따라서 북한에서의 외조의 최고 경지는 가사와 육아의 분담, 아내가 못하는 일 대신하기 정도이다. 구체적으로 그러한 외조가 어떻게 나타나고 어떻게 평가받는지 사례를 들어 한번 살펴보자.

김선화와 김혁 부부의 이야기이다.

활짝 핀 한 송이 꽃이 있다. 조국의 평양예술단 **공훈배우** 김선화. 김선화 녀성은 남편과 두 아들을 가진 가정주부이다. 그렇다면 성공한 녀성 곁에는 누가 있는가? 김선화의 남편 김혁은 금성 제1고등중학교 기악 강좌장이다. 대체로 총각시절에는 사랑하는 녀성의 독자성과 리상을 존중하다가

> 북한 연예인의 최고 명예칭호는 '인민배우'이다. 남한의 차관급에 해당하는 혜택을 받는다. 공훈배우는 한 단계 낮은 등급으로서 국장급의 대우를 받는다. 인민배우 칭호는 고상한 예술적 기술을 소유하고, 연극·영화·음악 및 무용 등 각 분야의 작품형상에서 특출한 창조적 공훈을 세우고, 인민들 속에서 광범한 지지와 존경을 받으며, 국가적·사회적 사업에서 애국적이며 헌신적인 활동을 하는 무대예술가에게 수여한다. 한편 공훈배우 칭호는 고상한 예술적 기질을 소유하고 우수한 예술적 형상을 창조, 국가적·사회적 사업에서 공훈을 세운 무대예술가에게 수여한다.

도 일단 가장이라는 '권좌'를 틀고 앉으면 가부장적 관념이
나 녀성천시 사상에 사로잡혀 '현모양처'가 될 것만을 강요
하는 남성들이 지구촌에는 드물지 않다. 그러나 남편 김혁
은 사회생활에서는 성실한 교육자이고 가정에 들어와서는
독창가수의 진지한 청중이며 세심한 지도교수이기도 하다.
　그도 인간이어서 남들처럼 안해의 살뜰한 보살핌 밑에서
호강하고 싶은 생각이 없지 않았다. 저녁에 집에 들어서면
가방을 받으며 반겨주는 안해가 없어 서운하기도 하였고 아
이들의 숙제 검열도 자신이 해야 하고 앞치마를 두르고 동자
질을 하는 자신의 처지가 때로는 허망하게 여겨지기도 한다.
　　　　　　　　　　　　　　―『조국』, 1993. 2

　'가부장'이라는 권좌를 틀고 앉지도, '여성천시 사상'
에 사로잡혀 있지도 않은 김혁은 분명 모범적인 남성
임에 틀림없다. 그러나 한편으로 그는 "숙제 검열도
자신이 해야 하고 앞치마를 두르고 동자질을 하는 자
신의 처지가 때로는 허망하게" 느껴지는 보통 남자이
기도 하다. 그의 이런 푸념은 바로 마음 한구석에 '아
내의 일을 대신 해주고 있다'는 생각이 강하게 들어앉
아 있음을 말해 준다. 남한에서 "나는 남녀평등주의자
야. 가사를 도와줘야 한다고 생각해" 하는 남성들의
자랑이 실상은 가사분담을 선심 쓰는 것으로 여기는
의식의 표현이기도 한 것과 비슷하다.
　그렇다면 그의 아내 김선화는 남편의 이런 의식이
나 가사에 대해 어떤 생각을 갖고 있을까?

김선화는 이러한 남편 앞에서 늘 송구스럽고 그럴수록 남편이 자신의 사업과 일상생활의 사소한 불편이라도 느낄세라 다심히 마음을 쓰고 있는 것이다. 그래서 그는 어떻게 하면 안해 구실, 어머니 구실을 더 잘하여 가정에 사랑과 기쁨이 가득 차 넘치게 할까 하는 생각을 하곤 한다.

—같은 글

북한에서 공훈배우 칭호를 받을 정도라면 김선화는 톱스타로서 대단히 바쁠 것이다. 그런데도 그는 늘 '송구'스러워한다. 만약 대개의 경우처럼 남편이 아내보다 더 바쁜 일을 하고 있다면, 혹은 그렇지 않은 경우에라도 남편은 어떻게 나올까? 모르긴 해도 이처럼 송구스럽게 여기지는 않을 것이다.

바로 이러한 생각이 이 모범사례의 이면에 박여 있는 북한의 부부 관계와 역할에 대한 봉건적 사상의 흔적을 어쩔 수 없이 캐묻게 만드는 것이다. 여기에다 비록 이 기사에서는 씌어지지 않았지만 아내의 남편에 대한 호칭으로 흔히 쓰이는 '세대주' 등의 언어습관까지 떠올려보면 북한 역시 남성 중심의 가부장적 잔영이 짙게 남아 있다는 주장에 고개를 끄덕일 수밖에 없게 된다.

물론 이러한 낡은 의식의 잔영은 아직도 어느 한쪽이 가사에 얽매일 수밖에 없는 북한의 현 물적 토대를 반영하고 있는 측면이 있다. 또 구조적·관습적으로 그것을 고수하려 애쓰는 흔적을 찾아볼 수 없고 극복을 위한 다양한 대안들을 실험하고 있다는 점에서 긍정적으로 보이기도 한다.

실제로 북한은 가사와 육아의 사회화에 집중적으로 노력을 기울여왔다. 기존의 공동식당 외에도 7, 80년대부터 전국적으로 확대 운영되고 있는 **밥공장**, 국수공장, 반찬공장, 김치공장 등의 설립과 북한 하면 떠오르는 것 가운데 하나인 탁아소, 유치원, 애기궁전 등이 상대적으로 잘 짜여 있는 것도 이 사업의 일환이다. 또 세 아이의 엄마인 경우 30분 늦게 출근하고 한 시간 반 일찍 퇴근하게 하는 식의 제도적 뒷받침도 노동법으로 명문화되어 있다. 당연히 중요한 것은 그 실행 여부이겠으나, 아무튼 북한 여성들 입장에서는 크게 고무적인 현상인 것만은 분명할 것이다.

그러나 이러한 국가적 노력에도 불구하고『조선녀성』의 다수 기사들에서는 아직도 여성이 도맡아 처리해야 하는 잡다한 가정일이 많이 남아 있음이 확인된다. 따라서 북한에서 가사라는 이중노동은 현재에도 그들의 생활에서 여유를 빼앗는 주 요소로 작용하고 있다고 보아도 틀림없을 것이다.

오늘날 남북을 가릴 것 없이 여성의 경제참여는 광범위하게 이루어지고 있는 추세이다. 그 참여동기가 사회적 요구에 부응하는 것이든 아니면 개인의 이해를 좇아가는 것이든 상관없이, 여성의 참여가 보장되기 위해서는 가정 안팎에서의 가사분담이 반드시 전제되어야 한다는 점에서 가사의 사회적·의식적 해결

> 밥공장은 평양, 개성, 청진, 남포 등 대도시에 각각 3~4개씩 기업소 형태로 설치되어 있다. 밥뿐만 아니라 빵, 떡, 아이스크림, 요구르트 등의 먹거리도 생산·판매한다.

은 대세일 수밖에 없다고 보인다.

사회적 차원에서 해결되기 전이라도 세대가 젊어지고 가정의 민주화가 이루어지면서 최소한 부부간의 가사분담은 일반화되리라고 예측해 볼 수 있다. 이것은 이미 남북의 당당한 새세대 여성들에게서 익히 나타나고 있는 징조이기도 하다. 즉 부부관계의 경우 남성우월적 권위가 존재하며 가정 내의 중요한 결정에서 상당 부분 가장 중심으로 해결되나, 젊은 세대는 비교적 대화와 격려를 통해 처리하는 경향을 보이고 있다. 이것은 남북 새세대 여성의 의식 속에서 남녀문제에 관한 한 이미 통일되어 있는 '평등의 가치관'을 보여주는 긍정적 지표라고 할 수 있겠다.

한편 김혁, 김선화 부부의 사례에서는 북한이 지향하는 부부관과 여성의 사회진출에 대한 견해도 짚어 볼 수 있다. 북한에서는 이상적인 부부관계를 "참다운 사랑에 기초하여 이루어져야 하며, 서로 인격을 존중하고 서로 믿고, 진심으로 도와주는 동지적 관계로 되어야"(『조선녀성』, 1990. 2) 한다고 제시하는데 이것은 이 기사에서 김혁에 의해 다음과 같이 표현되고 있다.

하지만 안해를 녀성이기 이전에 희망과 포부를 지닌 사회적 인간으로, 충성의 한길을 함께 가는 진정한 혁명동지로 보는 관점에는 조금도 변함이 없다. 하기에 예술가의 안해를 둔 덕분에 차례지는 생활의 짐을 지금까지 흔연스럽게 짊어지고 왔던 것이다.

—같은 글

삶의 질을 일단 따지지 않고 살펴보면, 북한에서 부부간의 평등은 많은 측면에서 현실화되어 있다. 특히 여성의 사회활동이 국가적으로 정책화되어 있는 만큼 북한 여성들은 결혼한 이후의 직업선택에서 남편의 눈치를 별로 보지 않는다고 한다.

북한 여성의 사회참여를 둘러싸고 남한의 학자들 사이에서 이를 주로 노동력 동원 차원에서 볼 것인가 아니면 여성해방의 차원에서 볼 것인가 하는 논란이 있어왔다. 이 문제는 양 측면이 다같이 존재하고, 양자의 관계가 변증법적이며, 또 현재도 진행중에 있다는 점에서 쉽게 단정지을 수 없다고 본다. 따라서 단정짓기보다는 양 측면의 요소를 짚어보는 것이 오히려 필요할 것 같다.

노동력 동원의 측면을 보면, 북한이 전후 경제재건과 사회주의 경제건설을 진행하는 데서 여성들의 노동력은 분명 절실히 필요한 것이었다. 그리고 실제로도 북한 경제의 발전에 지대한 공헌을 했다. 어떤 학자들은 그 과정이 자발적이냐 강제적이냐를 쟁점화하는데 사실 그것을 따지는 것은 당시의 현실에서는 무의미하다. 왜냐하면 전쟁 직후 '석기시대로 되돌아갔다'는 표현이 나올 정도로 경제가 붕괴된 상태에서는 국가가 여성들에게 제발 집에만 있으라 아무리 '강제'해도 죽지 않기 위해서라면 '자발적'으로 의식주를 찾아 나설 것이기 때문이다. 남한 역시 바로 그런 험난한 과정을 거쳐 이렇듯 성장하지 않았는가.

북한 여성들의 이러한 경제활동에의 참여는 사회적 지위 향상과 부부관계의 변화에 주요 변수로 작용했다. 구체적으로 북한 여성의 사회진출은, 여성이 경제적으로 독립해 있을 때 남편과 아내의 관계가 좀더 평등해질 수 있다는 현실논리에 비추어, 자연스럽게 남녀의 의식개혁으로 이어졌으리라고 추측해 볼 수도 있다. 물론 사상혁명과 인간개조를 강조하는 북한 이데올로기와 당의 조직적인 정책시행 역시 그 배경이자 핵심 동력으로 작용했을 것이다. 북한에서는 부인을 학대하면 부인이 속한 여성조직으로부터 비판과 압력을 받는다고 하는데, 이런 메커니즘이 실제로 가동되고 있다는 것은 보는 입장에 따라 인정머리 없게 보일지도 모르겠지만, 일정하게 여성파워의 성장과정을 시사해 주는 것임은 분명하다.

한편 북한 여성들의 사회활동과 의식개혁은 여느 사회와 마찬가지로 남성들의 낡은 의식과의 투쟁을 동반했던 것으로 보인다. 이러한 의식개혁의 문제와 관련하여 김일성은 "녀성해방에 관한 문제는 남성들에게 큰 책임이 있습니다. 남자들이 사상혁명을 해야 합니다. 남자가 먼저 녀자를 도와주어야 합니다"(『조선녀성』, 1980. 3)라고 제시하기도 했다. 이는 바로 여성들이 사회적 각성을 해나가는 데 가부장적 의식이 얼마나 심각한 저해요인의 하나로 되고 있는가를 암시해 준다.

『조선녀성』은 북한 남성의 의식개혁에 대한 주제는

잘 다루지 않는다. 김혁, 김선희 부부의 사례처럼 외조의 사례를 다루는 것은 『조국』에서도 아주 가끔 발견할 수 있다. 이것이 과연 그런 문제가 잔재만 좀 남아 있을 뿐 기본적으로 풀렸기 때문일까? 그것은 아닌 것 같다. 특히 부엌이 등장하는 『조선녀성』 기사의 경우, 대부분 아내가 그 자리를 차지하고 서 있었다는 것을 떠올려보면 잔재의 뿌리는 아직도 꽤 넓고 깊지 않을까 의심하지 않을 수 없다.

3. 북한의 시어머니와 며느리, 그들의 갈등과 꿈

북한에도 고부간의 갈등이 존재한다. 아무래도 아들을 둘러싼 시어머니와 며느리 사이는 어머니와 딸의 관계와는 다르게 갈등을 겪게 마련인 것일까. 그래서 "시어머니와 며느리는 원초적으로 화해할 수 없는 철도의 평행선과 같다"는 표현이 나오는 것일까.

고부갈등은 주로 남편(아들)을 매개로 한다는 점에서 남성 중심 문화의 산물이기도 하다. 따라서 그 문화가 가정 내에서 근본적으로 변화하지 않는 이상 북한에도 크건 작건 고부갈등이 존재함은 당연하다고 할 수 있다.

그렇다면 그들의 갈등은 어떻게 나타나고 어느 정도일까. 고부관계에서도 체제와 이념을 반영한 나름의 특성도 있지 않을까.

대동강변에서 한담하는 노인들

북한의 고부갈등

남한에서 고부갈등의 주 원인 가운데 하나는 며느리의 사회생활이다. 주로 '나가서 일하라'는 식보다는 "집안에 눌러 있지 여자가 뭐 하러 나가느냐" "나가더라도 시집과 남편에 순종적이어야 한다"며 며느리의 사회활동은 못마땅한 것으로 표출된다. 안 벌어도 먹고 살 만한 중산층에다 봉건적 의식을 가진 시어머니라면 특히 심하다. 이런 경우 여성의 자기실현이나 여성도 자기 인생이 있음을 강조하는 것은 대개가 철벽에 부딪히는 격이 되고 만다.

북한에서도 이런 유의 갈등이 상당한 것 같다. 『조선녀성』에서도 직장문제를 두고 시어머니와 며느리가 갈등하는 사례를 쉽게 찾아볼 수 있다.

김보부 녀성은 자신의 작업반의 정동무가 낯색이 다른 때보다 밝지 못하다는 것을 느끼게 되었다. 김보부 녀성은 정동무와 그의 가정의 이모저모에 대해 이야기를 나누는 사이 정동무의 시어머니가 며느리를 가정에 눌러앉히려 한다는 것을 알게 되어 그의 집을 찾아갔다.

그는 정동무의 시어머니께 이렇게 말했다. "어머니, 정동무와 같이 오랜 기능공들이 이 공장을 지켜 일생을 바치는 게 바로 어버이 수령님의 사랑과 배려에 보답하는 길이에요. 또 이 길에 우리의 진정한 행복이 있고 찬란한 조국의 내일이 있어요."

처음에는 우리 며느리가 무슨 큰일을 한다고 그러느냐고 고집을 세우던 시어머니는 보부 동무의 이야기에 감동되어 일을 잘하라고, 살림은 조금도 근심 말고 어버이 수령님의 은혜에 보답하라고 간곡히 말하게까지 되고 정동무의 집은 다시 화목을 되찾게 되었다.

—『조선녀성』, 1979. 8

'어버이 수령님'을 앞세워 싱거울 만큼 쉽게 풀린 것으로 묘사되고 있지만 사실 만만찮았을 것이다. 아마 정동무가 낯색이 어두울 수밖에 없었던 그간의 과정이나, 시어머니가 "우리 며느리가 무슨 큰일을 한다고 그러느냐고 고집을 세우"는 과정을 세세히 묘사했으면 역시 그 순간만큼은 철벽을 느꼈을지도 모를 일이다. 또한 마음이 풀린 시어머니가 이젠 살림걱정 말고 일하라는 말에서는 그간의 갈등이 주로 집안일을 사이에 둔 것이었음을 암시해 주며, 집이 화목을 되찾게 되었다는 부분에서는 고부갈등이 북한에서도 여러 사람의 입장을 곤란하게 만드는 일임을 보여준다.

그런데 여기서 독특한 점을 발견할 수 있다. 김보부가 고부갈등에 끼여들어 정동무의 시어머니를 설득하는 것은 남한과는 전혀 다른 점이다. 우리가 지극히 개인적인 일로 치부하는 고부갈등 등의 가정문제도 북한은 집단의 문제로 여기고 있음을 알 수 있다.

실제로 북한은 어떤 가정에 고부간의 문제가 발생할 경우 여맹이나 직장조직이 나서서 공동으로 풀려고 애쓴다고 한다. 남한의 일반적인 가정갈등들의 미묘함과 복잡함에 비춰보면 이런 식의 공동노력이 과연 얼마나 실효를 거둘까 의문이 들기도 하지만, 그 미묘함에 휘둘리지 않는 제3자의 단호한 제안이 많은 경우 갈등을 중화시켜 주는 역할을 실제 할 수도 있으리라고 짐작된다.

또한 정동무가 기능공이라는 점에서 집단적으로 푸는 사안도 사소한 고부갈등이나 부부싸움의 차원을 넘어 일정하게 공동의 이해를 침해하는 수준의 것을 대상으로 하는 것도 같다. 직장에서 꼭 필요한 여성기능공을 시어머니가 '들어앉히려는' 식의 고부갈등은 남한 직장의 경우에서도 부서 차원의 집단적 문제로 비화될 만한 문제이지 않겠는가.

이번에는 자신의 직업에 관여하는 시어머니에 대해 며느리 당사자가 자기 방식대로 풀어나가는 사례들을 한번 살펴보자.

남포시 자동차 운수대 운전사 리화순은 결혼을 하고 나자 운전사 일을 시어머니가 그만두기를 바란다는 사실을 알게 되었다. 시어머니는 며느리에게 알맞은 일을 골라보라고 전하게 되고 아이가 생기자 재봉일을 배웠으면 하고 바라게 된다. 리화순은 이 사실을 놓고 남편과 의논을 하였다. "나는 다시 운전대를 잡겠어요. 당의 배려로 운전기술을 배웠는데 이렇게 집에 앉아 있을 순 없지 않아요. 운전대를 처음 잡던 날 나는 그 운전대를 힘껏 틀어쥐고 한평생 충성의 길을 달리리라 결심했어요. 나는 그 결심을 꺾을 수가 없어요." 남편은 안해의 이런 결심을 이해하고 천천히 어머니를 설복하자고 했다.

며칠 후 밤에 나간 며느리가 남편이 새 운전법을 연구하는 일을 돕기 위해 밤새 비를 맞으며 운전을 했다는 사실을 알게 되자 시어머니는 크게 후회를 하게 된다. '그 불같은 사람을 집에 두려고 하다니, 내가 생각을 잘못했지. 며느리를 진정으로 위한다면 그애가 달리려는 충성의 길을 막지 말아야 한다. 오히려 뒷바라지를 잘해 줘야지' 하고 결심하고는 며느리를 불러 집안걱정을 하지 말고 직장에 나가라고 권한다. 그후 외우도 건설의 현장에서 리화순은 공사를 돕는 시어머니를 만나게 되고 서로 뜨거운 심정이 된다.

—『조선녀성』, 1981. 10

리화순과 시어머니가 남편을 매개로 뜻을 전하는

과정은 대개의 남한 고부간과 비슷해 슬며시 웃음이 나온다. 아마 이는 리화순의 '불같은 성격'과도 연관이 있을 것이다. 리화순의 이 직선적인 성격은 고부갈등을 푸는 방식에서도 그대로 드러난다. 이 기사에서는 꼭 의도적인 것으로 표현되어 있지는 않지만, 밤새 비를 맞으며 운전을 하는 '시위'로 시어머니에게 자신의 뜻을 분명히 전한 것이다. 한편 시어머니가 며느리에게 '아이가 생기자' 재봉일을 배워보라고 권하는 것에서는 며느리의 사회활동을 '허용'하는 기준을 역시 가사와 육아에 두고 있음을 알 수 있다.

리화순의 가정이 남포시에 있고, 그의 직업이 자동차 운수대 운전공이며, 뒤에 와우도 건설현장에서 고부가 만났다는 것은 기사의 시점과 연관해서 많은 것을 시사해 준다. 즉 『조선녀성』의 기사는 고부갈등을 잘 푼 사례를 홍보하는 의미도 있지만 그 이면에는 이러한 갈등이 사회적 요구, 당의 정책과도 긴밀하게 연관되어 있는 측면에 대한 강조도 들어 있다.

실제로 기사화가 된 1981년 10월은 당중앙위 제6기 4차 전원회의에서 가히 '단군 이래 최대 사업'으로 불릴 만한 서해안 간척사업을 제기, 추진하기 시작한 때이다. 남포는 뒤에 남포갑문이 건설된 그 역사적 현장으로 이 사업의 기지 역할을 하는 곳이다. 따라서 『조선녀성』이 여러 가지 고부갈등의 사례 가운데서도 특히 남포에 사는 운전공 리화순 가정을 선택한 것은 당 정책 홍보라는 복선을 생활적으로 깔아보려는 것이라

해석할 수 있다.

이러한 정책과의 연관성은 다음 원복순 여성의 사례에서도 찾아볼 수 있다. 이 사례는 고부갈등을 풀어 나가는 방식이 리화순과는 달리 비위를 맞춰가며 설득하는 방식이라는 점에서도 주목할 만하다.

원복순 녀성은 가정이 화복한 편이 못 되었다. 그 이유는 주로 그 집의 시어머니가 며느리의 일을 잘 이해해 주지 못한 데에서 비롯하였다. 원복순 녀성은 『강반석 녀사를 따라 배우자』를 끊임없이 반복하여 읽고 그 내용을 시어머니에게 차근차근 이야기해 주었다.

그는 시어머니 앞에서 자신이 지켜야 할 도리를 깍듯이 지키는 일로부터 가정에 좋은 영향을 주기 시작하였고 집에 와서는 언제나 가정일을 걸싸게 해치우곤 하였다. 진실로 가정을 잘 만들어나가려는 그의 노력은 점차 시어머니로 하여금 며느리의 사업을 옳게 이해하도록 하는 데 도움을 주었다. 어느 날 원복순 녀성은 강반석 어머니를 따라 배우는 데서 아직 가지고 있는 자신의 결점을 식구들 앞에서 솔직히 비판하였다. 그러자 그의 시어머니도 한동안 생각에 잠겼다가 "사실은 내게도 잘못이 많다. 나는 편편히 놀면서도 너희들의 일을 잘 도와주지 못했구나"라며 자신을 뉘우쳤다. 마침내 시어머니는 며느리의 사업을 적극 도와 나섰고 가정의 화목은 혁명적 의리로 깊어지게 되었다.

—『조선녀성』, 1979. 8

『강반석 녀사를 따라 배우자』를 읽고 시어머니에게 얘기해 주는 것으로 해결의 출발선을 잡는 것에서 북한 전후(戰後)세대의 의식을 엿볼 수 있다. 이것은 '정치교양 서적'인 점을 빼면 남한의 젊은 며느리가 "어머니, 이 책 한번 읽어보실래요? 재미있는데" 하며 건네 주는 것과도 비슷하다.

물론 이런 방식은 남북의 차이를 떠나 봉건적인 사고에 길들여진 대개의 전전(戰前)세대의 여성들에게는 어색하고 생뚱맞은 행동으로 비칠 것으로 보인다. 원복순의 시어머니는 순순히 '자기비판'한 것으로 되어 있지만, 아무래도 전전세대로서는 사회주의적 원칙에 관해 다양한 교양을 받는다 해도 기존에 습득한 전통적 관념을 쉽게 없애지는 못할 것이다. 그러나 그렇더라도 자신을 대화의 상대이자 '지적인 인간'으로 대하는 며느리의 태도는 심리적으로 은근한 즐거움을 가져다 주지 않았을까? 원복순이 시어머니에 대한 설득과 함께 '도리를 깍듯이 지키는 일'을 병행하는 것은 그래서 더욱 현명하게 보인다.

한편 원복순이 『강반석 녀사 따라 배우자』를 반복 학습하는 것은 단순히 개인의 선택사항이 아니라 여맹의 주요 교양사업이기도 하다. 이것은 '백 번 읽기' 등의 지침으로 나타나는데, 원복순의 사례는 그 지침이 생활적으로 나타난 모범적 경우로 조명했다고 볼 수 있다.

북한의 고부갈등 가운데는 그 밖에도 자식교육에

관한 관점의 차이로 생기는 것도 있다. 강은숙 여성의 사례를 들어본다.

해주시 위생방역소 강은숙 녀성은 두 딸에게 그날 숙제는 그날 할 것, 아침 좋은 일 하기를 어기지 말 것을 어길 수 없는 규칙으로 정해 하도록 하였다. 그러나 그 전날 숙제하느라 끙끙대는 둘째손녀를 측은해한 할머니는 다음날 좋은 일 하기에 둘째손녀를 깨우지 않고 자신이 대신 꽃밭을 가꾸어 준다. 출장을 다녀온 후에 이 일을 안 강은숙 녀성은 '왜 어머니는 아이들을 원칙성 있게 교양하는 대신 어루만지려고만 하실까?'라고 생각한다.

—『조선녀성』, 1981. 11

어린 손녀가 측은해 감싸는 모습은 우리 할머니들과 전혀 다를 바가 없다. 이 경우는 상대적으로 분명한 가치판단을 내릴 수 있는 사안을 묘사하고 있지만, 사실 아이를 둘러싼 고부간의 의견대립은 애매한 부분도 많다. 예컨대 할머니의 '경험'에서 나오는 교육방식과 며느리의 '원칙'에서 나오는 교육방식이 음식이나 놀이, 잔병치레 등에 대한 생활적인 사안에서 부딪힐 경우 가치판단하기가 그리 호락호락하지 않을 때가 많은 것이다.

『조선녀성』이 그런 구체적인 사안을 별로 다루지 않아 이런 경우 어떻게 풀어나가는지 확인할 수는 없다. 그러나 주로 새로운 사회의 가치를 체득한 며느리의 원칙이 통용될 것으로 추측된다. 이것은 북한 아이들이 일찍부터 집단생활을 시작하고 그 생활에서 배우는 원칙은 아무래도 전후세대의 가치관과 비슷할 것이기 때문이다. 어쨌든 이 가족의 사례는 할머니, 며느리, 손녀라는 3대의 행동이나 생각이 남한의 3대와 비슷해 매우 정겹게 다가온다.

한편 꼭 이 사례에만 해당되는 것은 아니지만, 고부간의 갈등을 그린 기사에서 할아버지나 남편의 긍정적(부정적) 역할을 거의 찾아볼 수 없음은 뭔가 지적하고 넘어가야 할 것 같은 생각을 불러일으킨다. 반복되는 지적이지만 마치 가사나 육아는 시어머니와 며느리라는 여성들만이 지지고 볶으며 풀어나가야 할 사안으로 취급되고 있는 것이다. 이것은 북한이 추진하는 가정의 혁명화, 곧 사회주의화가 아직은 가정이라는 울타리를 넘나드는 수준이지 완전히 허물지는 못했음을 반증해 주는 것이 아닐까.

그러나 이런 한계와 함께 또 하나 분명한 것은 고부 갈등 등의 가정 내 갈등은 북한의 경우 많은 부분 사회적으로 해소된 측면이 있다는 점이다. 물론 이 해소는 보는 입장에 따라 사회와 개인 간의 갈등으로 '이전'되었다고 표현할 수도 있을 것이다. 이와 관련하여 이태영은 "전통적인 한국의 가정에서는 고부간의 갈등이 많이 있었으나 북한 사회에서는 노동능력을 가진 며느리가 가정의 한 성원으로서 가정 밖의 생활에 참여하게 됨으로써 갈등관계는 사실상 약화되어"(이태영, 1988, 133쪽) 있다고 분석한 바 있다. 이 분석을 받아들인다면, 사회활동을 하는 며느리 대신 가정일의 많은 부분을 시어머니가 담당하게 된 것도 갈등해소의 한 요인으로 추가할 수 있을 것 같다. 즉 현대 북한의 사회적 환경은 대립보다는 협조라는 고부간의 새로운 관계를 요구하고 있는 것이다.

북한 며느리들의 의식

북한의 며느리들은 전통적 여성관을 박차고 나온 측면이 강하지만, 충과 효를 인간의 근본 도리로 여겼던 전통적 윤리관을 그대로 가지고 있는 측면도 있다. 이것은 과거의 것에서 긍정점을 계승하되 사회주의 사회에 맞게 혁신시킨다는 북한의 기본 노선이 윤리관에도 그대로 관철되었음을 뜻한다. 한 예로 효의 경우, 북한에서는 일방적인 상하 위계질서에 의한 맹목적인 효성에 대해서는 비판하지만 전반적으로 효를 대단히 강조한다. 그리고 이런 윤리관은 며느리의 위치에 있는 여성들의 나름의 규범으로 표현된다. 아래 강은숙 여성의 사례에서 읽을 수 있는 것도 바로 그러한 의식의 흐름이다.

그 집의 시어머니는 며느리를 무척 사랑하여 아침식사는 물론 빨래 등의 잡다한 집안일을 며느리 대신 해주셨다. 어느 날 아침 큰딸이 어머니에게 자신의 일을 대신 해달라고 부탁하자 은숙 녀성은 "아니 그거야 네 일이 아니. 조직에 시 준 과업은 어떤 일이 있어도 자신의 힘으로 해야지"라고 큰딸 인옥이에게 말했다. 그러자 큰딸은 "어머니두, 바쁠 때야 그럴 수도 있지 않나요. 어머니는 왜 할머니에게 밥도 시키고 빨래도 시키나요"라고 했다. 그 일은 은숙 녀성의 가슴을 몹시 놀라게 했다. 은숙 녀성은 순옥의 그 말을 듣고 그것이 잘못된 처사였다는 것을 깨우쳤다. '어머님께서 자진해서 나서신다고 내가 하여야 할 일들을 떠맡긴 것은 잘못된 일이다. 며느리의 도리로 봐서도 그렇고 더우기 아이들 교양에 좋은 영향을 주지 못하였다. 아이들을 제대로 교양하자면 나 자신의 생활부터 개변해야 한다'라고 결심한 그는 매일 아침 아침을 지어놓고 나갔다.

며느리의 그 행동을 의아쩍게 생각한 시어머니는 며느리를 조용히 마주하고 앉았다. "나이가 많고 보니 하는 일들이 점점 거칠어지는구나. 마음에 들지 않을 수도 있으나 그렇게라도 도움을 받아야지 혼자서야 안팎일을 다 감당하겠느냐?"

"어머니, 그런 것이 아닙니다. 저는 그간 마땅히 해야 할 일을 하지 않고 살았습니다. 이 사실은 아이들 교양에 좋지 못한 영향을 준 것 같습니다." 시어머니는 더 말을 하지 않았다. 며느리의 말이 옳다고 생각하였던 것이다.

—『조선녀성』, 1981. 11

강은숙 여성의 생각과 태도에는 동의할 수 있는 면도 있고 그렇지 않은 면도 있다. "어머니는 왜 할머니에게 밥도 시키고 빨래도 시키나요"라고 항변하는 딸아이에게 좋은 영향을 주겠다는 의도로 나서는 것은 긍정할 수 있는 측면이다. 또한 당연하게 여겨왔던 시어머니의 가사일에 대해 그 가치를 새삼 느낀 것도 긍정적이다. 그러나 밥짓기로의 회귀가 곧 며느리의 도리와 동일시되고 자기 생활의 개변방향으로 설정되는 것은 찬성할 수 없는 측면이다. 물론 이 밥짓기는 단지 하나의 상징적 행동이라 볼 수도 있다. 중요한 것은 며느리가 자신의 생활과 시어머니의 역할을 되돌아보고 혁신의 계기로 삼았다는 점인 것이다.

하지만 시어머니의 가사분담이 강은숙의 게으름으로 인한 것이면 모를까 처지에 따른 역할분담이었다면 그 각성은 좀더 진취적인 방향으로 행동화되었어야 하지 않을까. 예컨대 시어머니의 밥짓기를 돌려받을 것이 아니라 그 시간에 시어머니나 가족을 위한 다른 일을 찾는다든지 하는 식이 오히려 적극적인 방법이지 않을까 하는 생각이 든다.

이와 연관해서 보면 딸의 항변도 꼭 옳은 것만은 아니다. 딸이 자기 일을 어머니에게 떠넘기려는 것과 시어머니가 가사일을 도와주는 것은 현상만 같지 본질적으로 다른 것이다. 따라서 강은숙 여성은 자기 일을 자기가 하는 자주적 태도와 역할분담의 관계를 설명해 주거나 그런 교양을 주는 쪽을 택했어야 한다고 본다.

며느리의 다양한 역할이 묘사된 대가족의 사례를 하나 더 살펴보자.

우리 집은 시어머니와 시동생 그리고 동서까지 아홉 식구가 모두 한집에 살고 있습니다. 그러자니 보살필 일도 많고 할 일도 많은데 그럴수록 며느리들은 그 많은 일을 부담으로 여기는 것이 아니라 제 할 일로 받아들이고 해나가는 것이 중요했습니다. 며느리의 짧은 생각, 거칠고 예절 없는 행동은 시어머니의 마음을 언짢게 하고 그늘이 가게 할 수 있는 것입니다. 우리는 음식 한 그릇을 놓고도 서로를 위하며 생각하고 있습니다. 새로운 음식이 생겨도 어머니에게 무엇이나 색다른 것을 대접하고 싶어서 식구들이 다 나간 틈을 이용하여 어머니께 따뜻이 데워 대접해 드리곤 합니다. 이는 다만 자식의 도리와 웃어른에 대한 새세대의 의무를 저버리지 않으려는 소행일 따름입니다. 이렇게 웃어른들을 대하니 어른들도 기뻐하고 아랫사람들도 그를 따르며 집안에는 늘 웃음이 넘쳐나게 되었습니다.

그래서 저는 늘 이렇게 생각합니다. '사회가 건전하려면 사회의 세포를 이루는 가정이 건전해야 하고 가정이 건전하려면 한 가정의 주부인 며느리가 제 구실을 옳게 해야 한다. … 한 가정의 화목은 그 누구에게 달려 있는 것이 아닌 바로 며느리에게 달려 있다.'

—『조선녀성』, 1986. 3

아홉 식구라면 상당한 대가족이다. 가정의 화목을 위한 여러 측면에서의 며느리들의 역할이 그만큼 요구될 것이다. 며느리들의 분주함과 신경이 눈에 보이듯 잡힌다. 그런데 한 가지 따져볼 게 있다. 아마도 맏 며느리인 듯싶은 김정숙 여성은 왜 한사코 "한 가정의 화목은 그 누구에게 달려 있는 것이 아닌 바로 며느리에게 달려 있다"고 주장하는 것일까?

바로 여기에 북한 특유의 윤리관이 담겨 있다고 생각한다. 이 윤리관은 또한 '사회주의 대가정론'을 현실화해 가는 생활적 가치관이기도 하다. 김정숙을 위시한 며느리들이 웃어른을 헌신적으로 모시는 것은 다름 아닌 '어버이 수령'을 모시는 자세의 표현이기도 하며, 여기서 며느리들의 역할을 강조하는 것은 당원(살림꾼)의 역할을 강조하는 것이라고 해석할 수 있다.

따라서 김정숙 여성이 무거운 짐을 자임하는 표현을 갖고 봉건적 의식의 잔존을 따지는 것은 실은 부적절하다. 그것은 오히려 북한 사회주의 특유의 이데올로기를 함축하고 있다. 그래서 김정숙 여성이 묘사한 가정풍경과 그의 말에서 드러나는 '며느리관'이 더욱 여러 가지 생각을 떠올리게 하는지도 모르겠다.

『조선녀성』에 등장한 여성들은 모두 어머니, 아내, 며느리로서의 짐을 기꺼이 짊어지고 살고 있었다. 가정을 잘 가꾸기 위해 노력하는 것도 우리들 옆집에 사는 평범한 여성들과 다를 바가 없었다. 사회의 요구에 맞춰나기는 그들의 원칙적인 삶이 때론 지루한 영화처럼 느껴지면서도, 사소한 일로 갈등하고 아파하는 그들의 일상에 대해 상상력을 넓혀갈수록 그들이 우리와 너무도 비슷한 인간들임에 새삼 놀라게 된다.

북한 가정에서의 여성들의 삶에는 또한 북한 사회

가 추구하는 가치와 생활문화가 그대로 투영되어 있었다. 그것은 북한 사회가 지향하는 시어머니상, 며느리상, 어머니상, 아내의 상이 그들의 성격으로 내면화해 가는 과정이기도 하다. 그 주요 동력이 교육의 힘인지 자기 각성과 노력인지 판별하기는 힘들지만, 어쨌든 그 이미지들은 전통적인 여성상들과는 많이 다름이 확인된다.

북한은 특히 여성과 관련한 봉건적 규범인 여필종부, 삼종지도, 남존여비 등의 규범을 제거해야 한다고 주장해 왔는데 이것은 많은 부분 실현되었음이 확인된다. 그러나 한편으로 여전히 뿌리깊은 전통적 의식을 확인한 것도 사실이며, 봉건규범의 자리를 대신 차지한 사회주의적 원칙들이 그 원론적 가치를 떠나 때론 벅차게 느껴진 것도 또한 사실이다.

그 무거워 보이는 짐과 잔존한 낡은 의식이 현실이라면, 그것을 치우는 주체 역시 그 현실 안의 존재일 것이다. 북한 여성, 바로 그들이지 않겠는가.

새세대 소설로의 여행 •••

새세대 소설로의 여행

김귀옥

"왜 그러세요? 필요한 게 있으면 저한테 말씀하세요."
"전 그 동무의 동창생입니다."
"그래요. 난 또…."
"탁아소에 갔어요. 조금만 늦어도 젖먹이가 울거든요."
 그 소리에 태진은 어벙벙해졌다. 잔치한 지 몇 달 안 되는 동창생에게 어린것이 있다니 듣고도 리해가 되지 않았다.
"설 전에 결혼하지 않았습니까?"
"그랬지요. 하지만 그 동무는 '속도위반'을 했답니다."
─김용한, 1990, 233쪽

 북한에 속도위반이 있다? 북한도 사람 사는 곳이라면 그런 일이 있을 거라고 충분히 상상할 수 있다. 그러나 우리는 '북한' 하면 김일성, 전쟁, 빨갱이, 핵무기, 아오지 탄광, 백두산, 금강산 등을 생각할 뿐이다. 기껏해야 1989년 임수경의 방북을 통해 "아, 그곳에 우리 민족이 살고 있구나" 하고 실감할 수 있었다. 그런 북한에도 소위 속도위반이라 불리는 남녀문제가 있다. 여성이 있고 남성이 있으며, 사랑이 있고 결혼이 있고 이혼이 있으며, 고부갈등이 있고 남녀갈등이 있다. 또한 구세대 여성이 있고 새세대 여성이 있다.

 이러한 평범한 현실들을 북한에 가서 살아보기 전에 다면적이고 전체적으로 알 수는 없을까? 부분적으로는 남한의 매스컴에서 방영되는 북한 관련 프로그램을 통해 북한 주민과 여성에게 접근할 수는 있다. 하지만 매스컴에 비치는 모습으로 북한 여성들의 욕구나 소망, 심리구조와 같은 섬세한 부분까지 이해하기는 어렵다. 이러한 상황에 직면하여 그들에 대해 체계적이고 다면적으로 접근하기 위한 수단으로 소설을 활용하기로 한다.

 북한 소설가들은 일찍이 다른 사회주의 국가들처럼 **사회주의적 사실주의**에 입각하여 소설을 창작하여 왔다. 또한 이러한 소설은 청년 및 일반 대중들을 교양하는 데 중요한 역할을 하는 수단 중 하나였다. 교양의 수단으로서의 소설은 '당성'과 '노동계급성' '인민성'의 실현을 목적으로 한다. 소설을 통해서 '숨은 영웅'을 형상화하고 북한이 안고 있는 절실하고 의의 있는 사회적 문제를 제기하며 사회주의적 예술성, 특히 노동자문학을 성숙시켜 왔다고 한다.

 북한의 소설이 목표하는 바가 교양과 선전이라면, 소설이 보여주는 세계는 현실과는 상당한 거리를 두

사회주의적 사실주의는 1932년 소련공산당 중앙위원회에서 제창된 후 1934년 '제1회 전국 노동자·작가동맹대회' 및 기타 모임에서 공식적으로 채택되어 공산주의 문학예술의 기본 원리로 되어왔다. 북한에서의 사회주의적 사실주의 창작방법이란 "…전형적인 환경에서 전형적인 성격을 역사적인 구체성과 혁명 발전과정 속에 진실하게 묘사하되, 공산주의적이고 긍정적인 주인공을 주도적인 입장에 세워 형상화하는 창작방법"이라고 규정하고 있다.

고 있을 수 있다. 다시 말해 소설로 형상화된 세계는 북한의 이데올로기에 의해 변형되어 나타나 있을 것이라고 충분히 짐작할 수 있다. 그럼에도 불구하고 소설은 북한이 지향하는 바를 보여주고 있고 북한에서 제기되는 문제점들을 일정 정도 시사하고 있다. 바로 이 같은 점을 포착하여 여러 주제에 따라 북한의 8, 90년대 소설, 즉 새세대 소설을 읽고자 한다.

이제 북한의 소설 속에서 보이는 각종의 현실반영 중 여성을 주제로 한 여러 가지의 이야기를 좇아서 북한의 전역, 안방에서 공장까지의 여행을 떠나기로 하자. 우선 소설에서 나타나는 북한 미녀상과 북한 미녀의 시대적 변화를 엿보기로 한다.

1. 북한 미녀도

강초애와 꽃분이

올 봄에 접어들면서부터 초애는 살결이 뽀얗게 맑아지고 얼굴 륜곽이 한결 더 명료해지면서 한 떨기의 꽃송이인 양 활짝 피여났다. …느린 물결처럼 크게 굽실거려 자연스럽게 정수리를 넘어온 숱진 장발의 머리채는 박속처럼 하얀 목덜미의 살결이 보일 듯 말 듯 하게 척 늘어뜨렸는데 여간 고상하고 품위가 있어 보이지 않았다. 그것은 그렇지 않아도 매력적인 초애의 선이 굵은 얼굴의 미를 한결 빛나게 돋구었다. 농장 소재지 마을에도 기구를 차려놓고 머리를 해주는 미용사가 두 명씩이나 있었다. 농장 녀인들은 모두 거기에 쏠리지만 초애만은 언제나 뻐스비를 새겨가며 꼭꼭 읍 미장원으로 다니군 한다. 촌구석에 박혀 만날 흙 속에 묻혀 살면서도 외양에 각별히 신경이 예민한 그는 촌티가 난다며 농장 미용사에게는 한 번도 머리를 맡겨본 적이 없었다.

―한윤, 1992, 18~19쪽

1990년대 북한의 미녀는 어떻게 생겼을까? 과거 북한 소설에서는 자연스럽고 소박한 모습을 강조한다면 8, 90년대 미녀는 위 소설의 강초애와 같은 모습일 것 같다. 협동농장원인 강초애는 농촌 출신의 젊고 아름다운 여인이다. 그는 거친 농사일을 하면서도 젊음을

선글라스 쓴 여성농장원

⟨꽃파는 처녀⟩의 홍영희

한껏 누리며 자신의 아름다움을 거침없이 표현하고자 하는 90년대 전형적인 북한 새세대 여성이다. 이 여성은 바쁜 농사 중에도 쉬는 시간을 틈타 버스를 타고서라도 읍내 미장원에 갈 만큼 적극적으로 미를 가꾼다.

반면 과거 북한의 대표적인 미녀상으로는 '꽃 파는 처녀'를 꼽을 수 있다. 북한의 사회과학출판사에서 펴낸 『조선문학개관』 Ⅱ(1986년 판)가 불후의 고전적 명작으로 일컫는 『꽃파는 처녀』(1977년 판)에서 주인공 꽃분이에 대한 묘사는 "소녀의 이쁘게 생긴 얼굴과 까만 눈동자도 물 속에 비껴 있었다"라는 단 한 문장에 불과하다.

예쁘게 생겼다면 어느 정도, 어떤 모양으로 예쁘게 생겼단 말인가?

꽃분이는 어머니께 효도하고, 어린 동생을 잘 보살피고, 동네 어른들께 예절 바르고, '지주놈 때려잡아' 감옥에 갇혀 있는 오라버니의 유언도 듣는, 한 발 더

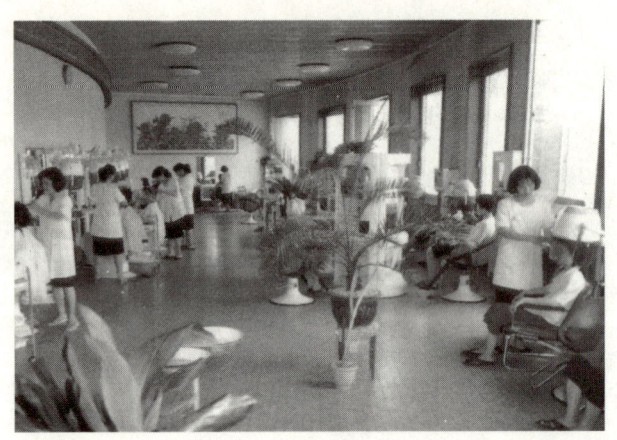

창광원의 미용실

나아가 혁명적 투지가 투철한 소녀이다. 아마 영화책임자는 70년대 대표적인 여배우였던 홍영희를 꽃분이 역으로 영화에 등장시키기까지 인물선정에 부심했을 것이다. 왜냐하면 도대체 예쁘다는 것을 어떻게 해석해 내야 70년대의 전형적인 미인을 창조할 수 있는지에 대한 단초가 이 소설에는 전혀 없기 때문이다.

하지만 8, 90년대 소설은 다르다. 미인뿐만 아니라 다른 인물묘사도 앞의 인용문에서처럼 한눈에 들어올 듯 구체적이다. 다른 소설의 묘사를 보자.

학창시절과 달리 머리를 길게 드리운 동창생 처녀는 진한 화장에 엷은 맞달리 옷을 차려입고 자기의 아름다움을 한껏 드러내고 있었다. 그와 마주선 청년 역시 잘생긴데다가 아래우 연회색 옷차림을 하였는데 현대식으로 지은 양복 아래로 내려가면서 멋지게 퍼진 바지와 윤나는 구두에 이르기까지 흠잡을 데 없이 미끈하였다. 그런데 그들이 정답게 이야

북한 여성들이 주로 쓰는 화장품은 크림, 분, 입술연지, 향수, 머릿기름, 아이섀도 등이다. 주로 인삼, 동백, 모란 같은 순식물성 성분과 민족적 소재를 채택하여 고려크림, 인삼크림, 동백살결물 등을 자체적으로 생산한다.

기하는 모양으로 보아 사랑하는 사이인 듯싶었다.

—같은 책, 19쪽

　김용한은 소설에 등장하는 주인공들의 고등중학교 '동창생 처녀'와 그의 애인을 남한의 신세대 선남선녀에 준하는 인물로 그렸다. '동창생 처녀'는 진한 화장과 현대적 감각의 의상으로 자신의 미를 한껏 표현할 만큼 개방적인 여성으로 등장한다. 더욱이 북한 여성의 헤어스타일로서는 거의 드문 형태인 '길게 드리운' 헤어스타일을 하고 있다. 김용한은 이 여인을 부정적 인물로 묘사한다. 이는 1987년 김정일의 교시에서 여성이 아름다움을 추구하되 지나치게 화장하는 것은 오히려 아름다움을 저속화시킨다는 지적에 따른 묘사이다.

의류디자인에 몰두하는 평양미술대학 강좌장 리유미

북한의 의상은 1978년 최초의 패션쇼를 시작으로 하여 1989년 평양축전을 맞으면서 다양한 디자인과 화려한 색상 등이 일반화되었다고 볼 수 있다. 의상에 대한 북한의 적극적인 정책은 김일성과 김정일의 교시와 함께 『조선녀성』이나 『천리마』, 패션화보집 『옷차림』과 같은 잡지를 통해서도 일반인들에게 널리 알려지고 있다.

김일성은 1980년 제6차 당대회에서 의상에 대해 언급을 하였고, 1982년 4월 최고인민회의에서는 소매 없는 옷과 앞가슴 파인 옷도 사회주의 생활양식에 어긋나지 않는다고 교시한 바 있다. 김정일의 의상정책은 훨씬 더 적극적인데, 그는 1984년 2월 "경공업혁명을 일으켜 시대적 감각에 맞는 스마트한 옷차림을 생산토록" 지시하기도 했다. 또한 1988년 옷견본 전시회에서는 "사람이 1만 명이라면 그들이 다 각이한 형태와 색깔을 해입어야 한다"고 교시하기도 했다.

그러한 김정일의 교시나 소설 속의 구체적인 묘사는 과거 북한에서는 가히 상상할 수 없던 일들이 적지 않게 현실화되고 있음을 암시해 준다.

북한 문학, 특히 소설은 80년대 이후부터 과거의 틀로부터 적지 않게 변화를 거듭해 왔다. 이러한 변화를 문학평론가 김재용은 "일상생활 속의 '숨은 영웅'의 형상화와 절실하고 의의 있는 사회적 문제의 제기, 예술적 기량의 성숙"(김재용, 1994) 등으로 지적하고 있다. 여기에 또 하나를 덧붙인다면 앞에서 확인할 수 있는 것처럼 그 표현이 훨씬 더 육감적이고 과감해졌다는 점이다.

북한 남성의 구원의 여인상

도람통 난로에서는 젖은 자작나무가 뿌직뿌직 소리내면서 타고 있는데 방금 물초롱에서 꺼낸 때물이 줄줄 흘러내리는 걸레를 든 용녀가 당황한 기색으로 서 있었다. 빨간 삼각 머리수건을 쓰고 조선옷 차림을 한 그는 전등불빛에 눈이 부시는 흰 저고리 소매를 반쯤 걷어올렸고 깜장 치마자락을 허리춤에 슬쩍 끼웠다. "아이, 청소가 늦었네." 나지막이 부르짖는 량 볼에는 볼우물이 살짝 패이고 약간 쳐들릴 사한 코마루에는 땀방울이 송골송골 내돋았다.

—김보행, 1993, 202쪽

김보행의 소설은 60년대 남성이 선호하는 여성상을 그려놓았다. 그 여성은 사회활동을 하되 남성을 보조하고 입이 무겁고 수줍음이 많고 조선옷 차림의 전형적인 전통적인 여성이라고 할 수 있다. 그러나 8, 90년대 소설에서 남성들이 좋아하는 여성은 이와는 다르다.

장면 1
동수는 작년 가을에 우리 마을에서 오십 리쯤 떨어져 있는 이웃 농장마을의 처녀를 안해로 맞아들였다. 부모들끼리 먼저 합의를 보고 당자들을 대면시켰는데 동수는 첫눈에 처녀에게 반해 버렸다. 동수 역시 그만하면 미끈하게 생긴데다 마음도 시원시원해서 처녀의 눈에 들어 그래 결혼을 했는데 동네에서는 동수 쪽이 기운다고 말들을 했다. 그만큼 새색시는 인물이 환하고 성미도 좋았다. 몸매 자그마하고 조용한 그 녀자는 언제나 웃는 얼굴이였으며 친절하고 인사성이 밝았다. 그렇다고 하여 봉건적인 '현모량처'는 아니였으니 동네 일에 발벗고 나섰으며 무슨 일에나 막힌 데 없이 부지런히 잘 해제끼였다.

—김상복, 1985, 5쪽

장면 2

정혜의 성미가 개방적이라는 것을 나는 잘 알고 있었다. 늘씬한 키에(익조 동무보다 좀더 크다) 너부죽한 어깨, 처녀호걸이라고 불리우는 정혜는 휘파람도 잘 불었고 남자들과 어울리기 좋아했다. …정혜는 첫날부터 밥짓는 일을 안 하겠다고 뻗대였다. 그래 같이 온 처녀가 주로 때식을 끓였는데 그러나 정혜도 노상 안 할 수는 없어 더러 교대를 해주군 했다.

—같은 책, 18~19쪽

장면 3

"잘 있었소? 진주 동무."

"오시느라 수고하셨어요. 어제 오셨다죠?"

최명걸은 뜻밖에도 미소를 짓고 문건을 안고 선 진주의 얼굴을 바라보았다. 진주는 여전하였다. 그 사이 사람의 마음을 끌군 하던 그 검은 눈에서는 더 광채가 빛나고 온몸에는 약동하는 정렬이 더욱 넘쳐나는 것 같았다. 알릴 듯 말 듯 패우군 하는 보조개며 입가에 귀염성스럽게 박힌 인상 깊은 기미며 볼에 피여난 홍조며가 격렬하고 보람찬 일에 뛰여다니는 왕성한 인간에게서만 볼 수 있는 아름다움이 어려 있었다.

―김길환, 1988, 130쪽

이상의 소설들은 모두 80년대를 배경으로 하고 있다. 물론 80년대에도 30대와 20대 간에는 차이가 나타난다. 『세대』의 30대여성(장면 1)은 남편 잘 섬기고 인물도 환하고 미끈하게 생기고 성미가 좋은 '여성다움'을 갖고 있을 뿐만 아니라 동네 일에도 발벗고 나설 만큼 사교적인 여자이다. 하지만 20대여성은 30대여성의 가치관과는 또 다른 모습을 보여준다. 이른바 새세대 여자라고 부를 수 있는 20대여성(장면 2)은 개방적이고 휘파람도 잘 불고 남자들과도 잘 어울리되 밥하기와 같은 가사일을 싫어한다. 그는 한 술 더 떠 얌전한 남성을 '처녀' 같다느니 '곱게 생겼다'느니 하면서 놀려대기까지 하는 말괄량이 여성이다. 그에게는 '여자답게'라든지 '순종적'이라는 전통적 가치가 더 이상 매력이 없다.

『전변』에 등장하는 남성(장면 3)은 적극적으로 자신의 일을 하는 혈기왕성한 여성을 아름답다고 여기고 있다. 이와 같은 묘사는 남성들의 여성 선호도에 변화가 나타나고 있음을 반영하는 것으로 볼 수 있다.

물론 북한 소설의 한 특징이 긍정적인 모범을 창출하는 데 있다는 점에서 실제로는 일하는 여성에 대한 사회적 시각, 특히 남성이 갖고 있을지도 모르는 부정적인 시각을 바꾸도록 계몽하기 위해 이런 묘사를 했을 수 있다. 그러나 설령 이러한 소설적 세계와 북한 현실과는 거리가 있다고 할지라도 최소한 남성이 선호하는 여성은 과거의 전통적이고 순종적인 여성에서 능력 있고 자신감 있으며 사교적인 여성으로 바뀌고 있거나 바뀌어야 한다는 것을 보여준다고 해석할 수 있다.

한편 북한 남성들이 좋아하는 여성상이 있다면 싫어하는 여성상도 있을 법하다. 과연 어떤 여성일까? 다음 장면들은 부정적인 여성상을 제시하여 북한이 지향하는 바른 여성상을 암시해 주는 소설 속에서 뽑은 것들이다.

장면 1

차수웅이가 다수확 벼종자를 만들어낸다는 소문이 농장의 범위를 벗어나 온 군내에 쫙 퍼진 것처럼 그가 만든 벼가 전문가에 의하여 혹평을 받았다는 소문 또한 바람처럼 그날로 농장의 경계 밖을 멀리 벗어져 나갔다.

"저… 제 생각에는 더 고생을 하기 전에 육종에서 손을 떼는 게 어떻겠는가 하는 거예요. 지성이면 감천이라는데 육종이 수웅 동무의 성의를 잘 받아들이려고 하지 않는 것 같군요. 수웅 동무가 육종 때문에 고생을 적게 했어요. 이제 다시 거기에 머리를 디밀기가 지긋지긋하지 않아요?"

　수웅은 너무도 뜻밖의 말에 놀라 초애를 힐끔 쳐다보았다. 그의 입에서 과연 그런 말이 나올 수 있는가? 그가 자기의 둘도 없는 벗으로 마음속에 가까이 해온 초애가 아니라면 그 말이 그렇게 놀랍게 들리지 않았을 것이다.

―한윤, 1992, 85쪽

장면 2

　그는 예술소조원이 되였는지 금방 정문을 지나간 녀인들과 꼭같은 차림새였는데 선이 굵고 동그란 얼굴에서 한때 그처럼 정다왔던 초애의 모습을 알아보는 순간 수웅은 마치 못 볼 것을 본 듯 대뜸 온몸이 굳어지면서 의아한 표정을 지었다. 초애를 어떻게 되여 여기서 만나게 됐단 말인가. 한참 후에야 수웅은 그와 결혼한 김리호가 이곳 작물연구소 사람이라는 데 생각이 미쳤다. …그 옛날 달뫼재의 달밤에 쥐면 놓기 아쉬울 정도로 아름답고 매력적이던 그의 모습은 온데간데없고 지금은 길가에서 흔히 볼 수 있는 임의의 녀인과 조금도 다름없는, 지어는 추하고 속되고 초라하게까지 보여지면서 그와의 사랑이 결렬된 것이 이제 와서는 조금도 섭섭하게 느껴지지 않았다.

―같은 책, 321~24쪽

　이미 앞에서 나온 바 있는 강초애는 농촌 여성임에도 미를 가꾸려는 욕구가 강렬한 여성이다. 그는 또한 농촌에 살기보다는 도시에서 편안하게 살고 싶어한다. 그런 생각은 〈장면 1〉에서 보듯이 그의 애인 차수웅이 다수확 벼품종 개량에 실패하자 이 연구에서 손을 떼라는 충고로 표출된다. 세속적인 초애의 욕망을 알고 나자 수웅은 나침반을 잃은 심정이 되어 초애를 떠나보낸다. 시간이 흐른 후 〈장면 2〉에서 수웅은 변해 버린 초애를 만난다. 수웅은 초애가 "길가에서 흔히 볼 수 있는 임의의 녀인과 조금도 다름없는, 심지어는 추하고 속되고 초라하게까지" 보여 그와의 사랑이 결렬된 것을 조금도 섭섭하게 느끼지 않게 되었다. 초애에게는 더 이상 옛날의 소박하고 청초한 아름다움이 남아 있지 않았던 것이다.

이 소설에서 보여주는 것처럼 일신의 안락이나 세속적 명성만을 탐하는 여성은 사회적으로 부정시되고 남성들도 대체적으로 싫어한다. 역설적으로 북한에는 아직 이런 유형의 사람들이 적지 않음을 암시하고 있다고 볼 수 있다.

2. 새세대 여성 풍속도

사랑과 일의 당당한 지휘자

북한 남성이 선호하는 여성상의 변화 이상으로 여성 자신의 의식도 최근 들어 바뀌고 있다. 얌전하고 남자 말 잘 듣는 순종적인 여자보다는 자신의 주장을 펴는 능력 있고 자립심 강한 여성, 여성 자신이 주인이 되어 남자와의 관계보다는 사회적 관계 속에서 주체성을 찾아나가는 여성상이 긍정적인 모습으로 소설에 등장하고 있다. 먼저 90년대 초 남한에서도 인기가 있던 백남룡의 『벗』에 등장하는 채순희를 통해 이를 확인해 보자.

"상금을 타서 동무들을 청해다 술상을 차리면 나쁘겠어요? 당신은 창안이 되지 않아 기가 죽어 만날 후줄근해 다니지 않았어요. 이번 기회에 무얼 뚝 부러지게 타서 인격이 쑥 올라가면 뭐 집이 무너진대요?"
"아낙네가 푼수 없이 끼여들진 말란 말이요. 창안을 해서 나라의 공학기술 발전에 조금이라도 이바지했다는 게 확인되였으면 그걸로 기뻐해야지! …꼭 신문에 나고 상금이나 훈장을 타야 맛인가! 남모르는 자부심이 명예나 금전보다는 고상하다는 걸 아오."
"아무래도… 당신은 막힌 사람이예요!"
"뭐라고?!"
……
"그만하자요, 나 이제 당신과 못 살겠어요."
―백남룡, 1992, 148쪽

남편은 우직하게 일 잘하고 충실하지만 생활의 멋을 모르는 사람이다. 반면 그의 아내인, 도가수로 활동하는 예술가 순희는 생활의 멋과 일에 대한 자기 소신이 있는 80년대의 대표적인 새세대 여성이다. 그는 의견과 취미, 생활의 리듬이 맞지 않는 남편과 함께 살기보다는 사회적으로는 불명예일지라도 자신의 세계관을 펴기 위해 남편과 이혼할 것을 주장한다. 이쯤 되고 보면 북한의 새세대 여성이 남한의 신세대 여성과 뭐가 그리 다르리요.

그렇다고 이 소설은 채순희의 이혼 요구를 찬성하지는 않는다. 오히려 판사의 노력으로 채순희 부부는 이혼을 철회하게 된다. 이혼주장을 철회하는 과정에서 판사는 고지식하게 살려고 하는 채순희 남편의 보수성을 비판하여 변화시키는 한편, 채순희의 극단적인 결단성을 타협적으로 조율한다.

이러한 소설적 타협방식은 현재 북한이 안고 있는 문제에 대한 주요한 해결방식과도 관련이 있다고 볼 수 있다. 혁신과 개량의 문제를 포함한 내부모순을 중국 문화혁명식의 급격한 방식보다는 설득과 타협으로 극복해 나가는 북한식 해결방식이 오늘날의 남녀문제를 해결하는 과정에도 드러나고 있다. 아무튼 이 소설을 통하여 남녀의 성격과 관심의 차이에 의해 생기는 북한 남녀의 갈등하는 모습과 함께 여성의 의식전환을 엿볼 수 있다.

북한 신세대 여성들의 의식전환은 사랑과 일에 다같이 적극적인 모습에서도 찾아볼 수 있다.

북한에서는 비교적 이혼율이 낮은 편이다. 북한이 1956년 3월 합의에 의한 이혼제를 폐지하고 재판에 의해서만 이혼을 허용하는 내각결정 제24호를 채택, 이혼을 재판에 의해서만 가능하도록 명문화했기 때문이다. 이와 관련해 90년 개정 가족법 제20조에서 "남편과 아내의 관계는 이혼하면 없어진다. 이혼은 재판에 의해서만 할 수 있다"고 명시하고 있다. 즉 이혼은 관할재판소에 재판을 청구하여 그 판결에 의해서만 가능하다. 그리고 자녀문제는 이혼 당시의 합의에 의하며 합의가 이루어지지 않을 경우는 재판소가 정하도록 하고 있다. 그리고 부득이한 사유가 없는 한 3세 미만의 자녀는 어머니가 양육하도록 가족법 제22조에 명시해 놓고 있다.

아름다운 얼굴이 독자참여형으로 진화한다

아름다운 얼굴은 아름다움에 대한 독자 여러분의 참여로 완성됩니다.
도서출판 아름다운 얼굴은 여러분의 의견과 조언을 원합니다.
아래 설문에 응답해 주시고 보내주시면 추첨을 통해 작은 선물을 드리겠습니다.

■이름: ■성별(男/女):   ■나이: ■직업:

■e-mail:

■우편번호:

■구편번호 주소:

■현재구독하는 신문/잡지는:

• 광고를 보고   • 신간기사를 보고 (신문/잡지)

• ( )이 좋아서 • 서점에서 직접 읽어보고 • 기타 ( )

■잡지책을 통해 얻고자 하는 정보/분야:
(전문분야/연예/사회문화/문학/시여과학/예술/기타)

■앙케이트에 따라 얻은 7가지 있습니까

■이 책의 점수 또는 소감은

■도서출판 아름다운 독자에 장(경), 참여 등

독자참여형 타이틀 도서출판 아름다운 독자의 주소지로 보내드리며, 도서 상품권이나 10%를 할인해 드립니다.

우편요금
수취인후납

발송유효기간
1999. 2. 1 ~ 2001. 2. 1
서울마포우체국 승인
제564호

우 편 엽 서

보내는 사람

이름 _____

주소 _____

전화 : (집) ☐☐☐ - ☐☐☐☐ (직장) ☐☐☐

도서출판 **당대**

서울 마포구 염남동 509-2 3층
TEL : 323-1316~7 / FAX : 323-1317

☐1☐2☐1 - ☐2☐4☐0

장면 1

그들은 석 달이라는 길지 않은 기간 떨어져 있었지만 서로 이상하리만치 서먹서먹한 감을 느꼈다. 그것은 각자 자신이 왜 이렇게 되였는가를 알면서도 마음을 툭 터놓지 못하는 감정에서 출발한 것이였다. 그러나 어성버성한 사이는 진주의 적극적인 자세로 오래가지 못하였다. 아마 어머니가 알았으면 밸빠진 미친년이라고 야단법석하고 꾸짖었을 것이다. 그래도 진주는 굽히지 않았을 것이라는 자신감이 들었다. 그만치 그의 순결한 가슴에 난생 처음으로 자리잡고 움트기 시작한 애정은 억센 뿌리를 내렸었다. 그 사이에 옥신각신한 감정의 마찰은 다만 그의 심장 속에 심어진 청년공원의 커다란 느티나무 잎사귀와 가지를 뒤흔들고 지나가 버린 바람과도 같은 것이였다. 아무리 바람이 세차다 해도 그 나무를 쓰러뜨리거나 뿌리째 뽑아버릴 수는 없었다.

―김길환, 1988, 130쪽

장면 2

"지나간 일을 꺼내선 뭘해요. 우린 과거를 싹 잊자요. 지금 이렇게 다시 만나지 않았나요, 한길에서."

"나두 같은 생각이요. 우여곡절은 있었지만 다시 나란히 걷게 된 셈이지. 참, 내 이번에 외국에 갔다가 손거울을 사왔소. 진주 동물 줄려구."

―같은 책, 133쪽

젊은 주인공인 강진주와 최명걸이 서먹서먹해진 계

기는 강진주의 아버지가 오랫동안 발명하려고 한 '철판말이 축세기'가 실패한 데 있다. 강진주는 아버지의 연구사업을 도와주기 위해 평양에 있는 연구소를 떠나 동해안 기계공장 공업시험소로 온 연구사이다. 이 발명이 실패로 끝나자 그의 애인 최명걸은 자신들의 사랑과 성공을 위해 평양으로 돌아갈 것을 요구했다. 그러나 강진주는 아버지를 버리고 자신의 발전만을 찾을 수는 없다고 하고 둘은 일시 헤어지게 되었다. 〈장면 1〉은 미련을 버리지 못해 다시 찾아오긴 하였으나 먼저 말을 못 꺼내는 최명걸을 보면서 진주가 느끼는 내면의 감정을 묘사한 장면이다.

〈장면 2〉에서 진주는 자신의 감정에 사랑의 여울이 아직도 흐르는 것을 느끼자 머뭇거리는 남자보다 먼저 자신의 감정을 솔직히 표현하며 지난날 불미스러웠던 일은 잊자고 제안한다. 일뿐만 아니라 사랑을 하는 데서도 자신의 감정을 숨기거나 내숭을 떨지 않는 적극적인 모습을 이 새세대 여성에게서 찾을 수 있다.

한편 나중에 강진주는 개인적 사랑과 명성만을 중시하고 여성은 남성의 뜻을 좇아야 한다는 최명걸의 생각을 따를 수 없음을 자각하고 결국 헤어지고 만다. 북한 소설 중에 주인공들의 사랑이 비극으로 끝나는 경우란 많지 않기 때문에 이 소설은 애정의 측면에서 비극소설로도 돋보인다. 이 소설의 구도는 영화 〈도라지꽃〉(1987)에도 유사하게 깔려 있다.

이 소설이나 〈도라지꽃〉은 사랑을 중시하되 개인간

〈도라지꽃〉 영화의 주연은 오미란인데 1987년 제1회 평양비동맹영화제에서 최우수 연기상을 받은 것을 기점으로 최고의 스타로 부상했다. 이인모, 고 윤이상 씨 등의 생애를 그린 시리즈 〈민족과 운명〉 제8~9부에서도 열연한 바 있다.

〈도라지꽃〉의 주연배우 오미란

의 사랑이 공동체의 소망과 일치될 때 빛날 수 있다는 메시지를 담고 있다. 아울러 불행히 일치되지 않을 경우에도 여성이기 때문에 무조건 남성을 좇아야 한다는 식의 전통적 가치관은 더 이상 필요치 않다는 메시지도 담고 있다.

이러한 사랑 및 결혼관은 과거 북한 여성의 의식과는 사뭇 다르다. 김웅호가 쓴 전기소설 『열풍』에 등장하는 혜련은 50년대에 결혼하여 남편을 위해 자신의 푸른 꿈을 버린 여인인데, 이런 모습은 아마도 과거에는 일반적이었을 것 같다.

긴긴 가을밤 뜬눈으로 베개잇을 적신 후 동해의 거센 파도를 넘어올 때 부모의 슬하를 떠나는 석별의 아쉬움은 참을 길 없었으나 슬프지는 않았다. 오히려 처녀시절에 성취 못한 과학연구에 대한 푸른 꿈이 님의 리상 속에 실현된다고 생각하니 풍랑 사나운 바다길도 랑만적으로만 보였다.

—김응호, 1992, 2~3쪽

여성이 남편을 통해 자신이 못다 이룬 꿈을 이루려 했다는 식의 줄거리는 비단 북한만의 이야기는 아니다. 남한 소설에서도 흔하게 등장하는 소재이다. 몇 년 전에 유행했던 소설에서도 그런 여성을 만날 수 있다.

영선의 속눈썹이 파르르 떨렸지만 영선은 둘의 유학비 마련을 위해 아르바이트하던 출판사의 번역원고만 만지작거리고 있었다. 영선 집안의 반대 때문에 제대로 마련하지 못한 혼수가 생뚱맞게 놓여 있는 영선의 방안은 정말 작고 초라했다. …그가 학생운동에 관련되어 잠시 감옥에 있을 때조차 영선은 아르바이트로 그의 영치금을 넣어주었다. … 더구나 프랑스로 떠난 후 유야무야 자신의 학업을 잠시 중단하고 그곳에서 한국 사람들의 아이를 보아주는 일을 하고 있다는 우울한 편지를 받았을 때는 영선이 더 이상 학업을 계속하지 못하리라는 예감을 가졌었다.

—공지영, 1993, 35쪽

하지만 지금의 남한에서는 이러한 여성을 더 이상 현대여성, 특히 신세대 여성상이라고 말하지 않는다. 설령 이런 유의 일들이 우리의 현실에서 여전히 되풀이되고 있다고 하더라도.

소설 속에 나타난 북한의 새세대 여성은 분명 일이

나 사랑을 하는 데서 모두 적극적이고 자립적인 지향을 보이고 있다. 또한 사랑과 자신의 일을 일체화시키려 하되 사랑과 일이 갈등하는 관계일 때 자신의 일을 희생해야 한다든지 하는 부정적 상황을 분명히 거부하는 자세를 보이는 경향이 뚜렷하다.

김길환의 소설에서 나타나는 젊은 남녀의 사랑풍속도에도 일과 사랑을 일체화시키는 전형이 강진주로 표현되어 있다. 그를 통해 남자가 일방적으로 여성으로 하여금 일을 버리게 하고 무조건 자신의 뜻에 따르게 하려는 사고방식을 부정적이고 이기적인 것으로 인식시키고 있는 것이다. 이럴 경우 남자가 생각을 바꾸지 않는다면 여성은 비극적이긴 하지만 이별을 선택할 수밖에 없다.

'마법의 성'에 갇힌 기혼여성을 구하라

현대 북한 사회에서 나타나는 여성문제의 하나는 기혼여성의 사회활동과 관련된 것이다. 전통적인 여성의 경우 미혼시절에는 열심히 직장생활을 하다가 결혼하면 그만두고 집에 들어앉거나 쉬운 직종을 찾는 일이 많았다. 그러다 보니 기혼여성의 사회참여율이 50%도 안 되는 실정이다. 특히 고학력 여성의 그러한 경향은 사회적인 손실로 여겨질 수 있다. 그래서 그러한 여성을 진취적인 새세대 여성 또는 주위사람들이 비판하여 다시 미혼시절처럼 일할 수 있도록 채근한다.

"녀자는 운전사 일을 못하나요. 지금은 달라졌어요. 처녀들이 이제는 뜨락또르두 몰구 또 기관차까지 몰아요"

"듣기 싫다. … 운전사는 녀자 직업이 아니야. 직업이 좋아야 시집도 잘 갈 수 있구 일생을 잘 지낼 수 있어. 아예 운전사 노릇 하겠다는 생각은 단념해라."

……

"언닌 그 사이 퍽 달라진 것 같아요. 물론 언니의 직업은 녀성들에게 알맞춤한 일이예요. 그러나 언니는 집살림이나 잘하구 시집이나 잘 가려구 원예사가 되진 않았다구 봐요. 언닌 원예사 자격증을 받구 나한테 뭐라구 했어요. 거리와 마을에 그리고 온 가정에 아름다운 꽃을 활짝 피워서 사람들에게 밝은 웃음을 주고 행복을 주기 위해 모든 것을 다 하겠다고 하지 않았어요. 그런데 지금에 와선 그 훌륭한 꿈이 다 어디로 갔어요? 그래 녀자의 직업이 살림이나 잘 꾸리고 시집이나 잘 가는 데 필요한 수단으로 되여야 한단 말이예요?"

―김문필, 1980, 15~16쪽

이 소설에 등장하는 기혼여성인 애림은 처녀시절 훌륭한 원예사가 되는 꿈을 저버리고 남편에게서 생의 꿈을 찾고 있다. 그뿐만 아니라 그는 당당하게 남성과 동렬에 서서 사회에 봉사하고자 하는 동생의 꿈을 좌절시키려는 봉건적인 여성이다. 반면 미혼여성인 정림은 남자들의 방해나 언니와 같은 봉건적 여성들의 만류에 굴하지 않고 남자도 고된 수송운전을 계속해 마침내 금산 자동차사업소의 수송경기에서 특별상을 받게 되었다.

생산현장을 방문하여 열렬히 위문하고 있는 주부 가수의 모습

"끝내 네 주장을 굽히지 않더니 성공을 했구나. 이 언닐 욕해 다오. 너무도 분에 넘친 행복 속에 파묻히더니 크나큰 사랑의 품에 안겨 살아온 지난날을 다 잊어버리고 그 은덕에 조금이나마 보답할 대신 달팽이처럼 자기 일신의 안일에만 사로잡혀온 이 언니를 꾸짖어다오."

—같은 책, 197쪽

동생의 모습에 감격한 언니는 무사안일에 젖은 자신을 반성하며 자신도 다시 "제 힘을 믿고 주저하지 않겠다"는 의지를 피력한다. 이 소설에서는 여성도 의지와 신념만 있다면 남성 못지않게 사회적으로 훌륭한 일을 해낼 수 있다는 걸 보여준다. 새세대 여성인

정림은 바로 북한 여성들이 바라는 '자립적인 여성'의 전형이다. 정림은 가정이라는 틀 안에서 삶의 타성에 젖은 기성세대를 비판하고 스스로 모범을 보여줌으로써 이러한 여성관을 계몽시키는 역할을 하고 있다.

한편 김문필의 소설에서 엿보이듯 북한 소설에서 여성을 질타하는 주제 중의 하나로 꾸준히 내세워지는 것은, 여성들이 결혼 후 과거의 열정을 삭이고 하루하루를 죽이듯 살아서는 안 된다는 것이다. 이런 주제는 앞의 소설의 애림을 통해서도 드러나는데, 급기야 김교섭은 소설 『생활의 언덕』에서 생활의 타성에 젖어 새로운 도전의지를 잃어버린 한 여성연구원을 주인공으로 등장시켜 본격적으로 비판당하게 하고 좌절시키고 있다.

입이 무겁기로 소문난 시험소장은 류산에 구멍이 숭숭 뚫어진 모자를 꾸기적거리며 말했다.
"나는 동무를 처녀 때부터 잘 아는 사람이요. 동무는 처녀 때 책임성도 있고 열정도 높은 기사였소. 그런데 가정부인이 되어 분석실로 옮겨 앉으면서부터 그렇지 못하더니 요즘은 일에서 만성적 권태증까지 나타나고 있소. 오늘 저질은 일이 바로 그것을 증명해 주고 있단 말이요."

—김교섭, 1984, 2쪽

정춘애는 과거 유망한 화학기계 기사로서 독창적이고 대담하게 기술을 개조하는 데 온갖 열정을 바쳐온 사람이다. 그는 건조기에 자동온도조절 기구를 도입하려는 계획하에 '2단식 건조기'를 '롤러식 건조기'로 개조하려는 야심찬 작업을 시도하기도 했는데, 이는 실패로 끝나고 만다. 실패의 좌절감에서 미처 벗어나기도 전에 결혼한 정춘애는 그 꿈을 체념하고 남한테 비난을 받지 않는 것만을 옳게 여기며 하루하루를 산다. 그러던 중 소장한테 이런 비판까지 받게 되었고 심지어 남편과의 동지적 애정도 금이 가버렸다.

이 상황에서 정춘애가 택할 길은 무엇일까? 연구원을 그만두고 전업주부가 되는 길? 처녀시절의 열정을 안고 연구사업에 매진하는 길? 작가는 후자로의 해답을 보여준다. 정춘애가 다시 자신의 연구사업에 몰두하면서부터 소원해졌던 부부관계도 바뀌고 '만성적 권태'에서도 벗어나 마침내 자긍심을 회복하게 된다.

작가가 보여주려는 주제는 기혼여성이라도 일과 사랑을 일치시키려고 노력해야 한다는 것이다. 여성이 결혼했다고 해서 가정이라는 '마법의 성'에 갇혀 '당과 인민에 대한 신념'을 잃고 자신의 사업에 대한 열정도 잃는다면 사랑도 일도 잃게 된다는 걸 보여주고 있다.

3. 일터의 북한 여성들

북한 여성의 사회활동 영역은 딱히 어디에서 어디까지라고 말할 수가 없다. 사람이 있는 모든 곳에는 여성도 있고 사람이 하는 모든 일은 여성도 하고 있다고 보면 된다. 그럼에도 불구하고 중공업부문에 비해서 경공업에, 공업부문에 비해 농업에, 대학에 비해 인민학교·고등중학교에 여성이 상대적으로 더 많이 진출하고 있다. 그러한 현실에서 북한 여성들이 하는 일, 일에 대한 자세, 의식 그리고 문제 등을 소설 속의 장면들을 통해 알아보자.

여성기능공과 북한판 '참교육 선생님'

북한의 여성노동자들은 아무래도 경공업부문에 많이 진출해 있다. 따라서 북한 소설에 등장하는 대개의 여성노동자들이 경공업노동자이다. 노동과 예술의 경계를 넘나드는 여성숙련공들의 묘사나, 자신의 일을 완전히 장악하여 기술을 겨루는 실적경기 등에서 두각을 보이는 여성노동자의 형상화도 주로 경공업부문에서 나타난다. 한 방직공장 여성노동자의 삼매경에 빠져 있는 듯한 동작을 묘사한 장면부터 먼저 살펴보자.

진희가 소원대로 기대들에 실험용 백프로 비날론 실꼬치를 걸고 고번수의 가는 실을 뽑고 있었다. … 생산실험을 담당한 진희의 얼굴은 긴장으로 하여 파릇하게 굳어져 보이기까지 했다. 사실 아무리 좋은 섬유라고 해도 기대공의 일솜씨가 서툴어 실낳이가 수나롭게 안 된다면 실제보다 못하게 평가될 수 있을 것이다. … 그러나 정작 전동기에 스위치를 넣고 손때 오른 사랑하는 기대가 고드럽게 소리를 내면서 돌기 시작하자 어느덧 그의 가슴은 안정되여 갔다. … 마음을 가라앉힌 진희는 차츰 로동의 률동을 체감하기 시작하였다. 기대 작업에 숙련된 기능공만이 느끼는 자기 기대의 숨결과 맥박, 그것과 호흡을 같이하게 될 때 저도 모르게 휩싸이게 되는 령감적인 로동의 률동이 그의 몸과 마음속에 살아오른 것이다. 그렇다. 그가 기대를 순회하는 모습은 하나의 황홀한 예술세계였다.

―백철수, 1987, 333~34쪽

작가는 이 대목에서 노동을 노동이 아닌 예술로 그려내고 있다. 위 장면의 주인공인 김진희는 선배가 권하는 좋은 혼처도 마다한 정방공이다. 그는 지금 방직공장 기술준비실 공정기사인 강정수가 수년을 바쳐 연구한 백프로 **비날론** 실험에 참가하고 있다. 그는 백프로 비날론을 성공적으로 잣기 위해 그가 다년간 노동자로서 얻은 숙련된 기술과 함께 모든 정성과 헌신을 다 바치고 있다. 그러한 그의 노동은 정신과 하나된 호흡으로 황홀한 예술의 경지에 이르고 있다.

이는 가히 노동문학만이 그려낼 수 있는 노동하는 인간의 아름다움일 수 있다. 노동하는 모습을 예술로 그려낼 수 있는 것은 노동자적 감성과 관점에 서지 않고서는 가능하지 않을 것이다.

한편 김진희가 노동하는 모습은 옛날 어머니들이 길쌈 매던 모습을 연상하게 한다. 다시 말해 김진희는

월북 과학자 리승기 박사가 발명한 비날론은 이른바 '주체섬유'로서 카바이트를 주 원료로 하여 만든다. 북한에 산재한 무연탄과 석회석을 재료로 해서 만들기 때문에 원료부족 걱정이 없으며, 매우 질기고 따스하며 땀도 잘 빨아들인다고 한다. 순천비날론연합기업소가 유명하다.

현대 노동자이지만 그 노동이 과거 여성의 애환이 배어 있는 노동을 닮아 있어 독자로 하여금 더 아름답게 느끼도록 만드는 것이 아닐까 싶다.

다음으로 북한에서는 집단, 개인 간에 경쟁을 유발시켜 생산력을 높이기 위해 사회 각 부문에 걸쳐 경기를 벌이기도 한다. 앞에서 본 김문필의 『처녀운전사들』에서 운송경기를 하듯이 방직업에서도 직포공 생산실적 경기를 개최한다. 그 경기가 열리고 있는 현장으로 가보자.

"…저는 저보다 20년이나 나이가 어린 직포공이 직기 옆에 맑은 물을 떠다 놓는 것을 보면서 그때 벌써 저는 그 처녀와의 경기에서 졌다는 것을 느끼게 되였습니다. …그리고 갈매기순회방법, 기대공이 순간고장을 퇴치하는 방법에는 깨끗한 심정으로 비단천을 짜려는 직포공의 마음이 깃들어

여성노동자들의 휴식시간

있다고 생각합니다. 때문에 이 경기에서 당당한 승리자는 자기 자신의 명예보다 경기 참가자들이 더 많은 천을 짜도록 숨은 노력을 기울인 량선희 동무라고 말하고 싶습니다 …."

—황영도, 1980, 55쪽

이 단편소설의 제목으로 쓴 '갈매기'라는 용어는 방적하는 기술을 지칭하는 용어 가운데 하나라고 한다. 천 생산실적 종합경기에 참가한 젊은 방적공 선희는 자신이 개발한 신기술인 갈매기를 선배직포공에게 가르쳐주고 경기중 생긴 기계의 순간고장을 타인에게 부탁하지 않고 스스로 고쳐나가는 바람에 경기에서는 2등을 하게 되었다.

하지만 이 소설은 수단에 상관없이 1등 하는 것만을 최고로 치지 않는다. 비록 2등을 했어도 새로운 기술을 창안하는 정신, 새 기술을 동료에게 가르쳐주는 친절함, 타인에 의지하지 않고 스스로 자신의 장애를 해결하려는 자립심을 더 높이 평가한다. 이것이 사회주의적 경쟁임을 직포공 량선희를 통해 보여주고 있다. 량선희는 성별분업상 여성적인 일을 하고 있으나 그의 모습에는 북한 사회가 추구하는 이상적인 공산주의적 인간형을 그대로 담고 있다.

경공업부문과 함께 북한의 많은 여성들이 종사하고 있는 직업 중 하나가 교원이다. 이들의 목표는 교육을 통해 "당과 인민에 대한 헌신성과 책임감을 높이는

'애자'를 생산하는 전기종합공장 여성노동자들

것"이다. 인민학교 여교원인 한 여성을 찾아가 보자.

"…이름 없는 자그마한 산골에서 그 어떤 안락도 바라는 것이 없이 오로지 교육의 사명을 자각하고 청춘기까지 잊어가면서 일하고 있는 동무의 생활은 나를 무척 감동케 하였습니다. 밤새워 동무가 만드는 한장 한장의 **직관물**도, 동무가 걷고 있는 산골마을의 령길도, 어린이들이 동무를 닮아 곱게 쓴 글씨도 … 별치 않은 것 같은 그 모든 것이 나에게는 귀중한 것이였습니다. 인순 동무, 혁명의 후계자들을 더 잘 키워내기 위하여 사랑하는 아이들에게 자신이 모든 것을 묵묵히 바쳐가는 그런 정신은 당과 혁명 앞에서 조국의 미래를 책임진 우리 교육자들의 신조로 되여야 합니다…."

—최상순, 1982, 190쪽

직관물은 학생들이 직접 눈으로 보고 알 수 있도록 수업시간에 쓰는 그림, 도표, 모형 같은 것이다.

이 소설의 여주인공 이름은 인순인데, 그는 자원해서 벽촌으로 들어온 산골 인민학교 교원이다. 그는 청춘도 열정도 산골의 어린이를 더 잘 키워내는 데 바치느라 심지어는 결혼도 잊고 사는 노처녀이다. 말하자면 북한판 '참교육 선생님'이라고 할 수 있는 것이다.

그의 중요한 관심은 "어린이들을 더 세심히 돌봐주고 수업의 질을 최대한으로 높여서 어린이들의 학습에 대한 자각성도 창발성도 키워야 한다"는 데 있다. 인순은 이러한 목표를 달성하기 위해 밤을 새워가며 수업에서 쓸 보조도구들을 만든다. 그는 이렇게 함으로써 사회주의 조국이 바라는 인민에 대한 헌신성과 책임감을 다할 수 있다고 믿는다.

이 소설은 북한에서 바라는 교원의 전형을 그려놓았다고 할 수 있다. 그러나 다른 한편 이러한 교원의 묘사는 농촌 및 산간벽촌에서 젊은 교원이 부족한 현실을 반영하고 있다고도 볼 수 있다. 구체적으로 80년대 들어와 급속하게 발전하고 있는 도시에 비해 농촌은 6, 70년대의 문화적 수준에서 별반 나아진 게 없는 북한의 현실에서, 젊은이들이 도시로만 가려고 하는 상황에 대해 경종을 울리는 의미를 지닌 소설이라고 말할 수 있다.

기계와 흙에 도전하는 여성노동자들

그렇다고 해서 여성노동자들이 경공업에만 종사하는 것은 아니다. 중공업부문이나 개간사업 등 힘든 노동에도 진출하고 있음은 익히 아는 사실이다. 그런 곳에서 여성노동자들이 주로 하는 일을 보자.

리충현은 5호 **소성로** 부유가소로에 들렸다. 기계들은 정상이였고 이상이 없다는 것이 그 고르로운 소음으로도 알 수 있었다. 리충현은 애어린 운전공 처녀 곁에 서 있는 기술과 지도원을 묻는 듯한 눈길로 쳐다보았다.

"지배인 동지, 기계는 현재 정상입니다."

"나도 보고 있소. 그런데 운전공 동무."

리충현은 총명하게 생긴 운전공 처녀를 돌아보았다.

"여기서 운전공을 얼마나 했소?"

당돌하게 얼굴을 쳐든 운전공 처녀는 스스럼없이 지배인을 그 영채 도는 눈길로 바라보았다.

"2년입니다. 사고를 몇 번 냈다구 급수는 견습공 급수지만 2년이 됐습니다."

"허허 … 불평은 그만하오. 그런데 한 가지 동무한테 지배인으로서 지시할 게 있소. 왜 월초에 부유가소로가 사고를 반복하는가? 이런 제목으로 생각한 걸 그대로 써서 3일 내로 나한테 주오. 할 수 있소?"

"지배인 동지, 전 글을 지을 줄 모릅니다."

"흠, 내가 언제 글을 지으라고 했소. 동무 생각을 그대로 쓰라고 했지. 그 글을 보고 동무의 급수문제를 내가 로동과에 직접 제기하겠소."

처녀는 재미있다는 듯 해쭉 웃었다.

"전 그런 식으로 급수를 따고 싶지는 않습니다. 지배인 동지, 그렇지만 지배인 동지의 지시는 집행하겠습니다."

소성로는 시멘트, 석회, 벽돌 등을 구워내는 가마이다. 소성로 운전공은 이 가마를 가동 및 관리하는 노동자를 말하는데 이 일은 중공업부문 중에서도 고열노동에 속하는 힘든 노동이다.

......

　리충현은 자존심이 있는 인간은 그가 나이가 어리든 나이가 많든 생신한 활력이 그곳에 있다는 생각을 새삼스럽게 하며 자기 사무실로 걸음을 돌렸다.

―김봉철, 1992, 96~97쪽

　이 소설에 등장한 운전공 처녀는 남성으로서도 만만치 않는 고열노동 생산장에서 소성로 운전일을 하는 여성노동자이다. 그는 이 연합기업소 최고책임자인 지배인 앞에서 당당하게 자신의 일과 잘못을 이야기하는 여성이다. 그는 이 일을 시작한 지 2년째가 되었으나 사고로 인해 여전히 견습공 딱지를 못 떼고 자신의 급수가 낮게 책정되는 것을 불만으로 여기고 있다. 하지만 그는 자신의 일에 대한 자부심을 갖고 있다.

　일단 이 여성노동자가 운전공임에 주목해 보자. 이 소설의 여주인공인 리옥심 또한 평양대학을 졸업한 인텔리 출신의 소성로 조종사이다. 또 김봉철이 1982년에 창작한 소설 『나의 동무들』에 등장하는 여주인공 성옥 또한 시멘트공장 기중기 운전공이다. 또한 김원종의 소설 『해빛은 넘쳐』(1992)에 등장하는 텔레비전 공장의 많은 여성노동자들은 남한의 전자공장 노동자의 다수가 여성인 것과 유사하다.

　이러한 묘사들은 북한의 중공업 현장에 상당수의 여성노동자들이 진출해 있음을 보여주는 것이라고 해석할 수 있다. 물론 중공업부문에서 일한다고 해서 남성노동자와 동일한 직종·부서에서 노동한다고는 할 수 없을 것이다. 중공업부문의 여성노동자들은 그 특성을 고려하여 주로 전자산업 노동부문에 치중되어 있거나 운전공 등으로 일하는 경향이 많다.

다음으로 협동농장에 자원해 들어온 처녀농장원들의 의식과 역할을 살펴보자.

이날도 선옥이가 책임진 처녀들은 부식토를 담은 길다란 새끼구럭을 지고 무릎치는 눈을 헤치며 가파로운 언덕으로 올라갔다. 그들은 벌써 열흘나마 무거운 등짐을 져내리고 있었다. 무동력 삭도 공사에 대개 총각들을 돌리다 보니 부식토를 뜨락또르길에다 옮기는 작업이 다른 분조보다 떨어졌다. 그래 누구보다 안달아하는 것은 선옥이였다. 그전에 관리위원장이 가래말에 와 한 말이 있는지라 농사차비가 늦어서 등판개간이 중지될까 봐 걱정이 산 같았던 것이다.

—김용한, 1990, 167쪽

겨우내 퇴비만들기에 힘쓰는 여성농장원들

주인공 선옥이와 같이 일하는 처녀들은 고등중학교를 졸업하고 집단적으로 농촌에 진출한 '청년분조원'들이다. 이들은 집에서 살지 않고 분조원끼리 합숙을 하며 일한다.

1977년 이래 북한은 이러한 '청년분조운동'을 일으켜 농촌의 필수적인 유휴노동력이 도시로 빠져나가는 걸 막아보려고 했다. 이러한 취지를 받들어 이 소설의 가래말 청년들도 분조운동에 동참하는데, 여성분조원들은 남자분조원들과 함께 쉬지 않고 전투적으로 일을 한다.

앞의 장면에서 이들은 상대적으로 일이 적은 겨울철에 눈길을 헤치며 야산을 밭으로 개간하는 일을 하고 있다. 남성분조원들이 다른 일로 모두 빠져나가자 여성분조원들끼리 부식토를 옮기는 작업을 하고 있는 장면이 앞의 인용문이다. 그들은 일하는 동안 여자라는 것도 나약하다는 것도 모두 잊는다. 그들에겐 오직 집단적 책임과 헌신성과 다른 분조와의 경쟁만이 있을 뿐이다. 따라서 일을 하는 데는 남녀 성차이라는 게 거의 보이지 않는다. 단지 개인적 능력과 열정의 차이만 있을 뿐이다.

경제 현대화의 주역, 여성 인텔리

북한에서 전체 대졸자 가운데 여성이 차지하는 비율은 35%를 넘는다. 대학을 졸업한 여성들은 주로 기사나 기수, 연구사로 산업현장에 진출하는데, 이에 따라 기사나 연구사의 경우 여성이 차지하는 비율은 역시 37%에 이른다. 80년대 이래로 여성 연구사나 기사·기수 들이 소설에 자주 등장하는 것은 이러한 현실을 반영한 것이다.

"춘지 동무가 용해공들의 기술학습을 도와준다는데 성과가 있소?"

……

"지금은 그 정도로 알아도 생산을 보장할 수 있겠지요. 하지만 앞으로야 어떻게…."

춘지는 숨어 있던 불씨에서 갑자기 불길이 일어 활활 타오르기 시작하듯이 차츰차츰 열정을 기울여 말하기 시작했다. 용광로의 전자계산기화는 이제 시작에 불과하다. 원료투입로정의 전자계산기화는 이제 시작에 불과하다. …그러자면 조정공들은 물론 모든 로체공들이 기사, 준기사로 되여야 한다. 우리 공장에 공업대학이 있고 공장대학도 있는데 왜 못하겠는가.

―김원종, 1992, 252~53쪽

앞의 장면에 등장하는 공정기사 춘지나 리택진의 『용해공들』(1982)에 나오는 용광로담당 설계원인 은하는 모두 현장노동자들의 기술수준을 높이고 새로운 발명을 하기 위해 그들과 협동하여 헌신적으로 일하고 있다. 이는 남한에서도 출간된 바 있는 **남대현**의 소

남대현은 1947년 일본에서 출생하여 1963년 도쿄 조선고급중학교 고급부 1학년 때 입북하였고 김일성종합대학 어문학부를 졸업하였다. 그는 조선문학창작사 소속의 작가(소설)이며 1989년 3월 남북작가회담의 예비회담 당시 북측 대표로 활동하기도 했다. 현재는 조통연합 북측본부 중앙위원으로 있다. 그의 작품은 『청춘송가』(장편소설) 외에도 『정든 산촌』 『고향의 여인들』 등이 있다.

설 『청춘송가』(1987)에 나오는 남자기사 진호의 모습과 다를 바 없다.

이러한 소설에는 80년대 이래로 북한이 강조하고 있는 노동자와 과학자 그리고 지식인 삼자가 결합한 '기술혁신운동'이 배경으로 깔려 있다. 이 운동을 추진하기 위해 북한은 '2·17 과학자·기술자돌격대'와 '4·15 기술혁신돌격대' 등을 조직하여 연구자와 생산자 간의 직접적인 연계를 모색하고 있다. 북한에서는 그 밖에도 각종 기술혁신전람회, 기술혁신경험발표회, 전국과학기술축전 등의 일련의 행사를 개최하여 기술혁신운동을 가속화하고 있는데, 이 운동에는 여성 기사나 연구사들이 앞장서고 있다.

북한 소설에는 이 운동에서 승리하거나 혹은 낙오하는 지식인이 종종 등장한다. 낙오자의 경우, 앞에서 보았던 김교섭의 소설 『생활의 언덕』에 등장하는 여주인공 정춘애와 같은 운명을 걷도록 만든다. 연구소장이나 남편, 동료 들에게 가차없는 비판을 받게 하든지 주위사람들의 설득에 의해 잘못을 깨닫게 만드는 것이다.

한편 70년대 중반부터 북한에서는 '3대 혁명소조운동'이 전개되었다. 이 운동이 일어난 배경은 김일성 중심의 유일체제 강화와 60년대의 급속한 경제성장을 계속 고조시키기 위해서는 보수주의, 파벌에 빠져 있는 기성세력들을 개조해야 한다는 데 있었다.

북한 지도부는 이들을 사회주의적 인간으로 개조하

는 방법으로서 사회주의 혁명이 시작되면서 성장하고 교육받아 70년대쯤이 되면 노동당이 요구하는 충직한 청년으로 자라난 젊은이들을 현장에 보내는 정책을 썼다. 이 정책이 바로 '3대 혁명소조운동'이다. 이들은 당 핵심과 청년 인텔리로 구성되어 사상, 기술, 문화의 3대 혁명을 밀고나가기 위해 경제 여러 부문에 파견되었다.

그러한 운동을 형상화한 소설은 70년대부터 나오기 시작하여 오늘날에도 이따금씩 나오고 있다. 그 운동에 참가한 대학생들은 생산현장에 뛰어들어 노관료의 형식주의를 타파하고 노동자와 함께 일하는 모범적인 모습을 보이고 있다. 소조원 중 특히 여성소조원들의 모습을 잠시 살펴보기로 하자.

장면 1

"직장장 동지, 어버이 수령님의 교시를 관철하기 위해서 계획을 죽는 한이 있어도 해야겠다고 하면서 왜 수령님께서 가장 안타까와하시는 나라 살림살이 문제는 이날까지 미루어오고 또 미루자고 해요? 그렇게 미뤄나온 것만 해도 죄악인데. …직장장 동진 량심이 없이 일했어요. 그러고도 충성을 다했다고 생각하시나요?"

영희의 목소리는 오돌찼다.

"직장장 동지가 심장으로 받아들이지 않았기 때문이예요. 로동계급의 불타는 심장 속에 로력예비는 무진장해요…."

—성혜랑, 1983, 145쪽

장면 2

그는 대학생들이 나와서 몇 달 안 되는 사이에 공장에서는 20여 건의 새 기술혁신안이 도입되고 1인당 생산액이 1.4배가 올랐으며 로동행정사업에서도 큰 전환이 일어났다고 말씀드렸다.

……

"예, 주물직장에 나가 있는 오순정 학생이 산탄식 사락방법으로 새롭게 개조하여 3.5배의 능률을 올리고 있습니다."

—허창득, 1980

「혁명전위」의 주인공인 대학생 영희는 고무공장에서 3대 혁명소조원으로 활동하게 되었다. 당시 이 고무공장은 국가에서 내려온 3천만 켤레 생산량 목표를 하달받고 이 목표를 달성하는 데 혈안이 되어 자재를 마구 낭비하고 있었다. 영희는 공장이 돌아가는 걸 지켜보다가 이 공장의 늙은 간부인 직장장의 무책임한 자재낭비가 주된 문제임을 발견한다. 그래서 영희는 상대가 직장장임에도 불구하고 국가에서 내려온 목표를 달성하는 길이 자재를 마구 사용하는 것에만 있는 게 아니라 노동자들을 믿고 그들을 동력으로 삼을 때만 가능하다는 비판을 한다. 그것이 바로 〈장면 1〉이다. 영희의 지적에 직장장도 자신의 잘못을 인정하고 "이 참된 딸을 나는 왜 알아보지 못했단 말인가" 하고 반성하게 된다.

「믿음」(장면 2)의 주인공으로 나오는 오순정은 23세의 평양 출신 대학생으로 역시 3대 혁명소조원이다. 그는 노동현장에서 헌신적이고 창의적인 자세로 노동자를 도와 새로운 기술을 창안하는 새세대로서의 면모를 보이고 있다.

이 소설들에서는 여성 대 남성이라는 경계선은 전혀 없고 단지 소조원과 공장 간부라는 개념밖에 없다. 이 두 단편소설은 대단히 선전적·계몽적이어서 재미나 예술성은 떨어진다.

선글라스 쓴 여성 '봉사원'

혹시 '봉사혁명'이라는 말을 들어보았는지? 북한에는 모든 일이 혁명, 개혁, 변혁에 의해 전개된다. 낡은 것을 없애는 방식이나 과거에 없던 일을 해내는 방식이 바로 그것이다. '봉사'라는 말도 그렇다. 남한에서 '봉사'라 하면 자원하여 타인을 도와주는 것을 떠올리게 된다. 그러나 북한에서는 쓰임새가 전혀 다르다.

북한에서 봉사는 "물질적 부를 생산하지는 않으나 주민들의 물질문화 생활에 필요한 사회적 노동, 즉 상품공급, 사회급양, 여객운수, 체신·보건·편의 부문들에서 주민들의 생활상 편의를 위하여 바치는 노동"을 의미한다. 남한과 비교한다면 제3차 산업에 속하는 서비스업, 즉 '사회적 용역'에 준하는 일임을 짐작할 수 있다. 일의 성격이 친절을 요구하고 가볍기 때문에 여성이 많이 참여하고 있다.

장면 1

처녀시절부터 오늘까지 30여 년 세월 신발수리공으로 어머니는 일해 오지만 남들처럼 차례진 것이 무엇인가. 학급 아이들의 어머니들은 지금 어느 백화점의 지배인이요, 어느 양복점의 공훈재단사요 하는데 어머닌 예나 다름없이 여전히 신발수리공이니…. 불쑥 언젠가 어머니가 자기에게 학교를 졸업하면 자기가 일하는 '신발수리소'에 와서 일했으면 하던 일이 떠올랐다. …'어머니는 너무했다. 딸의 장래를 고작 그렇게밖에 생각하지 못할가.'

다음날 아침 혜옥은 구역회관에서 진행되는 로력자, 혁신자들과 공로자들의 훈장수여식에 참가하기 위해 집을 나섰다. 학교에서 졸업한 학생들도 몇몇 가게 되였다. … 존경과 부럼이 어린 얼굴로 무대를 바라보던 그는 수수한 치마저고리를 입은, 한 나이 지숙한 녀인이 무대 우에 올랐을 때 그만 자기 눈을 의심하여 흠칫 놀랐다. … 책임비서가 어머니의 가슴에 국가훈장 제1급을 달아주고 뜨겁게 악수를 했다.

—리영철, 1990

장면 2

"동숙이 정말 너를 볼 면목이 없구나. 난 너보다 못한 판매원이였어. 언제니 변함 없이 인민을 위해 자기의 흰마음을 다 바칠 줄 몰랐어. 한두 살 나이를 먹으면서 생활의 권태 속에 빠져 안일하고 리기적인 생활만을 해왔어. 동숙이 내 다시는 그렇게 살지 않겠어."

"언니, 전 이렇게 생각해요. 우리 판매원들은 손님들에게

물건만 팔아주는 게 아니라 자기의 뜨거운 마음과 깨끗한
량심을 바쳐가는 사람들이라고 봐요."

—리영철, 1988

앞의 장면에서 등장한 신발수리공이나 백화점 판매
원 등이 『로동신문』을 분석하면서 살펴본 '편의봉사원'
인 봉사원이다. 〈장면 1〉에서 혜옥은 평소 자신의 어
머니가 신발수리공인 것을 부끄럽게 여겨왔다. 그러나
어머니가 노력영웅에게 주는 훈장을 받는 것을 보고
자신의 편견을 반성하고 있다. 〈장면 2〉의 명화는 백
화점 판매 일에 길들여지면서부터 하는 일을 가벼이
여길 뿐 아니라 손님의 부탁조차 냉정하게 대응하는
형식주의에 빠진 사람이 되었다. 그러다가 후배 판매
원인 동숙이의 열성적이고 책임성 있는 행동에 반성
하고 열성적으로 일했던 자신의 과거를 회상하며 다
시 결의를 다지고 있다.

이들의 고백이나 대화에서 나타나듯이 여성봉사원
들은 이 일을 창의적이라고 여기거나 흡족해하지 않
는다. 그래서 어떻게 하면 다른 일자리로 옮길 수 있
을까 고민하는 모습도 종종 등장하고 있다.

바로 이런 상황에는 가벼운 노동에 속하는 '사회적
용역' 종사자들의 임금이 평균 육체노동자들에 비해
20여 원 적은 현실도 반영되어 있다. 한편으로 생각해
보면 육체노동을 중시하는 사회주의 국가들의 풍토에
비추어보아 이 부문 종사자들을 사회적 지위 면에서

다소 낮게 평가하는 경향도 자신의 일에 흡족해하지 않는 한 이유 가운데 하나인 것 같다.

북한 영화 〈마음에 드는 청년〉(1989)은 상하수도공들의 애환을 다룬 코믹물이다. 이 영화에서 한 여성 상하수도공은 애인에게 자신의 직업을 거짓으로 말하고는 행여 들킬까 봐 선글라스를 쓰고 머릿수건으로 얼굴을 싸맨 채 일을 한다. 그것은 '인민을 위한 봉사'라는 점에서 모든 직업은 다같이 귀하다는 공식적 언급과는 별개로 북한에도 과거에 천하게 여긴 직업은 여전히 천시되는 풍조가 잔존함을 암시한다.

그런데 이런 기피의식과는 반대로 사회적으로는 이 부문에 대한 노동력 투입 요구가 갈수록 늘어나고 있다. 따라서 북한의 실정에서 그 요구를 채우기 위해서는 일정하게 사상적 측면을 자극하여 유도할 수밖에 없을 것이라고 생각된다.

실제로 북한에서는 80년대 중반 이래 상대적으로 임금과 지위가 낮은 직업이더라도 인민에 대해 성실하게 봉사하는 것이 당과 혁명에 충성하는 길이라는 취지의 논문과 교시가 매체에 자주 등장하고 있다. 이러한 강조는 최근 소설들에서도 나타나는데, 주로 봉사원이 등장하여 타성에 젖은 직업관을 반성하고 인민에 대한 봉사야말로 당과 인민에 헌신하는 길임을 고백하는 식의 줄거리로 표현된다.

4. 북한 여성들의 요즘 고민

시대의 변화, 세대의 변화

　북한의 최근 소설을 두루 탐색하면서 강한 인상을 받았던 것 가운데 하나는, 남한이 최근 10년 안팎에 걸쳐 겪어온 변화를 북한도 나름대로 겪고 있다는 것이다. 남한에서는 90년대 초반부터 이른바 '신세대 논쟁'이 활발하게 일어났다. 특히 급격하게 변화한 신세대 여성의 가치관은 남녀문제나 가정문제 등에 대한 개방적인 태도로 그대로 나타나 기성세대에게 신선한 충격을 던져주었다.

　최근의 북한 소설에서도 이와 유사한 신세대의 변화상을 찾아볼 수 있다. 과거에는 거의 취급되지 않던 부부간의 갈등이나 고부갈등, 혼전관계 문제들이 주요 소재로 부상하고 있는 것이다. 물론 이러한 소설에서 유추되는 북한 신세대들의 개방적인 의식은 그 강도에 있어 남한과 비할 바는 아니다. 이것은 혼전관계 문제나 미혼모 문제를 본격적으로 다루는 소설은 아직 없다는 점에서도 확인할 수 있다. 그러나 과거 북한과 비교해 보면 혁신적인 변화임에는 틀림없다.

장면 1
"그래, 순희 동무는 리혼 주장이 뭡니까?"
"?…"

녀인은 판사의 말을 리해 못한 듯 잠시 의아쩍은 표정을 지었다.

"왜 남편과 갈라지려고 하는가…. 말하자면 리혼 근거지요. 여기 문건에는 '리혼청구내용'으로 되여 있습니다."

"저는… 남편과 의가 맞지 않습니다. 벌써 여러 해째 됐어요. 참고 참다가 … 인젠 더 그대로 살 수 없어요."

……

"전… 그 사람하고는 생활리듬이 통 맞지 않아요."

―백남룡, 1992, 17~19쪽

장면 2

그에게는 살뜰하고 귀염상스러운 주영이가 제 딸이였으면 싶었다. 차라리 그러면 주영은 딸로서 자기를 무척 즐겁게 해줄 것이며 자신도 태진이와 가까와진 그에게 아픈 말을 할 필요도 없었을 것이였다. 하지만 그를 친딸로 만들 수 없는 이상 리탄실은 아무리 아쉬워도 어쩔 재간이 없었다. 주영은 제가 한번 마음 먹으면 그 어떤 희생이 앞에 있던 누가 뭐라던 신념대로 나가는 것이였다. 모든 현상에 우단점이 있는 것처럼 그런 기질은 사회생활에서 돋보일 수는 있어도 이 가정의 화목을 도모하는 덴 불리하였다. 만약 리탄실 자신이 주견이 강하지 않고 며느리에게 모든 것을 내맡길 그런 성미라면 주영이가 아들과 남달라지는 것을 누구보다 기뻐하였을 것이였다. 그러나 탄실은 자기를 너무나 잘 알고 있었다. 자기와 주영은 한 가정에서 융합할 수 없는 동질의 성격을 가졌다. 그런 형편에서는 차라리 서로 정을 잊지 않으면서 따로따로 지내는 편이 피차간 나을 수 있었다.

—김용한, 1990, 356쪽

장면 3
"먼저 들어간 동무에게 무슨 일이 생겼습니까?"
"왜 그러세요? 필요한 게 있으면 저한테 말씀하세요."
"전 그 동무의 동창생입니다."
"그래요. 난 또…."
"탁아소에 갔어요. 조금만 늦어도 젖먹이가 울거든요."
그 소리에 태진은 어벙벙해졌다. 잔치한 지 몇 달 안 되는 동창생에게 어린것이 있다니 듣고도 리해가 되지 않았다.
"설 전에 결혼하지 않았습니까?"
"그랬지요. 하지만 그 동무는 '속도위반'을 했답니다."

—같은 책, 233쪽

『벗』(장면 1)은 앞에서도 다루었듯이 일에만 관심이 있고 생활의 변화나 일상적인 즐거움에 무관심한 남편과 생활의 변화와 새로움을 즐길 줄 아는 아내가 겪는 갈등을 다루고 있다.

이 소설은 현상적으로는 부부갈등을 그리고 있지만 본질적으로 다루려고 하는 것은 가치관의 차이이다. 남편은 당과 인민을 위해 헌신적으로 일하며 살아온 사람으로서 구시대 가치관이 강한 사람이다. 반면 부인은 변화된 북한 현실에 맞게 일과 생활의 즐거움을 함께 추구하는 새로운 가치관을 가진 사람이다. 이 소설은 전자를 낡은 가치관, 후자를 새 가치관이라고 규정하며 두 가치관의 조화를 강조하고 있다.

그러나 절충이라는 결말로 끝을 맺는 소설과는 달리 실제 현실에서는 이런 갈등이 잘 풀리지 않거나 갈수록 더 많아지지 않을까? 김일성이나 김정일의 저작들에도 북한의 새세대는 '전쟁을 모르는 세대' '고생을 모르는 세대'라는 말로 표현되어 있다. 이것은 일에만 매진하던 과거의 세대에 비해 일과 생활의 즐거움을 같이 누리겠다는 순희 같은 새세대의 등장이 시대적 특성을 반영한 합법칙적 추세임을 말해 주는 것이다. 따라서 앞으로도 이런 의식은 북한에서 더욱 확산되리라고 전망한다.

〈장면 2〉는 아들의 애인을 생각하는 주인공 리탄실의 고백이다. 리탄실은 풍곡협동농장을 대표하는 관리위원장으로서 아들의 애인인 청년분조장 김주영을 무척 아끼지만 결혼은 은근히 싫어하고 있다. 이유는 탄실의 성격만큼 주영의 성격도 강하여 고부관계로 만날 경우 부딪치게 될 것을 염려하기 때문이다. 이는 북한에서도 아들을 둘러싼 어머니와 며느리의 갈등이 심각한 생활문제 가운데 하나임을 암시하는 대목으로 볼 수 있다.

〈장면 3〉은 이 글의 맨 앞에서 언급했듯이 남한 사회에서는 더 이상 이야깃거리가 안 되는 소위 '속도위반'과 관련된 것이다. 북한도 사람이 사는 곳이고 보면 충분히 있을 수 있는 문제이지만, 과거 북한 소설이나 영화 같은 대중매체에서 이러한 소재를 등장시킨 적은 거의 없었다는 사실을 고려해 보면 가히 파격적인 변화상이 아닐 수 없다.

북한에서는 미혼모를 기혼모와 똑같이 대우하여 공식적으로는 부당한 대우가 적다고 한다. 하지만 미혼모문제를 사회문제로 공공연하게 다룬 적도 없었다는 점에서 역설적으로 하나의 일탈행위로 인식하고 있음은 추측해 볼 수 있다. 최근 북한 소설이 현실의 개인 문제를 좀더 절실하게 제기하는 추세를 고려해 본다면 머지않아 이런 주제를 전면적으로 다룬 소설도 나오지 않을까 싶다.

허구와 현실, 어디서 무엇이 되어 만날까

북한의 소설은 집필의도나 갈등구조, 결말이 너무 빨리 독자에게 파악되어 충분한 재미나 호기심을 유발하지 못하고 있다. 최근 소설의 경우 과거의 소설에 비해 구조나 표현이 진일보하였다는 평가도 있으나 여전히 우연의 남발이나 단순한 갈등구조, 목적의식적으로 결론에 도달하는 방식으로 인하여 세련되지 못하다는 느낌을 갖게 한다. 나아가 사회구조와 인간실존과 같은 근본적인 문제에 대해 접근하지 못하고 북한이 안고 있는 문제가 개인의 신념이나 집단적 결의를 통해서 해소되는 방식으로 되풀이되고 있다. 더욱이 계몽적 · 선전적 문투는 북한 문학의 목적이 '대중

교양'임을 이해하더라도 남한의 독자로 하여금 메시지에 대한 거부감을 떨칠 수 없게 하는 것 또한 사실이다. 이런 점에서 북한 소설은 남한이나 그외 다른 나라의 독자들에게 친화력과 흥미를 주기가 부족하지 않을까 하는 생각이 든다.

북한 새세대 소설을 향해 떠난 길지 않은 여행에서, 그들의 '눈높이'에서 북한과 북한 여성을 보았을 때 그간 잘 알려지지 않았던 여러 갈등을 발견할 수 있었다. 그곳에도 신구 세대의 갈등, 출세지향, 현실안주적 가치와 발전지향적 가치 간의 갈등, 좋은 직업과 나쁜 직업을 둘러싼 갈등, 고부갈등이나 부부갈등, 남녀갈등 등이 일상적으로 존재하고 있었다. 지극히 인간적인 모습이 북한 주민의 일상생활에도 널려 있는 것이다. 그래서 이런 말을 할 수 있지 않을까. '그들도 우리처럼.'

한편 2000년 현재, 북한은 90년대 중·후반의 상상을 초월하는 식량위기, 경제위기를 어느 정도 극복하고 1998년 후반부터는 강성대국 건설과 제2의 천리마 운동을 주창하고 있다. 또한 여전히 집단주의를 강조하며 사회주의의 길을 오늘도 포기하지 않은 채 가고 있다. 그런 북한이 그러한 '사적인' 문제들을 여전히 끌어안고 있다는 것은 언뜻 이상하게 여겨질 수도 있으리라고 생각한다.

그러나 북한은 아직도 '공산주의자로 완전히 개조되지 않은 인간들'이 사는 사회이다. 또한 현실사회주의 국가들의 많은 나라들이 붕괴되고 동요된 상태에서 북한이 처해 있는 현실은 고도(孤島)와도 같다. 극한 상황에서도 나름의 자주적 원칙을 견지하고 있고 자본주의 나라들과의 접촉을 확대하지 않으면 안 되는 상황에서도 여전히 사회주의 원칙을 고수하고 있다.

그와 같은 모순적인 상황에서 그 사회에 사적인 갈등이 존재한다고 이상하게 보는 것은 북한을 너무 신비화시키거나 아니면 그런 갈등까지 극단적으로 통제하는 사회로 보는 데서 오는 것은 아닐까 싶다. 북한에서도 사람들이 술을 마시거나 사적인 담소를 나눌 때면 음담패설도 하고, 연애결혼도 많고 이혼도 하는 사회이다. 또한 여성의 사회적 진출이 광범위하게 이루어지고 있긴 하지만 여전히 가정에서는 여성이 주로 가사일을 전담하고 있는 사회이다. 그리고 남녀간이나 여성들간에도 낡은 가치관과 새로운 가치관이 부딪쳐 갈등을 일으키고 있는 사회이다.

그러므로 북한은 여느 나라들처럼 풀어야 할 문제가 많은 사회이다. 다른 것은 푸는 방식일 뿐이다. 자본주의 사회가 개인적인 대립과 갈등의 해소를 '자유경쟁'과 법적 판결에 맡겨 승부를 가리는 방식이라면, 북한은 개인의 대립과 갈등을 집단의 문제로 삼아 집단의 이익을 기준으로 타협점을 찾으려는 사회이다. 그 안에서 북한 여성들은 채 풀지 못한 오늘의 고민과 갈등, 꿈을 부여안고 내일을 향해 도전하고 있다.

동화와 교과서 속의 여성상 •••

동화와 교과서 속의 여성상

김선임

> 북한에서는 원칙적으로 개인이 사유재산을 가지지 못하게 되어 있습니다. 그리고 북한에서는 사고가 발생해도 신문이나 방송에 보도되지 않는 경우가 많습니다. 또 북한에서는 친척집에 마음대로 다니기가 쉽지 않습니다. 한 번 여행을 하려면 복잡한 절차를 거쳐야 하기 때문입니다.
>
> —교육부, 1995, 140쪽

이 글은 초등학교 6학년 도덕 교과서의 '북한 주민의 생활'이란 단원에 실려 있는, 북한 사회를 남한 어린이에게 알려주는 대표적인 문구이다. 북한 사람들을 사나운 발톱을 치켜든 늑대나 뿔 달린 두꺼비처럼 묘사하던 과거에 비해 표현은 좀 누그러졌지만, 그 기본 교육내용은 별반 달라지지 않았음을 알 수 있다.

내가 북한 사회에 '사람이 살고 있다'고 인식하게 된 것은 대학에 들어와서이다. 그러나 아직까지도 내 감

북한의 어린이용 동화집
표지 사진

성은 어릴 때 받은 강렬하고 부정적인 이미지에서 자유롭지 못하다. 특히 북한의 여자어린이 하면, 빨간 꽃을 머리에 달고 집단무용을 하거나 김일성, 김정일에 대한 충성의 맹세만 외우는 '아이답지 않은 모습'이 반사적으로 먼저 떠오른다. 아마 이 같은 인상은 나만의 느낌만은 아닐 것이다. 또한 2000년 6월 13일 남북의 정상이 평양에서 만났을 때, 남한의 많은 사람들은 김정일이 보여준 '인간적인 너무나 인간적인' 모습에 감탄을 금치 못했다.

반공교육에서 받은 뿌리깊은 반공주의적인 세계관은 김정일은 말할 것도 없고 북한 주민에 대해서조차 나와는 다른 별종쯤으로 여기게끔 만들어왔다. 내가 어려서 보았고 내 동생들도 보았던 어린이만화 〈똘이장군〉에서도 북한 주민은 금수와 다를 바 없이 등장하곤 했다. 또한 북한 주민들이나 어린이는 금수와 같은 지배자에게 억압당하는 노예쯤으로 나왔다.

그렇다면 실제 북한의 어린이들이 받고 있는 **사회주의 교육**은 어떤 내용으로 이루어져 있으며 그 교육과정에서 어린이들은 어떤 꿈을 꾸며 어떤 인간으로 성장하는가? 모름지기 하나의 사회 속에서 교육은 중요한 역할을 담당한다. 이 점에서 동화와 교과서를 통해 북한 사회의 여성, 특히 여자어린이들의 모습을 살펴보는 것은 흥미로운 일이다.

동화와 교과서는 한 사회의 미래를 이끌어가는 사람들을 사회화하는 대표적인 교육매체이자 사상, 문화

북한은 '공산주의적 인간양성'이란 교육목표를 실천하는 장기적·종합적 교육정책 지침으로 사회주의 교육에 관한 테제를 발표했다. 북한의 교육목표는 사회주의 헌법에 명시(제43조)돼 있듯이 "사회주의 교육학의 원리를 구현하여 후대들을 사회와 인민을 위하여 투쟁하는 혁명가로, 지덕체를 갖춘 공산주의적 새 인간으로 양성"하는 데 있다. 김일성은 1977년 9월 5일 노동당 중앙위 제5기 14차 전원회의에서 이러한 교육목표를 실천하기 위한 정책지침으로 「사회주의 교육에 관한 테제」를 내놓았다(이에 따라 북한은 매년 9월 5일을 교육절로 기념하고 있다). 테제란 "어떤 중대한 사회적 문제에 대한 입장과 태도, 그것을 해결하기 위한 기본 원칙과 방도 등을 함축적으로 표현한 서술적 강령"으로 풀이되고 있다.

한편 북한의 교육정책은 역사적으로 해방 후 1960년대까지는 여타 분야와 마찬가지로 소련의 영향을 많이 받았으나 70년대에 들어 '어린이 보육교양법'(1976)과 「사회주의 교육에 관한 테제」 발표 등으로 점차 독자성을 띠게 됐다.

북한 어린이는 만 5세부터 의무교육을 받고 있다. 만 4~5세는 유치원, 만 6~9세는 인민학교, 만 10~15세는 고등중학교에서 교육을 받는다. 인민학교에서는 남녀 어린이 공통으로 국어, 수학, 체육, 음악, 도화공작, 자연, 경애하는 수령 김일성 원수님 어린시절, 공산주의 도덕, 위생독본, 특강을 교육하고 있다. 고등중학교에서는 국어문학, 외국어, 역사, 수학, 물리, 현행 당정책, 친애하는 지도자 김정일 선생님 혁명활동 등 총 24과목을 교육하고 있으며 남학생에게는 공작실습을 여학생에게는 여학생실습을 교육하고 있다.

의 특징과 지향을 단순하지만 순도 높게 반영하고 있는 아동매체이기 때문이다. 여기에서는 **북한의 어린이, 특히 여자어린이가 등장하는 동화와 교과서의 장면들을 통하여 그것들을 짚어보려 한다.**

1. 전래동화와 창작동화

북한에서 계승된 전래동화의 특징

우리나라의 전래동화는 일반적으로 다음과 같은 주제를 담고 있다.

첫째, 착한 일을 하는 사람은 복을 받고 악한 일을 하는 사람은 화를 입는다는 권선징악적 내용이다. 둘째, 인간은 모두가 평등하다는 사상에 입각하여 강한 자를 억제하고 약한 자를 돕는다는 억강부약(抑强扶弱)의 내용이 담겨 있다. 셋째, 세대를 잇고 사회역사를 만들어온 선대에 대해서 늘 고마움을 갖고 부모 혹은 어른을 공경해야 한다는 효의 내용이 있다. 넷째, 신체적·물질적으로 부족함이 있을지라도 난관을 극복할 수 있는 의지와 지혜를 가지라는 내용이 있다. 다섯째, 은혜를 베풀면 복을 받고 또 은혜를 받았으면 보답해야 한다는 선행과 보은의 얘기가 그려지고 있다. 여섯째, 여성은 태어나서는 아버지를 따르고 결혼해서는 남편을 따르고 남편과 사별하면 아들을 따라야 한다는 삼종지도의 규범을 그리고 있다. 일곱째, 남성은 집 안팎의 대소사에 대한 중요한 결정권자로서 행동해야 하고 여성은 가사노동과 양육의 전담자로서 현모양처의 역할을 수행해야 함을 강조하고 있다. 그 밖에 인간이 가져야 할 이상적인 미덕들, 즉 인간존중, 우정, 정직, 절약, 솔선수범, 침착성 등을 강조하는 각양각색의 표현과 일화들이 전래동화에 채색되어 있다.

이러한 기본 특징은 사회체제의 차이를 떠나 남북 전래동화의 곳곳에서 쉽게 찾아볼 수 있다. 그러나 한편으로 북한에서 널리 읽히는 전래동화는 남한에서 읽히는 전래동화와는 다른 독특한 특징도 가지고 있다. 즉 똑같은 전래동화라도 북한 이데올로기가 인간의 본성으로 규정하는 자주성·창조성·의식성이 잘 드러난 이야기들을 집중적으로 되살리고 있으며, 이는 또한 계급갈등·평등성 등 사회주의적 가치가 담긴 주제들에 의해 인도되고 있다.

북한에서 읽히는 전래동화가 남한에서 읽히는 것과 별로 다르지 않고, 사회주의적이되 주체적인 특성이 배어 있다는 것은 의미 있는 측면을 시사해 준다. 먼저 남한과 얘깃거리가 같은 것이야 원래가 하나의 민족인 만큼 언뜻 당연한 것 같지만, 남한이 자본주이 사회라는 점을 생각하면 의미가 그리 간단하지는 않다. 즉 전래동화에서 주로 성역할의 차이로 드러나는 전통적·봉건적 요소가 체제와 이념의 차이를 떠나 남북에서 다같이 깊고 넓은 뿌리를 갖고 잔존해 있다는 하나의 가설을 설정해 볼 수 있는 것이다.

　북한의 전래동화에 깃들인 '주체' 사회주의의 특성도 이러한 측면과 연관해서 해석할 수 있다. 이 항목의 주 분석대상 작품은 『남북어린이가 함께 보는 전래동화』 제1~9권에서 뽑은 북한에 해당하는 전래동화들인데, 읽어가는 과정에서 북한이 계승한 이들 전래동화에 독특한 여성관이 짙게 깔려 있음을 발견했다. 그것은 남녀평등이라는 원칙적 측면에서는 사회주의적이었지만 남녀의 이미지나 성역할 측면에서는 많은 부분 전통이 이어지고 있었다. 이런 특성은 창작동화보다는 훨씬 덜 직설적이긴 하지만, 이 역시 북한 사회가 전래동화를 통해 여자어린이들에게 보내는 메시지 가운데 하나임은 분명할 것이다.

여전히 이어지는 전통적 요소: 성역할 구분

　전래동화는 우리 농경사회의 생활을 배경으로 한 이야기들로 꾸며져 있다. 농경사회에서 남성과 여성의 역할은 확연히 구분되어 나타난다. 바깥일이나 논농사는 남성, 여성은 대개 가사일이나 밭농사를 전담하는 모습으로 그려져 어린이들에게 자연스럽게 여성과 남성의 역할을 내면화시킨다. 이 노동의 성별구분은 또 '남자다움과 여자다움'이라는 이미지로 이어져 규범화된다. 북한에서 읽히는 전래동화에도 이런 요소는 '수정'되지 않고 고스란히 남아 있다. 한 전래동화에 나오는 다음 수수께끼에서도 그 흔적을 찾아볼 수 있다.

"얘, 너의 아버지, 어머니는 어디 갔니?"
"아버지는요, 낫을 가지고 밤을 밝히러 가셨어요. 그리고 어머니는요, 물에 빠진 놈 바지 벗기러 가셨어요."

―「잘못 푼 수수께끼」, 제6권

이 수수께끼의 답은 "아버지는 밤에 솔강불을 밝히기 위해서 솔강을 하러 산에 갔었고, 어머니는 물에 담갔다가 껍질을 벗기는 보리를 찧으러 갔다"는 것이다. 위험하고 힘쓰는 일은 남자가, 세심하고 인내가 요구되는 일은 여자가 한다는 전제가 들어 있다.

물론 이 동화의 기본 줄거리는 지혜로운 아이가 부자를 골탕먹이는 것인데, 그 목적이 성별분업 또는 성역할을 교육하는 데 있는 것은 전혀 아니다. 따라서 북한에서 읽히는 전래동화에 이런 표현들이 살아 있다고 하여 의도적이라는 낙인을 찍는 것은 침소봉대격인 해석일 수도 있다.

그러나 뒤에 자세히 살펴보겠지만, 창작동화의 경우 이런 표현까지도 정교하게 계산되어 있고, 또 남녀차별이나 여성비하사상이 담긴 다수의 전래동화를 봉건적이라는 이유로 묻어버린 것에 비추어보면, 최소한 이런 성역할의 구분을 폐기해야 할 잔재로 규정하지는 않고 있음을 확인해 주는 징표라고는 할 수 있다. 이것은 또한 다음과 같은 표현들이 전혀 걸러지지 않았을 뿐더러 어떤 면에서 긍정적으로 되살려져 있다는 사실에서도 드러난다.

장면 1

글쎄 물독에서 노랑저고리에 다홍치마를 입은 꽃같이 예쁜 각시가 나오지 않겠어요? 그리고 동그랗게 행주치마로 앞을 가리고 부엌으로 가 쌀을 씻어 가마솥에 안치고 불을 땐다, 또닥또닥 도마질을 하며 반찬을 만든다 해서 밥상을 차리지 않겠어요?

―「우렁각시」, 제1권

장면 2

인물이 으뜸이고 마음씨 고운 처녀를 하나 고르자는 것이었습니다. …임금님은 이 목화씨를 제가끔 심고 거두어서 각각 옷 한 벌씩을 짓게 한 후 그 솜씨를 보아 며느리감을 정하겠노라고 했습니다.

―「임금 앞에 나선 쌍둥이 처녀」, 제1권

장면 3

키가 구 척 같은 총각이 앞에 서 있는 것을 보자 처녀는 얼굴을 붉히며 다소곳이 머리를 숙였습니다. 초롱초롱한 눈이며 날아갈 듯한 몸매, 값진 옷 …그렇게 아름다운 처녀는 나서 처음 보았습니다. 처녀의 목소리는 은방울을 굴리는 듯하였습니다.

―「용왕의 막내공주」, 제6권

페미니즘 연구자들이 성차별과 남성 중심의 사회질서를 증명하는 하나의 증거로 자주 언급하는 것이 매체들에서 사용되는 언어들이다. 그래서 여성에게 '예쁜' '수줍은' '다소곳한' 등의 형용사가 따라다니고, 남성에게는 '늠름한' '씩씩한' 등의 형용사가 따라다니는 것에 대해 가차없이 메스를 들이대기도 한다. 이것은 언어라는 기호를 통로로 기형적인 사회 구조와 의식에 접근해 들어간다는 점에서 유의미한 방법론 가운데 하나라고 할 수 있다.
　이런 점에서 북한에서 되살려진 전래동화에 '남자다움과 여자다움'을 구별하는 표현이 여과 없이 통용되고 있다는 것은 현 사회적 구조와 의식의 한 단면을 읽을 수 있게 해준다. 즉 북한에서도 성역할의 차이가 구조화되어 있고, 이는 또한 여자어린이를 재사회화하는 하나의 교육내용으로 이어지고 있다고 볼 수 있는 것이다. 이것은 여성 가사노동에 대한 강조(장면 1), 그리고 이것은 비약일 수도 있겠는데 "처녀의 목소리는 은방울을 굴리는 듯하였습니다"라는 표현(장면 3)에서도 확인할 수 있다.
　북한에서는 은방울 소리같이 맑고 고운 목소리를 여자다운 소리로 평가한다. 인터뷰 등에서 북한 여자어린이들이 한결같이 고운 목소리를 내려고 애쓰는 것이나 북한의 여자가수들이 목쉰 소리 등의 가성을 절대 쓰지 않는 것은 이 때문이기도 하다. 그 밖에도 앞의 장면들에 등장하는 여성들의 이미지가 텔레비전 등에 비친 현대 북한 여성들의 이미지와 상당히 유사하다는 것도 이런 측면을 확인시켜 준다.

전래동화에서 재조명되는 사회주의적 요소들

북한은 사회주의 사회인 만큼 사회주의적 가치관이 깃들인 전래동화를 되살리는 것은 당연한 일일 것이다. 그러나 북한에서 재조명되는 사회주의적 요소들은 계급갈등이나 평등 등의 차원에 그치지 않는다. 민족과 인간의 자주성, 지도자의 역할, 일편단심, 대의명분, 모성 등 북한 사회주의의 특성이 들어 있는 전래동화를 보다 전면에 내세운다.

북한에서 되살린 전래동화가 그 투철한 목적의식성에 비추어 기계적이고 협소할 것이라는 일반적인 흔한 추측과는 달리 공자·맹자 시대의 동양적 윤리가 연상될 정도로 매우 광범위하고, 남한과도 동일성을 갖는 것은 바로 이런 주제들이 깔려 있기 때문이다. 그리고 북한은 또한 단군-고조선-고구려-북한으로 이어지는, 북한이 정통적인 흐름이라고 주장하는 역사적 배경들에서 나온 전래동화들을 주목하는데, 남한에서도 널리 읽히고 있는 「호동과 낙랑공주」 유의 이야기가 북한에서도 널리 읽혀지는 것은 바로 이런 이유들 때문이다.

「호동과 낙랑공주」에 대해서는 익히 알고 있겠지만 한 장면만 사례로 들어보겠다.

"조건이란 낙랑의 궁중에 간직하고 있다는 국보인 북과 나팔을 부숴버리라는 것이오. 그 북과 나팔은 낙랑의 운명을 좌우하는 둘도 없는 보물이라니 아마 이것은 부왕이 우리들의 사랑을 단념하라는 뜻인가 보오."

이 편지를 받아 쥔 낙랑공주는 너무도 놀라운 조건이어서 얼마 동안은 이러지도 저러지도 못하고 망설였습니다. 그러나 지금에 이르러 공주의 머릿속에는 호동보다 더 귀하고 큰 것은 없었습니다. 마침내 낙랑공주는 시퍼런 칼을 들고 보물고로 들어갔습니다.

—「호동과 낙랑공주」, 제4권

낙랑공주는 신랑인 호동의 요구에 따라 북과 나팔을 없애버렸다. 이를 계기로 고구려는 낙랑 땅을 통합하였다. 이리하여 땅을 잃어버린 낙랑 왕 최린은 사랑하는 자기 딸을 자기 손으로 찔러 죽였다는 얘기이다.

남한에서는 이 동화에서 주로 지고지순한 사랑의 교훈을 이끌어낸다. 그러나 북한은 다르다. 이 이야기에는 현재 북한이 최고의 가치로 여기는 요소들이 중층적으로 담겨 있다. 호동의 나라인 고구려는 북한이 민족의 적자로 여기는 선대 국가로서 '외래 침략세력'으로부터 자주성을 지킨 강한 나라이며, 젊고 슬기로운 지도자 호동에 의한 낙랑 토벌은 한나라 '외래세력'을 몰아내고 우리 땅을 수복한 것이라고 할 수 있다. 여기에다 낙랑공주는 아버지라는 핏줄과 호동으로 표현되는 대의명분 사이에서 갈등하다가 대의명분을 선택하는 순결한 여성인 것이다. 이러한 '과거'의 요소들이 각각 '현재'의 북한이 주장하는 이상적 국가상, 이상적 지도자상, 이상적 여성상을 암암리에 표현해 주는 것들임은 물론이다.

희생적 여인상과 모성의 현대적 해석

「온달 이야기」나 「신기한 붓」 등 현모양처의 역할이나 끝없는 모성을 강조하는 전래동화들이 다수 되살려진 것도 의미 있게 살펴볼 수 있다. 물론 이런 이야기의 경우 기본 이야기 구조는 변함이 없으나 일정하게 해석을 달리하기도 하며 현대적 문장으로 되살린 각 표현들을 통해 '주체적 인간형'의 여러 가치를 집어넣기도 한다. 예컨대 「온달 이야기」의 경우, 원본은 온달의 실제 바보스러움에도 초점이 맞추어져 있으나 북한에서는 그것이 영악함을 멀리하는 일종의 대인의 자질로 표현되고 있다. 이것은 다음과 같이 되살려 있는 표현에서 단적으로 드러난다.

어머니는 언제나 아들을 위해 말하였습니다.
"누가 뭐라든 자그마한 일에 성내지 말고 힘을 키워서 나라에 큰 공을 세워야 하느니라."

―「온달 이야기」, 제3권

자그마한 일에 성내지 말아야 한다는 표현은 '통이

크다'는 것과, 힘을 키워야 한다는 표현은 '주체역량을 키워야 한다'는 것과 각각 일맥상통한다. 북한에서 '통이 크다'라는 말은 단순히 대인의 풍모를 표현하는 형용사로의 쓰임에 그치지 않고 지도자의 자질이자 당원의 자질, 새 세대가 길러야 할 자질로 올려세워져 있다. 주체역량을 키우는 것 또한 크고작은 일의 성패를 좌우하는 요인으로 전제되어 있다.

물론 이런 표현들은 여타의 영웅담에도 자주 나오는 만큼 그 모든 표현이 북한의 특성에 맞춰 일일이 계산된 채 묘사되고 있다고는 볼 수 없다. 그러나 주제나 문장, 나아가 이야기 구조까지 현대화하는 일정한 기준이 존재하는 것만은 분명하다고 판단된다.

모성을 주제로 한 전래동화가 널리 읽히는 것도 북한의 특성과 연관하여 해석할 수 있다. 북한에서 모성의 강조가 갖는 정치적 의미와 그것이 매체에 투영된 양상에 관해서는 앞장에서도 다루었지만, 이것은 되살려진 전래동화에도 유감없이 반영되어 있다.

자기를 다 키워주지 못한 채 너무도 일찍이 세상을 떠났던 어머니였습니다.

"천동아, 무엇이 안타까워 그렇게 수심에 잠겼느냐?"

어머니는 천동이한테 다가와 시름겨운 소리로 물었습니다.

"어머니, 마을사람들을 위해 그림을 그려주고 싶어요. 그런데 나한텐 붓이 없어요."

"마을사람들을 생각하는 네 마음이 기특하다. 그럼 잠깐 기다려라."

……

천동이는 붓을 가슴에 꼭 껴안고 얼굴을 비볐습니다. 천동이는 그 붓이 죽어서도 자기를 못 잊어하는 어머니의 마음이라고 생각하였습니다.

—「신기한 붓」, 제7권

여기서 어머니는 죽어서도 자식을 위해 봉사하는 완벽한 사랑의 소유자로 그려지고 있다. 그리고 그 모성애는 천동이로 하여금 다시 집단을 먼저 생각하도록 하는 힘으로 규정된다.

사랑이나 우정, 가족애가 한 인간을 성공시키는 원동력으로 묘사되는 것은 딱히 북한만이 아니라 대개의 세계 전래동화들에서 볼 수 있는 일반적 양식이다. 그러나 북한에서는 그 가운데서도 모성이 절대적으로 강조되어 있다. 그리고 이것은 당연히 어린이들을 '공산주의 혁명의 후비대'로 키우는 '어머니 당'의 역할에 대한 사회적 강조에 뿌리를 두고 있다고 볼 수 있다.

북한에서의 모성 강조가 사회구조적·이념적 특성에 따른 상징적 표현의 성격이 강하다 해도, 그 필연적인 현실 규정력에 대해서는 분명히 짚어볼 필요가 있다. 실제로 북한에서의 모성 강조는 각 가정에서 어머니들의 실제 생활로 요구·반영되고 있다. 더구나 이러한 희생적 역할은 전래동화를 통해 여자어린이들에게 재사회화되고 있다는 점에서 더욱 우려스럽다.

사회주의 체제의 성립 이후 북한은 여성해방을 내걸고 사회구조적·의식적 측면에서의 불평등과 억압을 타파하려고 많은 노력을 기울여왔다고 주장한다. 하지만 북한에서 읽히고 있는 전래동화에는 과거 전통시대와 별반 다르지 않은 성역할 구조가 그대로 이어지고 있음을 볼 수 있다. 그 까닭이 예전부터 전해 내려오는 이야기들로 이루어진 전래동화의 속성 때문인지 아니면 가부장적 요소라고 이름붙일 수 있는 북한 사회 특유의 속성 때문인지는 확실히 구분되지 않는다. 그런 면에서 전래동화를 통해 북한에서의 여성 사회화의 주 내용을 읽는다는 것은 한계가 있다. 이러한 한계는 다음으로 살펴볼 창작동화와 교과서의 사례들을 통해 어느 정도 극복될 수 있을 것이다.

현대 창작동화에 담긴 사회주의적 요소

북한에서 사회주의 체제가 성립된 이후에 창작된 동화에는 현재의 가치관과 문화양식뿐만 아니라 북한이 지향하고 있는 가치관이나 이데올로기가 더욱 선명하게 담겨 있다. 따라서 전래동화에 비해 북한 사회가 어린이에게 말하려고 하는 것이 무엇인지, 무엇을 가르치려 하는지를 좀더 잘 알 수 있다.

북한의 창작동화는 전래동화에 비해 일단 그 형식에서 큰 차이가 있다. 전래동화가 대부분 사람을 주인공으로 이야기를 엮어나가는 반면, 창작동화는 대개 동물을 등장시켜서 이야기를 전개해 나간다. 그리고 「꿀꿀이가 그린 그림」「외톨이가 된 새끼 너구리」「파란 목도리를 두른 염소」「어린 제비」「개미와 곰」「다람쥐네 열두 곳간」 등의 제목을 통해서도 알 수 있듯이, 주인공으로 등장하는 동물들은 다양하지만 남성인지 여성인지 구별되어 있지 않다. 이것은 성역할에 대한 기본 정책을 시사해 주는 하나의 긍정적인 징후로도 볼 수 있다.

여느 사회와 마찬가지로 북한의 창작동화에도 어린이를 해당 사회의 유능한 구성원으로 키우는 '역할 사회화'를 전면에 내세우고 있다. 삶의 방법이란 그저 세월이 지나면 얻게 되는 것이 아니라 수많은 시행착오를 경험하면서 터득한 지식과 지혜를 바탕으로 획득하는 것이다. 그래서 부모세대는 자신들의 경험을 동화 등을 통해 자식세대에게 알림으로써 후손들이 훨씬 더 나은 삶을 영위할 수 있도록 이끌어주는 역할을 한다. 이를 동화의 훈육성이라고 표현할 수도 있겠는데, 이 훈육성은 또한 '어른 말을 잘 들어야 한다'는 식의 포괄적이고 직접적인 주제로 나타나기도 한다.

북한의 창작동화에서도 이런 주제를 볼 수 있다. 「어린 제비」라는 창작동화 속의 한 장면이다.

'야, 엄마가 이래서 딴생각을 하지 말고 잘 들어야 한다고 했구나.'

'엄마는 내가 무럭무럭 자라라고 밤낮을 가리지 않고 하나하나 일깨워주고 손잡아 이끌어주었는데 나는 그걸 모르고 날기 연습도 안 하고 제멋대로만 놀았으니…'

지배는 서산 너머로 지는 해를 바라보며 제 설움에 못 이겨 눈물을 뚝뚝 떨구며 콜짝콜짝 울었습니다.

—이재복,「어린제비」

그렇다면 북한에서 창작동화를 통해 훈육시키고자 하는 구체적 덕목들은 어떤 것일까? 그것은 당연히 사회주의 북한의 성원으로서 가져야 할 태도들이다. 어린이들을 대상으로 하는 만큼 주로 집단성과 노동생활이라는 사회주의의 기본 가치를 주제로 세부적인 덕목들을 중층적으로 결합하는 방식의 이야기 구조가 많다.

'하나의 생명체'로 제시되는 공동체적인 삶은 북한의 창작동화에서 특히 강조되는 주제이다. 이것은 동화답게 주로 동무들끼리의 우정으로 표현된다.

어느 바람 부는 가을날 다람쥐와 토끼가 앓고 있는 노루에게 병문안을 갔다. 염소는 바쁜 척하면서 병문안을 가는 대신 다람쥐가 밤을 구웠던 모닥불 자리에 가서 밤을 찾다가 불씨를 날려보내 불만 내었다. 불을 보고 날아온 까치가 함께 불을 끄자고 했으나 염소는 내뺐다. 급기야 염소의 집에까지 불은 번졌고 아픈 노루와 토끼, 다람쥐 등이 와서 불을 껐다. 그제야 염소는,

"노루야, 용서해 줘. 난 내 몸만 생각하구…."
염소는 뚤렁뚤렁 눈물을 흘리며 말했어요.
"깨달았으면 됐어. 참다운 동무는 어려울 때 알아본단다. 자기보다 동무를 먼저 생각하고, 자기를 바쳐 동무를 위하는 일보다 더 훌륭한 일은 없어."
동산의 동무들은 힘을 합쳐 염소네 집을 지어주었어요. 염소는 동무를 떠나서는 살 수 없다는 것을 깊이깊이 느꼈어요.

—이재복,「노루와 염소」

단 몇 줄에 불과하지만 여기에는 몇 가지 복선이 깔려 있다. 먼저 사회적 문제는 노루로 상징되는 사회 일탈자에 의해 초래되며, 이 일탈자는 곧 이기주의라는 낡은 사상이 잔존한 존재로 그려지고 있다. 그리고 "참다운 동무는 어려울 때 알아본단다"는 표현은 1990년대를 전후한 사회주의 국가들의 시련과 관련지어져 사회주의를 수호하고 동고동락하자는 구호를 떠올리게 한다. 그래서 "자기를 바쳐 동무를 위해야 한다"는 말은 혁명적 동지애와 맞닿아 있는 것으로 해석할 수 있다. 염소가 "동무를 떠나서는 살 수 없다는 것을 깊이깊이" 느낀 것은 그 자체로 하나의 생명체의 귀중함을 강조하는 말이다.

이런 식의 이야기 구조와 묘사는 여타의 창작동화에서도 그대로 보여지고 있다. 북한의 창작동화는 대단히 '정치적'이며 전래동화와는 비교할 수 없을 정도로 정교하게 짜여 있다고 볼 수 있는 것이다.

　북한의 창작동화에서 집단성과 함께 중시되는 것이 노동생활이다. 이것은 노동의 즐거움을 일깨워주고 자기 자리에서 자기 역할을 충실히 해야 한다는 주제들로 나타난다. 노동을 주제로 한 동화 하나를 예로 들어보자.

　새끼너구리 막냉이가 엄마너구리를 따라 밭으로 일하러 갔다. 처음엔 열심히 김을 매던 막냉이는 싫증이 났다. 남들은 도대체 어떤 일을 하는지 보고 싶었다. 그러던 차에 주위에서 일하는 개미들, 쇠딱따구리, 꿀벌을 보게 되면서 경험하는 일들이다.

　이번에는 꿀벌들이 꿀초롱을 들고 꽃밭 위를 날으며 꿀을 푸고 있는 것을 보았습니다. 막내너구리는 자기도 꿀벌들처럼 꽃이나 구경하면서 꿀을 푸는 일을 하고 싶었습니다.
　"밭 김매기보다야 얼마나 쉬울라구. 허리도 안 아프고 다리도 안 아플 거야."
　막내너구리는 집으로 달려가 커다란 초롱을 들고 나왔습니다. 자기도 꿀을 푸려는 거지요. 그런데 웬일일까요? 아무리 찾아다녀도 꽃은 막내너구리에게 꿀 한 방울 주지 않았습니다.
　"호호호, 너구리가 꿀을 푸다니? 우스워서 죽겠네."
　"난 뭐 꿀을 못 풀 줄 아니?"
　"꿀이 뭐 꽃송이마다 철철 넘치게 괴어 있는 줄 아니? 가느다란 침으로 꿀을 쏙쏙 빨아내야 하는 거야."

……
집에 다달은 막내너구리는 엄마너구리에게 낮에 있었던 일들을 모두 이야기했습니다. 그러자 "막내야, 남이 하는 일은 다 쉬운 줄 아는데 그런 게 아니란다. 네가 꿀을 푸느라고 돌아다녀 봐서 알겠지만 그것도 얼마나 힘든 일이냐? 그 꿀 한 사발을 모으려고 꿀벌들은 백만 송이도 넘는 꽃송이를 찾아다닌단다." 그리고 "자기가 하는 일에 보람을 느낄 때에만 재미가 나는 거구. 그 일을 하기도 쉬운 법이란다. 자기가 하는 일에 보람을 느끼지 못할 땐 그 어떤 일도 다 싫어지구, 그런 일은 모두 힘든 일로 되는 거란다. 개미들도, 쇠딱따구리도, 꿀벌들도 자기들이 하는 일이 힘든 일이지만 그 일에서 보람을 느끼기 때문에 재미가 나는 거구, 흥겨워서 노래를 부르는 거란다."라고 엄마너구리가 말하였습니다.
— 이재복, 「꿀 초롱을 든 막내너구리」

보기에 편하고 재미있게 보이는 직업을 선호하는 현실적 풍조를 소재로 한 이 우화는, 북한이 강조하는 노동관의 기본 내용을 시사해 준다.

그 첫째는 노동의 중요성에 대한 강조이다. 어느 사회에서나 노동은 사람들에게 필요한 먹고 입고 쓰고 사는 물건들을 생산하는 중요한 사회적 행위이다. 사회주의 사회에서는 그 가치가 더욱 신성하게 취급되는 만큼 북한에서 훈육의 주제로 삼는 것은 당연한 일일 것이다.

둘째는 직업의 귀천이 없음에 대한 강조이다. 이것

은 단순 육체노동 종사자인 막냉이가 다른 직업을 부러워하여 이 일 저 일 해보지만 결국 자신의 직업에 대해 긍지와 보람을 느끼게 된다는 줄거리 자체에서 단적으로 표현된다.

힘든 일보다 쉬운 일을 선호하는 것은 인간의 기본 욕구라는 점에서 북한에서도 노동의 차별성을 없애기 위해 여러 정책들이 추진되고 있다. 육체노동과 정신노동의 차이, 경노동과 중노동의 차이를 없애려는 것이나 노동강도에 따른 노임지불, 기계화와 작업조건 개선 등이 바로 그것들이다. 그런 면에서 이 우화가 얼마나 힘을 가질 수 있는가 하는 것은 이러한 실제 정책들이 얼마나 현실화하는가에 달렸다고 볼 수 있을 것이다.

현대 창작동화에 담긴 전통적 요소

집단성이나 노동생활의 강조가 '역할 사회화'의 기본 주제에 해당한다면, 창작동화에서 표현된 여자어린이의 역할이나 여성상들은 '성역할 사회화'의 구체적 내용이라고 할 수 있다. 앞서 북한이 되살린 전래동화를 살펴볼 때 성역할 분리를 그대로 남겨둔 측면을 주로 지적한 바 있는데, 그렇다면 창작동화에서는 이런 측면이 과연 얼마나 해소되었을까. 여자아이를 묘사한 창작동화의 한 장면을 보자.

순이가 바구니를 들고 산기슭에 나타나자 산새들이 지롱지롱 쪼롱쪼롱 하고 소근대기 시작하였습니다.
"따스한 봄볕으로 우리 넋을 깨워주고
포근한 한품에 우릴 안아 키워준
봄누나 봄누나 정말정말 고마워요
잘 가세요 잘 가세요 고마운 봄누나"
순이가 깜짝 놀라 머리를 들어 보니 하르르한 날개옷을 입은 선녀같이 생긴 녀인이 얼굴에 웃음을 한가득 담고 그를 굽어보고 있었습니다.
—김박문, 「냉이를 캐는 소녀」, 『아동문학』 1995년 1호

여자어린이 순이는 산기슭에서 냉이를 캐고 있다. 그리고 봄처녀를 봄누나로 칭하는 것으로 보아 화자(산새)는 남자이다. 적어도 현상적으로는 성역할 분리와 이미지 묘사의 차이가 여전히 존재함을 알 수 있다. 이것은 다른 동화의 다음과 같은 대목에서도 분명히 드러난다.

"우리 아기가 태어나면 잘 길러주세요. 처녀애가 태어나면 꽃처럼 곱게 키워주세요. 총각애가 태어나면 름름한 대장부로 키워주세요."
—황령아, 「아기」, 같은 책

몇몇 동화에서의 내용에는 여전히 전통적인 가부장제 성역할이 전제되어 있긴 하지만 대개의 창작동화

에는 전래동화에 비해 성역할에 대한 구분이 한결 약화되어 있다. 무엇보다도 성역할 분리를 눈에 띄게 강조하지 않으며 여필종부, 남존여비로 해석될 여지가 있는 표현이 창작동화에서는 전혀 나타나지 않는다. 어떻게 보면 앞의 사례에서와 같은 표현들은 단지 남녀의 현실적 특성들을 서술하는 것으로 볼 수도 있다.

사회주의 체제가 들어선 이후 북한의 여성들은 자신의 안팎에서 존재하는 봉건적 의식과의 치열한 투쟁을 요구받았다. 이것은 또한 자신의 요구이자 국가의 요구이기도 했으며 모두다 혁신자, 건설자로 나서야 했던 정치경제적 상황의 요구이기도 했다. 어쨌든 이로써 북한에서는 성차별 등의 봉건적 요소가 급격하게 약화되었고, 이는 또 여자어린이들에 대한 재사회화의 기본 내용으로 창작동화에 그대로 반영되었다.

물론 이 봉건적 요소가 극복된 수준은 아직은 말 그대로 약화된 정도라고 할 수 있다. 창작동화에 비친 여자어린이의 '여성다운' 모습은 현실적 성별 특성에 대한 서술에 지나지 않을 가능성도 있지만 여전한 성역할 구분의 반복일 가능성도 다분하다. 또한 창작동화에서 봉건적 요소가 완전히 씻겨져 있다고 해서 그것을 곧 현실이라고 말할 수는 없다. 창작동화가 미래의 주인을 대상으로 하는 만큼 현재의 실현치보다 더욱 진일보하여 제시하고 있을 것이기 때문이다.

2. 아동교과서

남한에서는 1995년 1학기부터 중학교 1학년 교육과정에 『가정』과 『기술·산업』 과목이 남녀 공통과목으로 적용되고 있다. 남학생은 2주일에 3시간씩 가정일을 배우고, 여학생은 간단한 목공, 전기, 전자제품 수리 등의 기술을 익히게 된다고 한다. 이는 남녀 성별 분리가 청소년 교육에도 그대로 반영되던 낡은 교과틀을 드디어 바꾸기 시작한 것으로서, 비록 아직도 갈 길은 멀지만 시작이 반이라는 의미에서 긍정적으로 볼 수 있을 것이다.

그렇다면 북한은 남녀 학생들을 어떠한 내용으로 교육하고 있을까? 성분리적 역할교육은 없을까? 이번에는 교과서를 통해 한번 살펴보기로 하겠다.

교과서에 비친 남녀 어린이의 성역할

오빠나 남동생이 누나나 여동생에게 물 심부름을 시키는 일은 지금도 남한의 가정에서 흔히 볼 수 있는 풍경이다. 그리고 대개의 현대 부모들은 겉으로는 지금은 남자도 가사일을 하는 세상이라고 말은 하지만 속으로는 '사내대장부'가 부엌에 드나드는 것을 싫어한다.

그렇다면 지금의 북한 아이들은 어떨까?

함께 교과서를 읽고 있는 어린이들

이윽고 부엌에서 식사하자는 어머니의 목소리가 들려왔습니다. 그러자 공부하던 누나가 일어나 밥상을 조용히 갖다 놓고는 말끔히 행주를 쳤습니다. 그리고 수저들과 음식 그릇들을 받아 차근차근 상에 놓았습니다. …그리고는 어머니를 도와 누나와 함께 밥상과 방안을 깨끗이 거두었습니다. 이어 정남이는 옷차림과 몸단장을 다시 하고 책가방을 들었습니다.

─「밥 먹을 때에도」,『공산주의 도덕』인민학교 3년

 이 사례에서는 긍정적인 점과 부정적인 점을 다 발견할 수 있다. 긍정적인 점은 남자아이가 부엌일을 돕도록 교육한다는 것이며, 부정적인 점은 여기에서도 부엌일의 전담자는 여전히 어머니와 누나라는 것이다. 부엌풍경의 주인공은 여성들인 반면 관찰자이자 화자는 남자어린이라는 것도 눈에 띄는 부분이다.

이것은 여타의 교과서 지문에서도 전반적으로 나타나는 경향인데, 주로 남자어린이가 긍·부정적인 행동을 하면 어머니나 누나가 자상하고 따뜻한 존재로 등장하여 칭찬을 하거나 감화시켜 주는 모습으로 나타난다. 이것은 그 의도성 여부를 떠나 헌신과 희생을 덕목으로 하는 여성다움의 강요로 귀결되지 않을까 하는 우려를 갖게 한다.

성역할과 관계된 다른 사례들을 살펴보자.

정남이의 옷에 단추가 떨어져 있었습니다.
"정남아, 네 단추가 떨어졌구나!" "정말?!"
영순이는 바늘과 실을 가져다가 정남이의 옷에 단추를 단단히 달아주었습니다.
―「단추」, 『국어』 인민학교 2년

옷을 다 다리고 동생의 바지를 다릴 때에는 다리미에서 전기를 뗐다. 나는 동생에게 다리미가 아직 달았으니 바지를 얼마든지 다릴 수 있다고 타이르고는 바지주름을 칼날같이 세워주었다. … 저녁상을 다 차리고 어머니가 부엌에서 돌아오셨는데도 불은 그냥 켜 있었다. 나는 밥을 먹다 말고 부엌에 나가 불을 껐다. … 할머니는 텔레비죤을 틀어놓고 보지도 않으면서 뜨개질을 하고 계셨다.
―「금옥이의 전기절약수첩」, 『공산주의 도덕』 인민학교 4년

철이가 문을 열고 교실에 들어가려는데 광철이가 걸상을

들고 나왔습니다. 걸상은 가름대가 떨어져 있었습니다.

"그건 어데 가져가니?"

광철이는 "바꾸려고 그래." 하며 그냥 들고 가려고 했습니다.

철이는 그를 멈춰 세우고 말했습니다.

"가만 있어. 가름대 하나 떨어진 것 같은데 그쯤한 것 때문에 바꾸러 다니겠니? 어디 좀 보자."

철이는 광철이를 데리고 목수칸으로 갔습니다. 목수 할아버지는 둬두고 가라고 굳이 말리시었지만 그들은 망치와 못을 가져다가 가름대를 본래대로 든든히 붙여놓았습니다.

—「알뜰한 철이네 교실」, 같은 책

만약 여자어린이의 옷에서 단추가 떨어졌다면 그때에도 여자친구는 단추를 달아주었을까? 한 발 더 나아가 만약 정남이(남학생)가 영순이(여학생)의 옷에서 단추가 떨어진 것을 발견했다면 영순이처럼 달아주었을까. 그리고 금옥이가 절약하는 행동은 왜 모두 가사일과 연관되어 있는 것일까. 망치와 못이 등장하는 장면에는 왜 모두 남자어린이들뿐일까.

물론 앞의 인용문들의 주제는 각각 동무를 위하여 솔선수범하는 태도와 절약이다. 주제가 성역할이었다면 이야기 전개는 달랐을지도 모를 일이다. 하지만 한눈에 엿볼 수 있는 가사일이나 목공일에서의 성 편중 묘사가 스스럼없이 교과서에 실려 있다는 것은 초기 아동교육에서 성역할을 의식적으로 구분하고 있지 않다는 판단을 가능케 한다. 그리고 이것은 결국 가사일은 여성에게, 전업직업은 남성에게 편중되어 있는 현실과 그에 따른 사회적 인식을 반영하는 것일 수도 있다.

북한에서의 현실적 성역할과 관련하여 또 하나 의미 있게 살펴볼 수 있는 것이 성별 이미지 교육이다. 남녀 어린이의 옷 차림새에 대한 교양 내용을 하나 살펴보자.

소년단원들은 옷차림을 언제나 산뜻하고 단정히 하고 다녀야 합니다. …옷을 입을 때면 단추는 꼭꼭 채우고 바지와 치마 안에 넣게 된 웃옷은 꼭 넣어야 하며 치마와 바지는 주름을 곱게 세워 입어야 합니다.

남학생들은 허리띠를 잘 매야 합니다. 녀학생들은 긴 양말을 신었을 때 양말끈을 잘 매야 합니다. 호주머니에는 머리빗, 손수건, 휴지 등 꼭 필요한 것만 넣어야 합니다. 쓸데없는 물건을 넣고 다니면 호주머니가 불룩해져서 보기 싫고

한겨울을 즐기는 동심

외모도 단정해 보이지 않습니다.

—「산뜻한 옷차림」, 같은 책

남자는 바지, 여자는 치마라는 뚜렷한 구분은 성인 남녀도 마찬가지이다. 남성의 경우 외출시 양복정장이나 인민복을 주로 입고 여성은 투피스나 치마저고리를 입는다. 물론 여성의 경우 생산현장에서만큼은 차림새가 달라진다. 북한의 대중매체들을 보면 대개 삼각수건에 편안한 윗저고리와 바지 차림이 기본 노동복임을 알 수 있다.

한 사회에서 즐겨 입는 옷에는 고유한 미감과 문화 양식이 담겨 있다. 성별 특성도 엿볼 수 있음은 물론이다. 이런 점에서 여성 한복이나 치마는 수동성과 얌전함, 절개를 상징하는 차림새로 주로 해석되어 왔다. 물론 북한에서는 개량한복이라 하여 세 겹, 네 겹씩 속치마를 입어야 하는 불편함을 없애고 활동성을 살린 치마가 널리 퍼져 있긴 하다. 그러나 여전히 보이는 전통적 요소의 광범위한 흔적과 맞물려 왜 굳이 남자는 바지, 여자는 치마일까 하는 의문은 제기된다.

교과서에 비친 남녀 어른의 성역할

어린이들이 영향을 받는 일차적 공간은 가정이다. 특히 성역할에 대한 고정관념은 가정 내에서의 아버지, 어머니의 역할을 보면서 만들어지는 경우가 많다.

그런 의미에서 북한의 교과서에서 간접적으로 묘사되어 있는 어른들의 성역할에 주의를 기울여볼 필요가 있다. 어린이들에게 가르치는 미래지향적 교양과는 별개로 아무래도 현실 속의 실감 영상일 것이기 때문이다.

어느 날 아침이었습니다. 거리는 일터로 가는 사람들로 흥성거렸습니다. 철수도 유치원에 다니는 동생 철호의 손목을 잡고 직장으로 가시는 아버지를 따라 집을 나섰습니다.
―「소년단 인사」, 같은 책

맑은 공기를 마시며 체조와 달리기를 한 명철이는 아버지와 함께 집 안팎을 깨끗이 청소하였습니다. 세수를 하고 난 명철이는 누나가 어머니를 도와 아침상을 차리자 "아버지, 밥 잡수십시오." 하고 알려드렸습니다.
―「례절은 가정에서도」,『공산주의 도덕』인민학교 3년

아버지가 **출근**하면서 아이를 유치원에 데려다 주기, 이것은 요즘 들어와서 남한의 새 세대 남성들에게서도 자주 찾아볼 수 있는 풍경이다.

원론적으로 따져보면 남성이든 여성이든 처지와 능력에 따라 가정일과 육아를 분담하는 것은 당연한 일이자 아주 간단한 일이기도 하다. 둘이서 처지에 맞게 적당히 분담을 합의하면 그뿐인 것이다. 우리 사회에도 그럴 의지를 보이는 남성들이 최근 꽤 늘어났는데도 현실적으로 분담이 쉽지 않은 것은 도대체 무엇 때

도시 직장인들은 보통 오전 8시까지 출근하여 정오까지 오전 일을 한다. 50분 노동에 10분 휴식이 원칙이다. 점심시간은 1시간 30분 내지 2시간으로 긴 편인데 주로 낮잠을 잔다. 오후 일과는 6시까지이며 이후 작업반별로 한두 시간 동안 작업총화와 학습을 한 다음 오후 7시나 8시경 퇴근한다. 공장노동자의 경우에는 철저하게 하루 8시간노동을 하도록 되어 있다. 공장이 정상 가동될 때는 대개 하루 3교대를 한다.

문일까?

 그 한 가지 이유는 가사분담을 하게 되면 남성 역시 편향된 사회구조와 강하게 마주치게 되는 현실에서 찾을 수 있다. 예컨대 남한의 경우 유치원의 등교시간이나 교육내용, 자녀교육 정보를 주고받는 공·사적 모임, 상담, 요리강습 등 대부분의 가사일이나 육아가 여성을 중심으로 짜여 있어 남성이 끼여들기가 힘들다. 또한 그런 남성들의 경우 용감(?)하다고 평가를 받게 된다. 남성의 가사분담이 기껏해야 아이를 유치원에 데려다 주거나 음식 만들기 등에 그치는 것은 이런 구조 탓도 있다.

 북한에서는 1970년대 이래로 육아와 가사노동의 사회화에 정책적 힘을 쏟아왔다. 이 사업은 '여성을 가사노동의 무거운 부담으로부터 해방시키는 것'을 3대 기

선생님을 따라 율동하는 유치원생들

술혁명과업의 한 내용으로 삼을 만큼, 육아와 가사노동의 사회화는 비중 있게 취급되었다. 이것은 남녀평등의 사회주의적인 물적 기반을 다지는 사업이라고도 볼 수 있는데, 그 결과 육아정책이나 시설의 경우 비약적인 성장을 나타냈다.

이런 점에서 보면 앞 사례에서처럼 철수아버지가 철호를 유치원에 데려다 주는 것은 최소한 남한보다는 흔한 일일 것이라고 생각된다. 일터와의 거리, 출근과 등교 시간 등이 아무래도 사회주의적으로 계획되어 있을 것이기 때문이다. 그러나 철호의 손을 잡고 유치원으로 가는 아버지의 행동이 다른 가사일에서도 동일하게 나타나리라고 보기는 힘들다.

이것은 두번째 지문을 통해서도 간접적으로 확인된다. 즉 어머니와 누나가 식사를 준비한 후 "밥 잡수십시오" 해야 하는 존재인 명철이의 아버지는 북한의 일반적인 아버지의 모습인 것이다. 가사의 협업이 이루어지지 않은 것이 육아의 사회화만큼 가사의 사회화가 진전되지 않아서인지 아니면 잔존하는 전통적 의식 때문인지는 선뜻 단정하기가 어렵다. 어쨌든 실질적이든 현상적이든, 아버지와 남자어린이를 중심으로 한 가부장제 이데올로기가 약하나마 이어져 내려오고 있는 것은 사실인 듯하다.

교과서에 비친 사회주의 규범

사회주의적 규범은 남녀 어린이 모두를 대상으로 하는 만큼 성역할이나 남녀 의식 등의 주제와 직접 연관성을 가지는 것은 아니다. 그러나 북한의 교과서에서 가장 강조되는 주제들이며 양적으로도 대다수를 차지한다. 앞에서 제시한 성역할과 관계된 지문들은 사실 이런 주제들을 다룬 이야기 속에서 낚시하듯 건져올린 측면이 강하다. 이런 점에서, 제3자가 교과서 곳곳을 뒤적여 건져낸 전통적 요소와는 별개로, 북한의 어린이들은 남한의 어린이들처럼 무의식까지 내면화되어 있는 성역할 구분의 요소들로부터 별다른 영향을 받지 않을지도 모르겠다는 생각도 든다.

북한의 여자어린이들이(남자어린이들을 포함하여) 일상적으로 배우는 사회주의 규범들을 살펴보는 것은 이 때문이기도 하다. 한편으로는 남한 어린이와의 동질성과 이질성을 짚어보려는 의도도 있다.

"인사는 웃어른들과 선생님들에게만 하는 것이 아니란다. 동무들 사이에도 서로 다정하게 인사를 해야 한단다. 소년단원들은 아침에 처음 만났을 때 소년단 인사를 한단다. '준비하자'는 건 무슨 뜻인지 아니? 그건 공산주의 건설의 후비대가 되기 위하여 항상 준비하자는 뜻이란다."
　　　　—「소년단 인사」, 『공산주의 도덕』 인민학교 4년

"우선 목욕탕으로 갈 때에는 차림새부터 바로 하고 수건이나 비누 같은 것을 보기 흉하게 들고 다니지 말아야 한다구 생각한다. 어때?"

"나는 목욕탕에 가서 질서와 도덕을 잘 지키는 것이 중요하다는 걸 말하겠어. 질서와 도덕을 잘 지키는 데서 중요한 건 떠들지 않는 것이라고 생각해. 표를 내고 목욕탕에 들어갈 때부터 조용해야 하고 옷 벗는 칸에서도…."

"또 물을 깨끗이 쓰는 것도 중요해. 물을 퍼낼 때에는 꼭 깨끗한 바가지를 사용하고…."

―「목욕탕에 가는 날」, 같은 책

"누나, 저기 공!"

"봉철아, 너 그 공을 어떻게 하자고 그러니?"

"어떻게 하긴, 내가 얻은 건데 뭐."

"남이야 가슴 아파하든 자기가 좋으면 된다고 생각하는

한여름철 수영장의 여학생들

것은 지주나 자본가놈들이 가지고 있는 나쁜 생각이야. 우리는 그런 나쁜 생각을 조금이라도 가져서는 안 돼, 알겠니?"

―「주인을 찾아서」, 『공산주의 도덕』 인민학교 3년

숙제장을 받아든 현옥이는 흠칫 놀랐습니다. 거기에는 4점이라고 큼직하게 씌여져 있었기 때문이였습니다. 그리고 맨 아래에는 "요즘 현옥이가 공부에 열성이 없습니다. 아버님이 아시고 잘 도와주시기 바랍니다."라는 글이 적혀 있었습니다.

'이걸 어쩌나? 동무들 앞에서 이게 무슨 망신이람. 그리고 아버지, 어머니에게도 어떻게 말한다?!' 현옥이의 마음은 점심을 먹고 다음에도 저녁때가 되여도 조금도 내려가지 않고 점점 무거워졌습니다.

'솔직히 말하자, 부모들과 선생님 그리고 동무들 앞에서…'

이렇게 결심하니 현옥의 마음은 한결 가벼워졌습니다.

―「언제나 솔직하게」, 같은 책

이 지문들의 주제는 각각 예절, 공중질서, 사회도덕, 솔직성이다. 이런 덕목들은 어느 사회에서든 필요한 것들이다. 남이든 북이든 어린이라면 다같이 길러야 할 기본적인 태도와 심성들인 것이다. 물론 앞의 지문들에는 동질성만 있는 것은 아니다. '공산주의 후비대' '지주와 자본가' 등 이질적인 표현들도 있다. 또한 북

북한의 일인일기(一人一技) 교육

한의 아동 교과서에는 이와 같은 지문 말고도 "돈벌이 하느라 공부를 하고 싶어도 하지 못하는 아이들이 많다"는 식으로 남한의 부정적 측면을 과장한 서술들이 분명히 들어 있다. 이러한 이질성은 그 자체로 보면 동질성의 폭에 비할 바가 아니나 한편 상호간의 동질성까지도 공격하게 하고 왜곡시킨다는 점에서 아직까지는 동질성보다 현실 영향력이 더 크게 미치고 있다고 볼 수 있다.

그러나 어쨌든 북한의 동화와 교과서를 통해 살펴본 북한 어린이들의 모습은 남한 어린이들의 모습과 크게 다르지 않았다. 남북 어린이들이 사회화 과정에서 배우는 인간으로서의 자질과 덕목 역시 근본에서는 동질적이었다. 그 동질성이 합쳐져서 남북 모두에서 남녀평등을 실현시키는 힘으로도 쓰이길 바라는 마음 간절하다.

좌담
현대 북한영화 속의 여성들,···
그 삶과 꿈

이 좌담에는 김귀옥(사회: 서울대 사회발전연구소 상근연구원), 장하진(충남대 사회학과 교수), 김선임(동국대 사회학과 박사과정), 이경하(충남대 사회학과 박사과정), 정영철(서울대 사회학과 박사과정), 황은주(한양대 사회학과 석사) 등 여섯 명이 참여하였다.

참석자들은 1995년 2월 6일과 7일 이틀에 걸쳐 통일원 북한자료센터에서 본 6편의 영화를 여성문제의 시각에서 토론하였다. 6편은 〈아금랑〉(1985), 〈꽃파는 처녀〉(1972), 〈도라지꽃〉(1987), 〈유원지의 하루〉(1985), 〈노래 속에 꽃피는 가정〉(1990), 〈사랑의 노래〉(80년대), 〈도시 처녀 시집 와요〉(1992)인데, 6편의 줄거리는 다음과 같다.

도시 처녀 시집 와요(1992)

농촌으로 봉사활동을 나온 디자이너인 도시 처녀는 한 농촌 총각을 만난다. 이 처녀는 도시에서 오리를 껴안고 웅덩이에 빠지기도 했던 그 총각을 촌뜨기로 기억하고 있다. 그러나 그는 사람들이 모두 농촌에 있기에는 아깝다고 칭찬하는 참한 청년이다. 청년의 농촌에 대한 남다른 애정에 사랑을 느낀 도시 처녀는 잘못된 생각을 뉘우치고 농촌으로 시집을 간다.

노래 속에 꽃피는 가정(삼지연 창작단, 1990, 80분)

직장장 만호는 배의 진수 날짜가 다가오자 초조해진다. 만호는 조카에게 당분간 집 안에서 나팔을 불지 못하게 하는 등 생산활동에 우선 충실할 것을 강조한다. 그러나 가족들은 전국노래 경연대회에 나가 사회주의 체제의 우월성을 보여주자고 제의한다. 마침내 만호도 문화예술과 결합된 생산활동의 의미를 깨닫고 가족과 함께 노래 경연대회에 참가하여 사람들에게 감동을 준다.

도라지꽃(대덕산 창작단, 1987, 85분)

원봉은 27년 만에 아들과 함께 고향을 찾는다. 그러나 고향을 버린 과거의 잘못 때문에 마을 어귀에서 멈춰 서서 과거를 회상한다. 젊은 날 원봉은 애인 송림과 함께 낙후한 고향마을을 잘사는 마을로 만들기 위해 애쓰다가 도시에 대한 동경을 버리지 못하고 혼자 떠난다. 송림은 함께 가자는 원봉의 제의를 거절하고 고향에 남아 역경을 이겨내면서 고향을 잘사는 마을로 가꾼다. 그러다 예기치 않은 산사태가 일어나 죽음을 맞는다.

유원지의 하루(조선예술영화촬영소, 1985, 60분)

두 집안이 자신의 딸과 시동생을 선보이기 위해서 유원지에서 만나기로 약속한다. 그러나 사실은 선보기로 한 남녀는 이미 서로를 마음에 두고 있는 사이이다. 두 집안의 가족들이 이런 사실을 모르는 상태에서 벌어지는 유원지에서의 에피소드와 즐거운 한때를 그린 영화이다.

사랑의 노래(1985)

평양산원의 간호사인 옥주와 하키 선수 현우가 엮어나가는 사랑이야기이다. 옥주는 난산으로 고통받는 산모와 위독한 갓난애를 헌신적인 노력과 간호로 구하기도 하는, 자기 일에서 끝없는 충실함을 보여주는 여성이다. 평양산원의 전경과 함께 북한 사회가 아기와 산모에게 깊은 애정을 갖고 있음을 보여주는 영화이다.

꽃파는 처녀(1972)

내외에 널리 알려진 대표적인 북한 영화 가운데 하나이다. 꽃분이 일가는 친일파 배 지주의 악랄함으로 피해를 본다. 그러나 마을사람들에 의해 배 지주는 응징을 당하고 혁명투사가 된 오빠와 뿔뿔이 흩어졌던 꽃분이 가족도 다시 만나게 된다.

북한 남녀의 문화, 사랑 그리고 결혼

사회(김귀옥): 북한 영화의 목적은 알려진 대로 대중교양, 선전에 초점이 맞춰져 있습니다. 우리가 본 여섯 편의 영화들도 예외는 아니었지요. 당의 정책이나 목표가 영화에 반영되는 과정에서는 북한의 이데올로기가 영화에 필연적으로 전제될 수밖에 없을 거예요. 우리는 이 점을 염두에 두면서, 그럼에도 드러나는 북한의 현실이나 북한의 지향점, 문제점 등을 짚어보겠습니다. 특히 오늘의 토론 주제인, 북한 여성은 어떤 생각을 하고 무엇을 하며 어떤 모습으로 살고 있는지를 여섯 편의 영화에 비친 모습을 통해 토론해 보기로 하지요.

우선 북한 남녀는 데이트를 어떻게 하는지를 살펴보기로 하죠. 〈꽃파는 처녀〉를 빼고는 모두 남녀간의 사랑을 이야기 전개에 깔고 있지요. 〈도라지꽃〉은 유일하게 헤어진 사랑을 그린 반면 〈유원지의 하루〉나 〈노래 속에 꽃피는 가정〉〈사랑의 노래〉〈도시 처녀 시집 와요〉 등은 모두 해피엔딩이었어요. 사랑하는 모습, 여성들의 이상적인 남성상, 남성의 이상적인 여성상 등을 얘기해 보고 사랑의 기술이나 나름의 환심술 등에 대해서 다양하게 얘기해 볼까요?

장하진: 우선 북한의 남녀는 우리가 생각한 것보다 자연스럽게 만나는 것 같아요. 처음 본 남녀가 자연스럽게 악수를 한다든지 하며 스스럼없이 어울리더군요. 또 모두 함께 어울려 노래를 부르거나 춤추는 장면도 자주 나오고요. 남한의 남

녀 사이를 보면 일반적으로 학생들조차 여학생들은 여학생 끼리 남학생들은 남학생들끼리 앉아요. 내가 아무리 섞여 앉으라고 제안해도 별로 같이 안 앉아요. 그런 반면 북한의 경우는, 영화라서 그런지는 몰라도 남녀가 모든 일을 같이 하고 앉아서 놀고 얘기하는 것들이 자주 보였어요.

황은주: 친한 사이에 팔짱을 낄 때 여자가 먼저 남자의 팔을 낀다거나 아니면 〈도시 처녀 시집 와요〉에서처럼 나이 많은 직장 남성간부가 여성노동자의 손을 자연스럽게 잡는 걸 볼 수 있었어요. 이런 행동을 전혀 아무렇지도 않게 생각하는 것 같아요.

장: 북한의 노동이나 놀이문화, 사교문화가 남녀 융합적이어서 결혼 전에도 남녀가 자연스럽게 만나는 기회가 많아 보였어요. 〈도시 처녀 시집 와요〉에서 돋보이는 것은 젊은 사람들이 핸드볼 경기를 하는데 남성팀 대 여성팀으로 하잖아요.

생산현장 휴식시간에 군중무용을 즐기는 남녀노동자들

에어로빅을 하는
여성노동자들

남성팀 대 여성팀으로 조를 묶어 여자라고 해서 봐주는 것 없이 함께 경기하는 모습은 남한 문화와는 사뭇 달라요. 요즘 신세대는 어떤지 모르지만, 대학 캠퍼스에서도 여학생들은 여학생들끼리 몰려다니고 주로 여성 따로 남성 따로 놀잖아요. 그런 모습은 적어도 북한 영화 속에서는 나타나지 않았어요.

다음으로 데이트나 결혼하는 모습을 보면, 남녀가 사귀는 것은 대부분 결혼을 전제로 하고 있더군요. 주위사람들이 중매나 소개를 하거나, 당사자들의 마음을 알아채고 적극적으로 남녀 둘 사이에 끼여들어 남녀 사이를 성사시킨 다음, 남녀가 연애를 거쳐 결혼에 이르는 것 같아요. 영화의 구성을 보면, 줄거리에 삼각관계라든지 남녀의 감정을 중심으로 하는 사랑 그 자체를 주제로 한 것은 없었고, 거의가 국가와 인민에 대한 헌신성과 의식이 개입되어 사랑을 발전시킨다는 틀을 갖고 있어요.

김선임: 〈노래 속에 꽃피는 가정〉에서는 결혼관이 분명히 드러나요. "사랑으로 공고히 되고 일 속에서 동지로 결합돼야 한다"는 대사가 몇 번이나 반복되더라구요.

이경하: 북한 사람들은 사랑은 동지적으로 결합하고 노동을 통해서 공고히 된다는 점을 분명히 강조하는 것 같아요. 항상 사랑을 일, 노동, 인민에 대한 봉사와 같은 명분과 동시에 강조하잖아요. 〈도라지꽃〉에서는 오히려 사랑보다는 노동, 사회주의 건설을 더 강조하는 경향까지 있더라고요. 얼마 전만 해도 남한에서는 여자가 결혼하면 남편의 의견을 좇아 직장도 그만두는 경우가 허다했고 남자의 여러 가지 조건에 맞춰야 하는 게 일반적이었어요. 그런데 북한에서는 남녀 각자가 자기 일을 가지면서 결혼과 일이 국가와 인민에 대한 헌신과 봉사와 결합해 있는 모습을 이상적으로 그리고 있어요. 그리고 만약 일과 결혼, 대의명분 간에 갈등이 생기는 경우에는 사랑보다는 일을 더 우선시하는 것 같았어요.

황: 북한에서는 문학이나 영화를 선전선동의 중요한 매체로 보잖아요. 어떤 사람의 긍정적인 모범을 일반 사람들에게 교화시키는 형태로 문학이나 예술이 표현되기 때문에 긍정적이지 못한 모습을 보여주지 않으려는 다분히 의도적인 측면들도 있지요. 하지만 삼각관계나 불륜과 같은 애정행각이 사회적으로 일반화되어 있지 않은 실제적 측면도 있다고 생

각해요.

정영철: 〈유원지의 하루〉를 보면서 저는 '북한 남자들은 좋겠구나' 하는 느낌이 들었어요. 이 영화 줄거리 가운데 사람 관계가 꼬이면서 남자 쪽의 아버지가 유원지 안에서 우연히 아들의 애인이자 며느릿감인 처녀를 만나게 되는 장면이 있지요. 그는 아들의 애인인지 모르고 "이런 며느리였으면 좋겠다"고 말하잖아요. 그래도 "자기 아들이 따로 정해 놓은 사람이 있어서 안 되겠다"고 말하는 걸 보면 당사자 입장을 존중하고 있구나 하는 생각이 들었어요. 아버지는 그 처녀가 선볼 처녀라는 걸 알고서는 한마디로 "(우리 아들이 좋아하는 사람이 있어서 며느리로) 안 되겠다"고 말하자 처녀는 아무 말 못하고 울면서 돌아서잖아요. 그러나 사실 아들이 사랑하는 처녀는 바로 그 처녀잖아요. 다시 말해 너무 쉽게 포기하는 장면들을 보면서 묘한 감정을 느꼈어요. 이런 점이 다른 영화들과는 달랐습니다. 다른 영화들은 당사자가 좋아하면 주위사람들이 대체로 인정해 주는 식이었어요. 그런데 이 장면에서는 북한 남녀가 서로 좋아하고 결혼까지 가는데 부모의 영향이 의외로 크게 작용을 하고 있구나 하는 생각이 들었습니다. 남자 쪽 집안에서 여자에게 부정적인 이야기를 하니까 여자가 힘없이 돌아서는 것을 보면서 남자가 여자에 비해 유리한 위치에 있는 것은 아닌가 하는 생각을 했어요.

김: 그렇지만은 않다고 봐요. 〈사랑의 노래〉에서는 여자에게 애인이 있다고 하니까 남자가 포기하잖아요. 반드시 남녀 우

위의 문제는 아니라는 생각이 들어요.

장: 북한은 상대에게 좋아하는 사람이 있으면 인정해 주는 게 일반적인 관례인 것 같아요. 남한처럼 상대의 의사를 무시하는 영화는 거의 볼 수 없었어요.

김: 그리고 남녀간의 사랑에 대해서 주위사람이 미치는 영향 정도가 좀 크다고 생각해요. 예를 들면 〈유원지의 하루〉에서 남자주인공의 부모나 여자주인공의 오빠 내외가 이들 두 남녀의 결혼 문제에 영향을 미치고 있어요. 이것은 〈도시 처녀 시집 와요〉에서처럼 여자주인공과 남자주인공을 맺어주려는 주위사람들의 노력이 헛되지 않게 결실을 맺는 모습에서도 잘 나타나요. 또 〈사랑의 노래〉에서 여자주인공과 남자주인공의 주위사람들이 영향을 주는 정도에서도 잘 볼 수 있어요.

이: 영화에서 보이는 연애의 공통점은 북한 남녀들은 연애하는 관계가 되면 가장 가까운 사람들에게 먼저 얘기하거나 자신의 직장 동료·상사 들에게 공개한다는 것이에요. 남녀가 이렇게 교제하도록 사람들을 교양시키려는 북한 당국의 입장도 반영되었다고 생각하지만, 어쨌든 이렇게 함으로써 관계가 훨씬 더 건전하게 이루어지는 측면도 있다고 생각해요. 우리 같은 경우는 대개 연애할 때나 소개를 받았을 때 주위에 공개하기보다는 사적이고 비밀스러운 경향을 보이는 경우가 많아요. 전 평소에 그것이 남한 사람들의 연애방식이 안고 있는 문제라고 느꼈어요.

김: 글쎄 동의하기 어렵군요. 남이든 북이든 부모나 주위의 소개

로 만난 관계가 아니라면 대부분 처음에는 비밀리에 만나다가 후에 공개적으로 만나는 건 비슷하다는 생각이 드는데요. 〈도라지꽃〉에서도 이런 모습을 볼 수 있잖아요.

정: 북한 영화를 보면서 그들이 강조하는 의리가 남녀관계에는 상호 존중으로 나타나고 있지 않은가 하는 생각을 했어요.

사회: 한편 우리가 본 영화들에서는 대부분 계층을 초월해서 사랑하고 결혼하는 모습이 나타났어요. 노동자가 연구사나 기사를 사랑하고 농촌 청년이 서울에 있는 전문직 여성 디자이너를 사랑하는 모습 같은 것이 자연스럽게 나타나지 않았습니까. 이것이 어느 정도 현실을 반영하는지는 알 수 없지만 계층이 다른 사람들의 결혼을 통해 '노농결합' '계층간 결합' '군민결합'을 실현하려는 북한 정책이 엿보여요.

북한 여성이 그리는 이상형 남성

사회: 연애장면들을 정형화시켜 여자들이 선호하는 남자 또는 남자가 선호하는 여자는 어떤 상이었는지 살펴볼까요?

정: 〈도라지꽃〉와 〈노래 속에 꽃피는 가정〉의 예를 들어보겠어요. 〈도라지 꽃〉에서는 남자와 여자가 달밤에 뻐꾸기 소리를 신호로 만납니다. 남자는 '도라지꽃'이라는 별명을 가지고 있는 여자주인공에게 자신이 설계한 마을의 전망도를 보여줍니다. 휘황한 미래의 마을이 담긴 청사진에 여자는 감격합니다. 〈노래 속에 꽃피는 가정〉에서는 남자주인공이 탄소용접기를 발명하는 걸 여자주인공이 도와주고 함께 노래를

부르는 모습을 볼 수 있습니다. 북한 여자들은 자기 일을 열심히 하고 당과 인민에 대해 책임을 가지고 있는 남자를 믿음직스럽게 생각하는 것 같아요. 남한에서는 상대가 자신을 얼마나 생각하고 사랑을 표현하는가를 가지고 사랑을 확인하지요. 북한식 사랑은, 사랑 자체는 개인의 감정이지만 상대가 사회 속에서 차지하고 있는 지위와 역할을 훌륭히 수행할 때 그 사랑의 감정을 더 강하게 느끼고 지켜나간다는 것이 아닌가 싶어요.

사회: 〈도시 처녀 시집 와요〉를 보면 처음 여자주인공이 남자주인공을 도시에서 봤을 때는 오리나 들고 왔다갔다하는 촌닭 같은 남자로 여겼잖아요. 그런데 여자가 농촌활동 가서 아주 성실하게 일하면서 여러 가지 재주를 발휘하는 남자의 모습을 보고 반하게 되지요. 여성이 선호하는 남성상은 공산주의가 요구하는 모습을 가지고 있는 사람인 것 같아요. 당과 인민에 헌신하고 자신의 일에 책임감이 강하고 자신의 조국과 마을을 사랑하는 사람이 이상적인 상이지요. 남한에서는 '차인표' 이름만 들어도 완전히 뒤로 넘어가고 그런 사람이 여성들의 이상형으로 부각되기도 하잖아요. 여성들이 좋아하는 남성상은 이쯤 하기로 하고 남성들이 좋아하는 여성상은 어땠는지 얘기해 볼까요.

이: 거의 모든 영화에서 남성이 여성에게 깊은 사랑을 느끼는 결정적인 계기는 여성이 자신의 사회적 활동을 열성적으로 해나가는 것을 볼 때예요. 또 공산주의적 품성을 갖고 당과 인민, 나라에 헌신적인 모습을 보일 때였어요. 그런데 〈도시

처녀 시집 와요〉를 보면 남자들이 선호하는 여성에 대해서 "심지가 곧고 알뜰하고 고운 처녀"와 같은 표현을 쓰더군요. 요즘 남한의 신세대 여성들은 '곱다' '알뜰하다'는 말을 '여성스러움'에 따라붙는 표현으로 여겨 매우 거북스러워하지요. 한편 주인공 여성이 일할 때는 남자 못지않게 진취적이고 적극적인 모습 심지어 선동적인 모습까지 보여주더라구요. 그런데 이미지라든지 얼굴표정, 손놀림 등을 보면 남한 여성들보다는 훨씬 더 순박하고 부끄러움을 많이 타기도 하는 겸손한 모습이었어요.

장: 그래요. 여자가 남자에게 점수를 줄 때는 남자가 일 속에서 자기의 신념을 보이고 의지를 보이는 것을 높이 샀어요. 그런데 남자가 여자를 좋아하는 점은 조금 차이가 있었어요. 여자도 맡은 일에 열성적이기는 하지만, 그 남자가 여자를 좋아하게 된 계기는 남자처럼 일에 몰두하기 때문에 그 여자를 좋아한다는 식만은 아니었던 것 같아요. 예를 들면 덕성스럽고 알뜰한 여자이기에 좋아하는 계기가 생기는 장면들도 있지 않았어요?

정: 그런 것은 전세계 남자들이 비슷한 것 같아요.

장: 아니, 요즘 남자들 섹시하고 도발적인 여성을 더 좋아하지 않아요?

김: 북한 영화에서는 그런 장면이 전혀 나타나지 않더군요. 북한 남성들은 섹시하거나 도발적인 여성보다는 전통적인 여성상을 지닌 여성을 좋아하고 있다는 게 느껴져요. 하긴 영화에서 안 나타난다고 실제로도 그런지 어쩐지 단정할 수는

없겠지만….

정: 남성들은 집 밖에서는 섹시하고, 가정에서는 알뜰하게 살림 잘하고 남편에게 내조 잘하는 이런 여성을 보편적으로 좋아하지 않나 싶은데요.

이: 북한의 말씨, 언어에는 전통적인 면이 많이 남아 있는 것 같아요. 한국 영화나 헐리우드 영화를 보면 갑자기 귀나 눈을 자극하는 충격적이고 현란한 장면이 많잖아요. 그런데 북한 영화는 어떤 때는 졸릴 정도로 잔잔하다는 느낌을 많이 받았어요. 또 언어의 차이말고도 어감의 차이도 큰 것 같아요. 강하고 센 언어가 현대사회에 많다고 하는데 북한 영화에서의 언어는 부드럽고 약간 구수한 어감이 전해 오거든요. 이런 관점으로 북한 영화를 보면 여성의 소박함이나 상냥함, 알뜰함이 과거 여성들이 강요당했던 전통적인 여성의 수동성과는 다르다고 볼 수 있을 것 같아요. 연애할 때는 여자뿐만 아니라 남자도 자신의 감정을 표출하는 데 부끄러움을 타요. 하지만 여성도 생활 속에서 자기 의사를 표현하거나 남성과의 관계를 진척시키는 과정에서는 굉장히 과감하더라구요. 그렇다면 북한 남성이 전통적인 여성상을 여전히 갖고 있다고 볼 수는 없지 않을까요?

장: 〈유원지의 하루〉에서 인상적인 모습은 아버지가 아들의 애인이 쓴 논문을 보고 그 처녀를 마음에 들어하는 점이었어요. 또한 〈사랑의 노래〉에서도 하키 선수인 남자주인공이 자기가 다쳤을 때 구해 준 간호사에게 호감을 느낀 것을 보면 단지 여성의 전통성만을 호감의 기준으로 볼 수는 없을 것

같아요.

황: 〈도시 처녀 시집 와요〉에서 여자주인공은 다른 사람들이 쉬는 시간에도 옷을 짓잖아요. 그 모습을 남자주인공이 보고는 호감을 갖게 되긴 하지만 그런 모범이 남자들만큼 강하게 표현되는 것 같지는 않아요.

장: 배우들의 육체적인 특징 또한 남한과는 달라요. 남한 여자들은 황신혜 같은 애련형, 고소영·신은경 같은 신세대형 할 것 없이 모두 갸날프고 날씬한 여성을 이상형으로 치는 것 같아요. 하지만 북한 여배우들은 엉덩이도 투실투실하고 체격도 동글동글하고 튼튼하여 청순가련형은 별로 없었어요. 밥도 많이 먹고 노동도 남자만큼 하고 운동도 열심히 하는 씩씩한 모습들이었죠?

김: 정말 동의해요. 영화 속의 밥상이 나오는 장면을 보면 남녀의 밥그릇 크기나 양이 차이가 별로 없었어요.

사회: 이제 본격적으로 결혼 이야기로 넘어갑시다. 이번에 본 영화들에서 결혼식을 묘사한 장면은 〈도라지꽃〉에서 주인공의 동생인 송화가 결혼할 때 비친 60년대 풍속도와 80년대 신혼여행 떠나기 전의 신랑, 신부의 모습밖에 나오질 않았어요. 결혼풍속도는 짧게 얘기하고 결혼생활을 주로 얘기해 볼까요?

장: 결혼은 최종적으로 본인이 선택하는 것으로 나와 있죠. 배우자들의 의사결정을 최대한 존중하는 모습을 볼 수 있었지요. 결혼풍속도는 대개 여성은 한복을 입고 남성은 양복을 입고 마을사람들 불러다가 잔치하며 혼례를 치르는 것 같더

군요.. 예물로는 보통 시계를 교환한다고 하던데 최근에는 어떤지 모르겠어요. 주례는 없었지만 사회자는 있더군요.

황: 북한의 혼례의상도 변화가 있는데 남자의 경우 한복은 활동하기 불편하고 양반과 상민의 신분구분과 관련이 있다고 해서 잘 입지 않는다고 해요. 반면 여자들은 '조선옷'이라고 해서 한복을 개량한 옷을 많이 입는데, 심지어 '조선옷' 패션쇼를 열어서 한복을 많이 입도록 홍보하기까지 한다더군요. 한때는 서양식 웨딩드레스도 입고 면사포도 내렸는데 그것이 일제의 잔재라는 얘기가 많아서 없어졌다고 해요. 결혼식 때 여자들은 주로 분홍저고리에 꽃을 수놓은 긴 치마, 예쁜 코신을 신고 남자들 같은 경우는 '제낀 깃 양복'을 입고 넥타이를 매고 결혼한다고 해요.

가정생활

사회: 이제 결혼 후 가정생활을 얘기해 볼까요?

이: 북한 가정주부들이 집 안에서 모두 앞치마를 두르고 있는 게 눈엣가시처럼 걸리더라구요. 영화에 등장하는 남자들은 대개가 방안에 그냥 앉아서 아무것도 하지 않고 밥상을 받는 모습이었고 여자들만 식사시중을 들고 빨래를 했어요. 북한은 70년대부터 가사노동의 사회화를 3대 기술혁명 중 하나로 설정해 놓았는데, 정책적으로는 가사노동을 사회화시킨다고 하지만 현실적으로는 가정의 문제로 돌려지고 있는 것은 아닐까요?

사회: 남자가 가사일을 한 장면은 〈노래 속에 꽃피는 가정〉에서 주인공 남녀가 같이 식사를 하는데 큰아버지가 식사시중을 드는 모습이 유일한 것이었어요. 대부분 영화에서 남자들은 집안일에 소극적인 인상이었어요.

장: 〈유원지의 하루〉에서는 남편이 집안일에 무관심하자 아내가 '대를 세워서' 결정권도 갖고 남편이 오히려 아내에게 눌려 사는 것 같은 면도 보였지요.

황: 그 영화에서 좀 거슬리는 게 있었어요. "세대주(남편)가 결심했으면 그대로 따라야지 세대주가 하는 말에 무슨 (대)답질이오" "세대주가 하는 일에 당신(안해)이 뭘 안다고 그래요"라고 말하잖아요. 이런 표현들은 남성과 여성 모두의 의식과 언어생활에 가부장제적 잔재가 뿌리깊이 남아 있음을 보여주는 사례가 아닐까요. 그런데 이런 말을 할 때가 언제였냐 하면, 여자들이 일을 주도하는 걸 못마땅하게 여길 때였어요. 한편 "대가 센 여자를 만나서 고생하는 건 나만으로 족하지" 이런 말도 있었는데, 이것은 여자가 중추적인 역할을 담당하고 있는 집안에서 남자들이 그것에 반대하며 권위를 찾으려고 하는 역작용으로 보였어요. 말 그대로 가장이 권위를 휘어잡고 있다는 느낌보다는 역설적으로 남편이 가장이라는 지위를 갖고 있어도 실제로는 아내가 주도권을 행사하고 있다고 여겨졌다는 것이지요. 이런 측면은 남한의 경우도 유사한 것 같아요.

사회: 지금까지는 부부관계를 중심으로 보았다면 이제 부모와 자녀의 관계에 대해서도 한번 얘기해 보지요.

황: 영화에서 "자식들과 토론을 해야지" 하는 말이 자주 나오던데, 대화를 중시하는 것처럼 보였어요. 어떤 결정을 하는 데서 자식들의 의사를 물어본달지, 대화를 통해 자식의 의사를 알려고 하는 부모들의 모습이 자주 나왔어요.

사회: 하지만 〈노래 속에 꽃피는 가정〉에서는 삼촌이 조카의 창안 때문에 조카가 좋아하는 여자노동자와의 관계를 일방적으로 끊어버리려고 하다가 반성하는 모습도 나오잖아요. 조카의 연구를 위한다는 명분은 있지만 반드시 부모세대가 자식세대의 의사를 존중하지만은 않는 현실을 어느 정도 묘사했다고 볼 수 있습니다.

황: 삼촌은 자기 사위가 사이비 성악가이다 보니까 조카가 애인과 음악하는 것을 싫어하지만 그래도 결국은 본인들은 맺어지게 되잖아요. 그러니까 적극적으로 반대하는 것은 아니죠. 본인이 좋다면 대체로 북한의 부모들은 긍정하는 것 같아요.

사회: 아무래도 젊은 사람에 비해 늙은 사람들이 상대적으로 낡은 사상을 갖고 있을 수밖에 없고, 조직생활도 약하고 집단주의정신도 약할 수밖에 없다고 봅니다. 또 젊은이에 비해 늙은이가 새로운 시대정신을 따라가는 데도 후진적일 수밖에 없지요. 그런데 북한 영화 속에서는 이런 문제를 비난이나 타도의 방식으로 변혁시키려고 하기보다는, 〈노래 속에 꽃피는 가정〉에서 본 것처럼 자연스럽게 어른이 자신의 잘못을 깨달아나가도록 하더라구요. 기성세대가 젊은이의 새로운 기상을 인정하도록 만들어서 새롭게 계도하고 있었어요.

장: 〈노래 속에 꽃피는 가정〉에서는 가족간의 화목을 과시하는 데 악기와 노래를 매개로 하는 것이 참 특별나 보였어요. 이 영화뿐 아니라 여러 영화에서도 음악과 춤 등이 세대간, 부부간의 중요한 놀이문화로 등장했지요. 이러한 놀이, 예술이 생활과 결합되어 있는 모습은 참 건강해 보이더군요.

황: 신기한 것은 양악기, 한악기가 한데 어울려 연주되는 점이었어요. 장구도 있고 기타, 북, 징에다 아코디언까지도 있고, 더욱이 화음도 잘 맞았어요.

정: 〈노래 속에 꽃피는 가정〉을 보았을 때 드는 생각은 젊은 세대나 진보적인 사람은 직장생활뿐만 아니라 가정생활도 잘 하고 가정도 화목하게 만들려고 하지 않는가 하는 점이었어요. 또 북한은 문화생활의 주체를 가정으로 설정하고 있는 것이 아닌가 하는 인상도 받았어요.

사회: 그럼 이런 생각은 어때요? 엥겔스나 과거의 공산주의 사상가들은 자본주의가 해체되고 일단 사회주의가 발전하면

경연출연을 위해 맹연습중인 공장 음악단

할수록 가정이라는 과거의 자본주의적인 핵가족 형태가 깨지는 것을 많이 상정했잖아요. 그런데 북한에서는 '사회주의 대가정'을 얘기하면서 가족해체 문제에 대해서는 전혀 언급하지 않아요. 가족이라는 틀을 여전히 가지고 있고 가족을 혁명의 중요한 단위로 설정하고 있는 것이 아닌가 싶어요.

장: 옛 소련을 보면 흐루시초프 시대에는 가족을 오히려 더 강조한 경향이 있었어요. 그런데 가족을 사회의 '중핵' '기본 세포'라고 말하면서도 70년간의 소련 역사에서 가족의 위상은 정책에 따라 가변적이어서 사람들에게 곤혹감을 주었어요. 아마 북한은 소련의 그러한 역사적 경험들을 배워 가족해체와 같은 극단적인 논리를 부정하는 것 같아요. 오히려 정영철 씨가 말한 대로 노동과 가정생활의 화합과 단결을 동시에 강조하고 있어요.

김: 그런데 1945년 이후 초기 사회주의 혁명 단계에는 사회주의적 가정이라 해서 이혼하는 부부에 대해 강제로 말리는 일은 없었지만 1956년 협의이혼제가 폐지되면서 이혼율을 줄이기 위한 국가적인 정책이 있었다고 하잖아요.

사회: 우리가 본 영화는 한 편을 빼놓고는 모두 최근작이에요. 그렇기 때문에 가족에 대한 강조점이 변화되어 가는 것을 충분히 못 보았다고 생각해요. 그런데 북한의 문건들을 보면, 가족에 대한 강조가 80년대 중·후반으로 들어서면서부터 두드러지는 모습이 분명히 보이지요.

장: 북한 소설 『벗』에도 이혼문제를 둘러싸고 부부간에 갈등을 겪는 이야기가 나오는데, 소설에 등장하는 주변사람들은 가

급적이면 당사자들이 이혼하지 않고 가정을 다시 화목하게 만들 수 있도록 적극적으로 개입하고 도와줍니다. 이런 모습을 보면 북한의 정책이 이혼을 당연시하거나 방관한다기 보다 이혼을 자제하도록 계도하는 듯한 인상이 들어요. 또한 가정을 사회의 중요한 단위로 설정하여 가정과 직장의 균형 유지를 강조하는 것 같아요.

나팔바지와 통굽구두

사회: 이제 가정문제와 관련해서 사람들이 먹고 사는 문제, 즉 의식주 문제 같은 생활적인 측면으로 얘기를 옮겨볼까요?

장: 의상색은 우선 주황하고 분홍색이나 밝은 색깔이 많았어요. 가장 최근 영화인 〈도시 처녀 시집 와요〉의 여자 등장인물들의 의상색은 대단히 화려했어요. 울긋불긋하기도 하고, 하얀 바탕에 꽃무늬, 빨간 장미꽃무늬의 옷 등이 다양하게 등장했어요.

김: 80년대와 90년대 영화를 의상으로써 구분할 수 있을 것도 같아요. 1987년 작품인 〈도라지꽃〉과 1985년 작품 〈유원지의 하루〉에서는 한복이 주 의상이었다면 1990년 작품인 〈노래 속에 꽃피는 가정〉과 1992년의 〈도시 처녀 시집 와요〉에서는 양장이 주 의상이었어요. 이것은 북한의 의상정책과도 무관하지 않다고 보여지네요.

사회: 제가 이전에 통일연수원에서 본 짧은 북한 계몽영화 가운데는 옷을 잘 입는 것을 주제로 설정한 것도 있었어요. 주인

공 여자는 총천연색 꽃무늬의 파인 옷과 서구 인형들이 쓰는 듯한 화려한 모자를 자랑스럽게 쓰고 다녔어요. 그리고 주위의 여러 여성들도 드디어 용기를 내어 그런 옷과 모자를 유행시키게 되지요. 영화 속의 남자배우는 일만 열심히 하면 최고라고 생각하며 그런 여성들의 태도를 못마땅히 여겼습니다. 그러나 상급자는 "지저분한 것은 공산주의와 부합되지 않는다. 공산주의자일수록 문화적이고 정서적이어야 한다"고 설명하며 남자에게 깨끗한 옷을 입도록 지적하였어요.

황: 저는 여자들의 머리치장이나 허리띠, 가방, 장신구 같은 것을 유심히 봤어요. 여자배우의 머리 스타일은 대부분 퍼머머리이거나 리본으로 묶어서, 생머리를 풀어놓는 경우는 거의 보이지 않았어요. 〈유원지의 하루〉에는 양산이 굉장히 많이 등장했고, 80년대 영화에서 나온 여자구두는 뾰족구두였는데 〈도시 처녀 시집 와요〉에서는 통굽으로 변했어요. 통굽구두 유행은 남한과도 비슷한 것 같아요. 그리고 여러 책자나 사진들을 통해서 보면 적어도 80년대 후반부터는 의상이 급격하게 변하고 있음을 알 수 있어요.

김: 80년대 작품인 〈맘에 드는 청년〉의 남자주인공이 입은 바지는 나팔바지 스타일이었어요. 또 점퍼도 자연스럽게 입고 나왔죠.

정: 북한이탈 주민들의 이야기를 들어봐도 옷은 상당히 자유롭게 입는다고 그래요. 옷값은 자세히 모르겠는데, 농민시장에 가면 다양하게 구입할 수 있다고 하더군요.

조선복 전시·품평회

사회: 그래도 옷감이나 디자인을 보면 아직은 좀 뒤처져 있다는 느낌이 들던데 어떻게 보았어요?

황: 피복공업소나 피복총국에서 디자인을 하긴 하지만 전문적으로 이루어지지는 않고 또 외국의 최신 유행 의상이나 디자인을 직수입하지 않고 그 나름대로 개발하기 때문에 의상의 변화속도가 늦는 것 같아요. 그런데 80년대 영화까지는 확실히 촌스럽다는 느낌이 들었지만 90년대 영화의 경우에는 여배우들이 입은 옷들이 상당히 세련된 것 같더군요. 대우그룹 총수였던 김우중 씨가 1992년 방북한 후 가진 인터뷰에서 "북한의 경공업 기술숙련 정도는 상당수준"이라고 말하기도 했죠.

사회: 이제 먹는 이야기를 해볼까요?

정: 남녀를 불문하고 밥을 굉장히 많이 먹어요. 남한에 온 북한 이탈 주민들도 밥을 많이 먹는 것 같던데요.

정 : 〈도라지꽃〉에서 여주인공이 늦게 들어오는 동생을 위해 이불에 넣어둔 밥 위에 강냉이가 놓여져 있는 게 보였어요. 그런데 〈노래 속에 꽃피는 가정〉에서는 다들 쌀밥을 먹더라구요.

황 : 두 영화 중 전자는 60년대, 후자는 80년대 영화로 20년 이상의 시간차가 있어서 평면적으로 생각할 수는 없어요. 북한은 지리적 조건으로 쌀생산량이 다른 곡류에 비해 적고, 또 쌀을 대체할 수 있는 식량 중 하나로 강냉이를 많이 생산하는 건 널리 알려져 있잖아요. 실제로 북한이탈 주민들 얘기를 들으면 요즘도 강냉이를 먹는다고들 하는데, 남한 사람들은 이 얘기에 '전쟁 직후에나 먹던 강냉이죽을 여태 먹는단 말이야'라고 생각하지요. 북한 잡지나 '남북의 창' 등을 보면 강냉이국수, 강냉이전, 옥쌀(쌀 모양으로 만든 옥수수 알갱이) 등 강냉이음식을 개발하는 내용이 참 많이 나와요. 강

한상 잘 차려진 명절상

냉이를 주식으로 활용해서 부족한 쌀을 대체하고 있는 것이지요. 쌀이 부족해서 그런 경우와 비교할 수는 없겠지만, 남한에서도 보조식품으로 밀가루음식이나 콩음식을 많이 개발해서 먹잖아요.

김: 그래요. 북한에서 강냉이 가공식품을 먹는 것은, 쌀은 모자라는데 옥수수는 많이 나기 때문이라고 볼 수 있어요. 이는 남한에서도 돼지가 많을 때는 돼지고기를 많이 먹는 게 좋다며 다양한 돼지고기 요리법을 홍보하는 것과 같다고도 볼 수 있지요.

사회: 우리는 지금 먹을거리 이야기를 영화 외에 평소에 알고 있는 상식을 가지고 진행하고 있는데, 아마 영화 속에서 먹는 장면이 별로 나오지 않았기 때문인 듯합니다. 이번에 본 영화와 연관해서는 먹는 얘기를 제대로 하는 것이 힘들 것 같으니 다음 주제로 넘어가도록 하죠. 영화를 통해 일제시대 때부터 1990년대까지, 도시에서 농촌에 이르기까지 등장한 주생활을 한번 살펴보는 게 어때요?

황: 도시의 경우는 아파트가 많았고 농촌의 경우 주로 단독주택이었어요. 농촌 집들은 담이 나직하고 마당이 널찍했어요. 집 안을 보면 복도, 거실이 따로 없이 방과 방 사이에 문이 있는 주거형태가 많이 보였어요. 이쪽이 안방이면 저쪽이 바로 공부방이어서 책상이 있었고 방 사이는 문짝으로 여닫을 수 있는 구조였어요.

김: 아파트도 그랬어요. 〈사랑의 노래〉의 하키 선수가 사는 집의 형님네 방과 작은이(북한에서 형수가 시동생을 부르는 별

칭) 방이 문 하나 사이로 왔다갔다할 수 있게 되어 있었어
요. 응접실과 거실이 따로 없고 방 두 개에 부엌, 목욕실 등
이 있었어요.

정: 북한 가정의 화장실이랑 목욕탕이 어떻게 생겼는지 모르겠
는데…. 〈유원지에서의 하루〉를 보니까 집 안에 같이 있는
것 같더라구요.

황: 세면기나 욕조도 남한과 비슷했어요. 빨래는 세탁기보다는
손으로 하는 것 같더군요.

사회: 아파트에는 분명히 실내에 목욕탕이 있는 것 같아요. 그런
데 농촌을 배경으로 하고 있는 〈도시 처녀 시집 와요〉에서
는 목욕탕을 볼 수 없었어요.

김: 〈꽃파는 처녀〉에서는 침대가 없었는데, 8, 90년대 영화에는
농촌이고 도시고 침대, 그것도 2층침대를 많이 이용하고 있
었고 특히 합숙소는 모두 침대생활을 했어요.

사회: 어떤 화장실을 사용하는지 궁금한데요?

정: 북한이탈 주민들의 말에 따르면 농촌도 아파트도 화장실은
대부분 공동화장실을 쓴다고 해요. 아파트라면 한 층에 공
동화장실이 세 개 정도가 있다고 하고, 작업 등과 관련된 공
동생활 집인 경우에는 화장실 문을 열고 들어가면 화장실
안에 변기가 3개 정도 따로 있는 경우도 있다고 하더군요.

북한 여성의 사회진출

사회: 주생활은 이 정도에서 마치고, 사회·경제 분야의 생활현

장들에서 나타난 여성들의 모습을 보기로 하지요. 영화에 등장한 남녀 모두 다양한 직업과 직종에 종사했습니다. 여성들이 주로 종사하는 일의 특징을 눈에 띄는 대로 잡아보면 여성들은 상대적으로 경공업부문이나 서비스직에서 많이 일하고 있었어요.

장: 우리가 본 영화 중에서 간호사는 거의가 여자였어요. 배경이 조선소인 〈노래 속에 꽃피는 가정〉에는 여자들도 자주 비치던데, 여자들은 여자들끼리 모여 주로 배에 칠하는 일을 하고 남자들은 남자들끼리 나머지 대부분의 공정을 처리하는 것으로 보였어요. 그런데 농촌 일이 배경인 〈도라지꽃〉에서는 남녀가 동일하게 노동을 해요. 나무를 베거나 자르고 운반하고 흙을 이기는 작업도 똑같이 해요. 우리의 통념으로는 남자가 나무를 베고 나르면 여자는 그걸 다듬는 일을 해야 할 것 같은데 이 영화에서는 남녀 노동의 분리가 상대적으로 약화되어 보였어요. 비농업부문에서는 남녀간의 직업·직종의 차이가 많이 났고 특히 전문성을 띨수록 남녀의 직업이 분리되는 게 보입니다. 사실 생산직이나 농업에서는 일정하게 미분리되어 있지 않은 부분이 있지만, 남한에서도 고학력 업종일수록 남녀 노동이 분리되어 있는 것 같지 않나요? 대학교수 하면 남녀 차별이 별로 없을 것 같지만 제일 차별이 많은 직종이에요.

사회: 〈노래 속에 꽃피는 가정〉에서는 일종의 평가회의라고 볼 수 있는 '직장장 총화' 장면이 있었어요. 회의장에 앉아 있는 사람들은 간부급으로 보였는데 대부분이 남자였어요. 여자

들은 몇 명 없을 뿐더러 주로 뒤에 앉아 있는 걸로 미루어 하급간부였던 것 같아요. 가운데 앉은 고위급 간부자리에는 여자가 거의 안 보였던 것으로 기억해요. 북한에서 일반 하급직 당간부직이나 행정관료직에는 여성들이 진출하는 비율이 높다고 하지만, 당 고위직으로 올라가면 5% 내외, 최고인민회의 대의원의 경우 21% 남짓만이 여자라고 합니다. 물론 남한의 정계에 진출한 여성의 비율보다는 훨씬 높지만 어쨌든 고위층으로 갈수록 여자들이 적은 것만은 틀림없는 사실 같아요. 이러한 현실은 공장이나 농장에서도, 하급 작업반장에는 여자들이 많지만 고급간부로 갈수록 수적으로 적게 나타나고 있는 것 같아요.

장: 그런 점들은 남녀가 아직 동등하게 상승이동하지 못하는 북한의 현실조건을 반영한다고 볼 수 있겠지요. 하지만 아직 남녀평등을 이루어가는 과정이라고 본다면 연령층별로 볼 필요도 있을 거예요. 지금 직장에서 상위직을 차지하고 있는 사람들은 아무래도 연령층이 적어도 4, 50대가 대부분일 텐데 그때는 고등교육 수혜비율에서는 여자보다 남자들이 많이 앞서 있었잖아요. 그래서 내가 볼 때 중요한 것은 현재 2, 30대 젊은 층이 앞으로 어떤 비율로 나타나느냐인 것 같아요. 〈도라지꽃〉에서는 여자가 그 협동농장에서 제일 높은 '관리위원장'을 하잖아요?

사회: 장 선생님 말씀은 중요한 지적이라고 생각합니다. 우리가 사회문제를 다룰 때 반드시 고려해야 하는 변수가 연령변수라고 생각해요. 저는 여기에다 도시나 공업을 중심으로 하

는 산업분야하고 농업분야의 차이도 관계가 있다는 생각을 했어요. 영화에서 봤다시피 농촌에서는 청년들, 특히 젊은 남성들이 자꾸 없어지기 때문에 상대적으로 여성들이 일할 영역도 많고 고위간부로 올라갈 가능성도 많지요. 그러한 조건에서, 여성 개인의 능력이나 열의를 논외로 한다면 농장의 작업반장이나 협동농장 관리위원장도 여자들이 맡을 수 있다고 보여져요. 반면 공업부문, 특히 중공업부문에서는 여자에 비해 남자들의 경제활동 참여율이 상당히 높잖아요. 이런 상황에서는 남자에게 상승이동의 기회가 많이 주어지는 게 아닌가 하는 생각이 들어요. 또 결혼이라는 조건도 여성들의 경제활동에 중요한 영향을 줄 수 있겠지요. 이런 주제는 구체적으로 조사해 봐야 확실히 알겠지만, 농업이나 서비스직은 결혼 후에도 계속 일하는 경우가 많고 공업부문 여성노동자들은 결혼 후 이직하는 사람이 많다는 지적이 나오는 것도 보았어요.

장: 아무튼 확실히 간호사라든지 디자이너, 청소원, 그 밖에 가사노동과 관련된 직업에는 주로 여자들이 많이 종사하고 있는 장면이 자주 보였어요. 그런데 문제는 남녀평등이라는 게 무엇이며 반드시 같은 일을 하는 것을 이상적으로 생각해야 하는가에 있어요. 물론 남녀를 의도적으로 분리해서 저임금을 준달지 차별한달지 사회적 신분이 낮다면 문제이지요. 하지만 차별의 문제가 아니라면 역사적으로 축적되어 온 여성의 역할들을 하루아침에 바꾸지 못하는 상황에서 오히려 의도적이고 계획적으로 조정해 내는 과정이 일정하게

필요하지 않은가 하는 생각이 듭니다. 우리는 역사를 유토피아로 생각하지 않잖아요? 과도기 사회에서 사회주의로 진행되는 과정에서 남녀분업이 차별의 문제로 연결되는 게 아니라면 인간의 문화와 그에 영향을 받은 심성과 관련지어 분업과 여성해방을 생각해야지 남녀분업은 곧 남녀차별, 그 반대로 남녀분업의 철폐는 곧 여성해방의 척도로 인식하는 건 단계를 뛰어넘은 비현실적 사고가 아닐까요.

황: 남녀분업의 문제는 그렇게 볼 수도 있겠는데요, 북한에서 최고인민회의 대의원 비율이 20% 내외라는 양적 수치만을 가지고 북한 여성의 해방을 논하는 것은 섣부르다는 생각도 듭니다.

장: 아니, 그 점은 그렇지 않아요. 여성이 일정 상위직에서 몇 퍼센트를 차지해야 한다는 관례는 여성이 완전히 해방되기 전인 과도기에는 필요하다고 봐요. 앞에서 얘기한 것과 같은 맥락에서 지금 4, 5, 60대에서는 사회적 기반을 잡을 수 있는 조건이 남성에게 유리했기 때문에 상위직으로 갈수록 남성이 많을 수밖에 없어요. 하지만 지금의 20대가 사회적으로 책임 있는 지위에 오를 때는 적어도 중요한 직위에 오르는 남녀의 비율이 비슷하게 되어야 바람직하다고 생각합니다.

이: 해방 직후 건설기에는 남성과 여성의 차이에 대한 언급이 전혀 없이 남녀 모두 평등하게 골고루 각 영역에 나가서 참여를 해야 한다는 것을 강조했던 반면 70년대 노동력 재배치 논의가 일어나면서부터는 남녀의 육체나 고유한 속성의 차

이점을 강조하는 이야기가 나왔어요. 다시 말해 남녀간의 차이를 인정하여 노동력을 배치했을 때보다 더 높은 성과를 낼 수 있다는 논리였어요. 또 여성노동의 특성을 모성기능, 세대 재생산의 역할과 관련지어 얘기하는 글도 자주 보았는데, 〈사랑의 노래〉에서도 간호장이 간호사들을 교육시킬 때 "간호사는 곧 어머니"라는 말을 하면서 모성을 여성의 사회활동과 자연스럽게 결합시키고 있지요. 저는 국가가 모성을 사회정책적으로 보호하여 여성이 필요한 시기에 모성기능을 충분히 발휘할 수 있도록 여성을 좀더 경한 노동으로 옮겨주는 것은 의미 있는 사회적 배려라고 생각합니다.

장: 그렇다고는 하지만 그래서 간호사가 모두 여자여야 한다는 데는 반대해요. 원론적인 측면에서 나아가야 할 방향을 설정하고 얘기한다면, 평양산원에서 적어도 30%는 남자간호사를 관례화하는 게 필요하다고 봐요. 물론 직업선택의 자유가 있어야 하기 때문에 국가가 강제로 계획할 수는 없지만 남녀 모두 간호사가 될 수 있다는 것을 자연스러운 일로 계몽하는 게 필요하지 않을까요?

사회: 말씀의 취지에는 공감합니다만 여성비율이 몇 퍼센트인가 만으로 얘기하는 것은 부자연스럽다고 봅니다. 〈미세스 다웃파이어〉라는 미국 영화의 남자주인공이 했던 인상적인 얘기가 떠오르는데요, "남자도 애기를 더 좋아하는 사람이 있고 가사를 더 좋아하는 사람이 있고 집 안에서 노는 것을 더 좋아하는 사람이 있다"는 거죠. 반대로 여자도 집안일보다는 바깥일을 더 좋아하는 사람이 있지요. 그렇다면 문제는

문화적으로까지 남자일, 여자일을 구분하는 데 있는 것이라고 생각합니다.

장: 그러니까 문화적으로도 남자들한테 자연스럽게 유도하여 꼭 50대 50은 아니더라도 남녀가 적절히 섞이는 것이 이상적이라고 봅니다.

황: 그런데 그런 점이 북한 문화의 특성인 것 같아요. 남자나 여자가 가지고 있는 속성이 굉장히 다르다는 것을 인정하고 여자는 여자가 잘할 수 있는 일, 남자는 남자가 잘할 수 있는 일을 선택하도록 장려하고 있는 것 말이에요.

장: 실제로 그래요?

황: 여성이 모성을 가졌다는 이유로 여러 가지 복지 시설과 정책을 실시하는 것이 그 예가 될 수 있겠죠. 이런 점은 남녀의 차이를 분명히 인정하고 그런 속에서 여성이 자기의 기능을 발휘할 수 있도록 제반 대책들을 국가가 보장해 주는 노력을 한다고 볼 수 있는 게 아니겠어요?

사회: 그런데 노동력 배치에 문제가 생기고 사회적인 요구가 있을 때마다 다른 이야기가 나와요. 최근 광업, 특히 석탄채굴이 중요시될 때는 여자들이 탄광에 진출하는 것이나 여자들이 중노동을 하여 상당한 성취를 이루는 것을 크게 선전해요. 그런 모습을 보면 남녀차이보다는 어떤 일에서든지 당과 인민을 위해서 복무하는 것을 최고로 치는 것 같아요. 이런 점까지 고려하면 모성보호론이라는 게 다소 무원칙하다고도 보여져요.

황: 저는 현실화와는 별개로 대원칙은 있다고 봅니다. 내세우는

정책을 보면 분명히 여성과 남성의 성적 차이를 인정하고 있고 모성에 대해 존중해 주고 있으며, 또 그것으로 인해 차별을 주지 않아요. 어린아이가 세 명이면 여성들은 6시간밖에 노동하지 않아도 되지만 임금은 똑같이 지급된다는 항목 등에서도 그런 점을 확인할 수 있습니다.

사회: 모성의 어디까지가 생물학적인 것이고 어디서부터가 사회적인 것인지 알기 어려워요. 어떤 엄마들은 아이를 낳기만 했지 아이에 대해 별로 집착을 안 보이는 사례들도 많고 말예요. 그런데 왜 〈사랑의 노래〉의 평양산원 간호사들은 어머니로 인식되어야 할까요? 어머니의 심정으로 아이를 귀하게 정성껏 키워야 한다는 것을 강조하는 것이라 이해는 하지만 이러한 인식에는 여성들에게 모성을 당연시하는 이데올로기가 스며들어 있는 게 아닌가 싶어요.

장: 그래요. 모성에 관한 것은 문화적인 측면이 강해요. 그런데 문제는 모성이데올로기 문화가 하루아침에 바뀌지 않는다는 사실이에요. 현재로선 많은 여성들이 스스로 모성이데올로기를 가지고 있는데 이를 강제로 바꿔놓을 순 없는 문제죠.

사회: 문제는 모성이데올로기를 강화시키는 문화와 약화시키는 문화가 있다는 사실입니다.

정: 어려운 이야기인데, 남한 사회에서 북한을 바라볼 때 제가 느끼는 생각을 말씀드리고 싶어요. 앞서 모두 말씀하셨듯이 여성이 그들의 장점, 고유한 속성을 더 잘 살릴 수 있는 일에 배치되어야 한다는 논리는 남북이 다르지 않다고 생각합

니다. 하지만 남북의 차이는 성별분업이 종속과 차별로 이어지느냐 아니냐 하는 점입니다. 예를 들어 북한이탈 주민의 증언을 토대로 하면 북한의 의사와 간호사의 관계는 남한에서처럼 여성이 간호사, 남성이 의사로 정해지더라도 서로 종속되는 관계는 아니라고 그래요.

장: 하지만 월급은 의사가 많지 않나요?

정: 의사가 분명 많지요. 물론 사회적 위신도 의사가 높겠고요. 그렇지만 지위와 역할로 보아 의사와 간호사가 종속적인 관계가 아니라는 점에 주목해야 한다고 봐요. 의사냐, 간호사냐에 얽힌 사회적인 문제들이 있겠지만 한쪽이 다른 한쪽을 위에서 지배하는 것이 일반화된 관계로는 보이지 않아요. 성적 차이나 개성을 살려 분업하는 게 잘못된 것은 아니잖아요. 이를테면 여성의 섬세한 능력을 살려 여성이 디자인 분야에 종사하는 것은 적합하다고 봅니다.

이: 세계적으로 유명한 디자이너는 대부분 남성이고 남한도 그렇지요. 또 유명한 요리사도 대부분 남자예요. 여자라서 섬세한 것이 아니라 개인의 성격과 관심의 문제라고 생각해요. 따라서 여성적인 일과 남성적인 일을 구분하고 이에 따라 사회적 차별이 가해진다면 이는 반드시 고쳐져야 한다고 봅니다. 그러나 여성과 남성이 반드시 동일노동을 해야 한다는 식의 논리도 진정한 남녀평등 논리는 아니라고 봐요.

사회: 〈사랑의 노래〉에서 보면 대립·갈등 구도가 의사 대 간호사가 아니라 간호장 대 간호사들로 설정되어 있어요. 그러나 일하는 장면에서는 의사는 지시하고 간호사는 그에 따라

처치하는데, 이것도 자연적인 분업 때문인가요?

김: 일의 성격상 주종관계는 있다고 생각해요. 의사가 주고 간호사가 종의 관계는 존재한다고 보여요.

정: 일의 성격은 주종관계일 수 있겠지만 인간적인 주종관계는 아니라고 생각해요.

장: 그건 사회주의 사회라면 어디에서나 마찬가지로 강조하는 것이에요. 설사 돈을 더 받고 사회적 위신이 더 높은 직업이라 할지라도, 예를 들면 청소부 같은 사람에 대해 남한처럼 업수이 여기지는 않아요. 그 일 자체를 신성한 것으로 그리고 봉사하는 것으로 보고 있어요.

김: 그렇다고 하더라도 직업의 위계질서는 있다고 생각해요. 그리고 생활상에서도 이 위계질서는 영향을 미친다고 봅니다. 〈유원지의 하루〉에서 보았듯이 작업반장에 대한 어머니의 태도는 분명 위계질서가 일상생활에까지 연장되는 모습이라고 여겨졌어요.

정: 그것은 사돈이 될 사람이기 때문에 높여주는 모습이 아닌가요? 저는 성별분업에 대한 페미니즘의 견해에는 동조합니다만, 서구 페미니즘에서 긍정적으로 보는 여성상과 제가 생각하는 여성상은 좀 달라요. 제가 알고 있는 서구 페미니즘은 근본적으로 남녀를 대립적으로 파악하고 있는 것 같아요. 개인적으로 제가 호감을 갖는 여성상이나 북한에서 보여주고 있는 여성상은 서구와는 좀 다릅니다. 북한에서는 오히려 조화나 헌신의 미덕을 강조합니다. 이것은 남자가 어떤 일을 할 때 그 일이 옳다는 판단이 내려지면 여성이 동

조하는 것으로 나타나기도 하는데요, 북한에서 당을 어머니로 비유하여 당원은 어머니의 희생적이고 헌신적인 품성을 닮도록 강조하는 것도 이러한 국가적 시각의 연장선에서 볼 수 있지요.

장: 그러니까 서구 페미니즘에서 보이는 해방된 여성상은 어떤 의미에서 남성의 우위에 서거나 때로는 남성과 대등하게 대결하는 여성상을 강조한다면, 북한의 평등한 여성상은 남성과 협동하고 조화를 이루면서도 자립적인 여성상이라는 말씀이군요.

정: 게다가 북한의 '여성론'을 보지는 못했지만, 북한의 여성정책은 여성도 '혁명'을 해야 한다는 것이지 않습니까? 영화에서도 강조되었듯이 북한에서 여성해방이라는 것은 이 혁명성이 기본이 되면서 남녀가 서로 협조하고 단결하는 것이라고 여기는 것 같아요. 영화에서도 남녀가 사랑하게 되면 서로 협조하고 도와주잖아요.

사회: 그 얘기가 나왔으니 말인데요, 남성의 관점에서 북한의 모성보호는 어떻게 여겨집니까? 당연하다고 생각해요? 그리고 모성보호를 위한 특별조치, 예를 들면 세 아이가 있는 여성이 6시간 일하고 8시간분의 동일임금을 받는 등의 조치는 남성 입장에서 차별을 느끼지 않을까요?

정: 전 솔직히 모성이 자연스럽게 보여요. 다시 말해 남성은 부성애가 있듯이 여성에게 모성애가 있는 것이 당연하게 여겨지는 것이죠. 따라서 그런 경우의 동일임금 지급에 대해서도 부당하다고 생각하지 않아요.

도시 처녀 시집 와요

사회: 이 이야기는 이쯤 해두기로 하고 이제 도시 여성과 농촌 여성 사이에 어떤 차이가 있는지 알아볼까요?

장: 〈도라지꽃〉의 전반부 배경은 60년대이긴 하지만 도·농 간의 차이를 분명하게 볼 수 있었어요. 한 농촌 청년이 낙후한 농촌 고향을 비관하며 이농하는 모습에서 그 차이를 볼 수 있었어요. 또 90년대가 배경인 〈도시 처녀 시집 와요〉에서는 "일, 생활, 사상에서 도시보다 뒤졌다"라는 대사가 나오는데 이런 것을 통해서도 도·농 간의 차이를 알 수 있어요. 이 영화는 근대화의 방향이라든지 현대 산업사회의 특징보다는 농촌에 사는 사람들 스스로 자기 마을에 대한 사랑, 진취성이 부족한 것을 반성하고 농촌을 가꾸는 것을 계몽하고 있어요. 그런데 남한에서는 도·농 여성간의 행동양식이나 언어가 굉장히 차이가 있는 데 반해 북한 영화에서는 도·농의 차이는 있을지언정 도·농 여성의 모습에서는 차이가 거의 드러나지 않더군요. 즉 도시 여성도 수줍어하고 부끄러워하는 게 농촌 여성과 같고, 농촌 여성도 도시 여성처럼 진취적이면서 개방적인 모습으로 문화나 남녀관계, 놀이에 동등하게 참여해요.

사회: 그래요. 하지만 직종이나 일의 강도 면에서는 차이가 엿보였어요. 농촌에서는 남녀가 모두 똑같이 모든 노동에 참여하고 있긴 한데 농촌의 일이란 게 어디에서 어디까지 남성의 일, 여성의 일이라고 분업적인 성격을 분명하게 띠는 것

은 아니잖아요. 그러나 도시나 공장의 일은 직업 및 직종상 상대적으로 분업이 가능하고 분리되어 있잖아요. 그렇다고 본다면 도시 처녀가 디자인 일과 같은 깨끗한 일을 하다가 도시를 떠나 흙 만지고 두엄 치는 더럽고 힘든 일을 하는 것이 어느 정도 현실적일까요? 따라서 이 영화는 아무래도 오늘날 북한의 현실을 반영하는 계몽적인 영화일 수 있겠지요.

이: 북한 영화나 문예물에는 공통된 구조가 있어요. 모범적인 상이 있다면 이에 역행하는 상이 꼭 설정되어 이 둘간에 갈등을 일으키는 사건이 발생하지요. 그런 점에서 영화는 신문이나 잡지보다 상대적으로 북한 사회가 지향하는 사람, 사회, 생활양식 등이 잘 보여진다고 생각해요. 그런데 〈도시 처녀 시집 와요〉에서 "똑똑한 사람을 농촌에 썩게 한다"는 식의 표현이 나오는 걸로 미루어보아 북한은 아직 공업 위주의 도시생활과 가치관을 우위에 두고 있음을 알 수 있어요. 그리고 도·농의 생활수준에서 차이가 있고 도시에서 받을 수 있는 전반적인 문화적 혜택이나 자기계발에 필요한 것들도 차이가 있기 때문에 그런 표현이 나왔다고 생각해요.

황: 그래요. 〈도시 처녀 시집 와요〉의 남자주인공 성식에 대해 주변사람들은 "농촌에 있기는 아깝지"라는 말로 그의 능력이 출중함을 표현해요. 이 말은 겉으로 드러나지는 않지만 사실 '능력이 있는 사람은 도시로 가야 한다'라든지 '농촌은 도시보다 뒤떨어졌다'는 말이 아니겠어요? 남자주인공 성식조차도 "아직도 우리는 공산주의 이상형의 농촌을 만들지

못했다"고 자책을 하잖아요. 영화에서도 도시와 농촌 간의 차이가 분명하고, 사람들 사이에서도 그런 관념이 현실로 있다는 걸 반영하고 있고, 그래서 심지어 〈도시 처녀 시집 와요〉라는 가요와 영화를 만들어 농촌의 발전을 위한 계몽을 하는 것이 아닌가 싶어요.

이중노동과 가사노동의 사회화

사회: 영화의 여러 장면들을 통해 볼 때 가사노동을 대부분 여성들이 하고 있다는 것은 분명한 것 같습니다. 그러니까 북한 여성의 이중노동을 어느 정도 현실로서 받아들여야 하는데, 이것을 과연 언젠가 문학평론가 김재용 씨가 표현한 것처럼 "북한 여성의 슈퍼우먼 콤플렉스"로 이해하는 것이 타당할까요?

장: 슈퍼우먼 콤플렉스란 직장과 가정에서 모두 자기 일을 완벽하게 잘하려는 걸 말하는데, 북한 영화에서는 여성이 양쪽을 다 잘해야 한다는 점을 거의 강조하지 않아요. 그러한 강박관념을 갖고 있다거나 자기 아이들을 다른 집 애들보다 더 잘 키우기 위해서 여자가 집안일에 전념해야 한다든지 하는 것은 영화에서도 전혀 나타나지 않았어요.

김: 북한 여성들이 이중노동을 하는 것은 영화에서도 볼 수 있었어요. 이것이 슈퍼우먼 콤플렉스에 의한 것은 아니겠지만 분명한 이중노동임에는 틀림없지요. 그러나 장 선생님 말씀대로 영화에서 이중노동에 대한 강박관념을 다루지는 않았

어요.

장: 『벗』에서 보면 남녀가 함께 있을 땐 여성이 당연히 가사일을 하고 생일상도 차리고 저녁상을 차리는 화기애애한 모습을 그리고 있어요. 그 반면 여자가 멀리 가거나 여자가 무슨 일이 있어서 집을 비우게 되는 경우 남자가 가사노동을 하는 것을 별로 부정적으로 그리지도 않았어요.

황: 영화에서 본대로 가사노동은 여성의 차지였어요. 그리고 그 일을 마지못해 하는 것이 아니라 자연스럽게 앞치마 두르고 빨래하고 설거지하는 모습이 보여요. 최근 자료를 보면 청소나 애보기와 같은 일을 남자들도 종종 한다고 하는데요, 물론 개인차는 있겠죠. 하지만 남성들의 가사노동이 개인적 측면으로서가 아니라 자연스러운 사회적 행위로 실천되어야 가정 내의 실질적 평등이 실현될 수 있다고 봐요.

장: 남한의 관점에서 북한 여성을 바라볼 때 가장 비판하는 것은 가사노동 문제지요. 그중에는 여성의 사회적 참여가 곧 여성해방은 아니다, 북한 여성은 사회적 진출을 하게 됨으로써 이중노동에 시달리게 되었다고 보는 견해도 있습니다. 즉 여성의 사회적 활동은 여성해방이 주 목적이 아니라 여성노동력을 동원하려는 차원이라는 거죠. 그리고 지도자에게 가부장적 위상을 부여함으로써 북한 사회 전체를 가부장제로 묶는다는 비판도 있지요.

정: 북한에서 3대 기술혁명의 하나로서 여성을 힘든 노동에서 해방시킨다는 정책적 과제가 제기된 후, 매체를 통해 간접적으로 확인한 것이긴 하지만, 여성 스스로가 가사노동을

떠맡는 것에 저항하는 모습을 별로 보지 못했어요. 그리고 『벗』과 같은 소설들을 보면, 다른 분이 앞에서 얘기했듯이 여자가 없을 때 남자가 가사노동하는 것을 자연스럽게 받아들이는 편이라고 생각해요. 북한 여성의 이중노동에 대해서 비판적인 시각으로 바라보는 것을 이해는 합니다만, 그렇다고 해서 여성이 사회적 일을 하는 그 자체까지 비난하는 분위기는 곤란하지요.

장: 실제로 밖에서 일을 하고 집에 와서까지 일을 한다는 건 정말 힘이 들어요. 특히 아이가 있을 때는 더욱 힘들죠.

정: 세 자녀를 둔 직장여성들의 6시간 노동정책 같은 것들이 한편으로 보면 가사노동이 여성의 몫이 되도록 장려하는 것 같기도 하고 또 한편으로는 여성에 대한 배려인 것도 같아요. 그런데 북한 여성의 가사노동의 양은 얼마나 되나요?

장: 많지요. 밥공장이 있다고는 하지만 그렇게 많이 보급된 것 같지는 않아요. 그리고 빨래도 힘든 일이에요. 여성의 가사일은 겉으로는 쉬워 보여도 방 두 개만 잘 건사하려 해도 힘이 들죠. 이불 빨고 옷 빨고 이런 일들이 보통 힘든 일이 아니에요. 아마 남한의 직장여성이 집에 와서 일하는 시간까지 다 합하면 13시간에서 14시간쯤 될걸요. 최소한 직장에서 8시간, 가정에서 5, 6시간은 일하니까요. 북한의 경우 만일 가사노동에 빨래 같은 것을 덧붙이면 더 많아지겠지요. 다른 사회주의 국가의 경우, 예를 들면 중국에서는 밥이나 요리를 남자들이 많이 해요. 중국의 어느 교수부부를 만난 적이 있는데, 남편교수가 자기 부인에게 제발 좀 손님 데려

올 때는 하루 전에라도 얘기를 해달라고 말하면서 불평을 하는 거예요. 하루 전에 시장도 봐야 하고 준비도 해야 하니까요. 그후 부인은 친구를 데리고 집에 갈 때면 남편에게 미리 전화하고, 그러면 남편도 빨리 돌아와서 요리를 한다는 거예요. 그와는 반대로 옛 소련을 가보니까 가사노동은 전부 여자가 하더라구요. 대신 남자는 식사를 만드는 것 이외의 가사노동을 하구요.

사회: 가사노동을 얼마나 하느냐, 하지 않느냐의 문제보다 더 본질적인 문제는 가사노동을 우리가 어떻게 바라보아야 할 것인가에 있다고 봅니다.

장: 우선 북한 여성이 가사노동을 할 때 슈퍼우먼 콤플렉스 유의 의식은 별로 없는 것 같고, 그리고 상황에 따라 남자들이 가사노동을 하는 것도 당연히 여기는 것 같아요. 그러나 아직 냉장고, 세탁기, 밥솥과 같은 가전제품의 보급률이 낮아서 가사일의 부담은 존재한다고 보여요. 옛 소련은 특이하게도 대부분의 세탁물을 세탁공장에 맡겨요. 세탁비가 굉장히 싸고 세탁을 잘해 준다고 하더군요.

이: 북한은 그런 게 없을까요? 문건을 보면 세탁소나 빨래공장, 밥공장이 있잖아요.

장: 영화에서는 빨래를 손으로 하더군요. 도시가 배경인 〈유원지의 하루〉에서도 여자가 손빨래를 했고, 농촌이 배경인 〈도시 처녀 시집 와요〉에서도 손빨래를 했어요.

사회: 빨래의 사회화는 아직 전면적으로 이루어진 것 같지 않아요. 어쨌든 가전제품이 대중적으로 보급되지 않았고, 가사

노동에 대한 주 담당자를 여자로 보는 관습 등의 요인으로 인해 북한 여성은 분명히 이중노동을 하고 있다고 볼 수 있습니다. 남자가 가사노동을 도와준다고 해도 가사노동에 대한 전반적인 계획은 여성들이 세우잖아요.

장: 가사노동은 참 사람의 진을 빼는 거예요. 굉장히 분산적인 노동이죠. 이런 점에서 나는 초기 사회주의자들이 봉건적인 상황에서 여성을 가사노동으로부터 해방시키려면 사회혁명을 통해서, 구체적 제도를 통해서 실현해야 한다고 생각했던 것은 올바른 발상이라고 봅니다. 이와 관련해서 또 한 가지 생각해 보면, 여성을 해방시키는 것은 자유연애에서 시작하는 것이 아니라 바로 가사노동 등의 반복된 일로 마비되고 노예화된 사고로부터 시작해야 한다고 봅니다.

사회: 과거 사회주의 국가들이나 북한조차도 그간 여성문제를 '생산력주의'적 입장에서 바라보고 해결하려 했다고 생각돼요. 그런데 생산력 발전도 충분히 실현되지 않았지만, 이를 어느 정도 수준에 올렸어도 여성문제, 가부장제 문제는 여전히 남아 있는 것이 현실입니다. 결국 여성문제를 문화적인 문제로까지 인식할 때 올바로 볼 수 있을 것 같은데, 어떻습니까?

이: 맞아요. 가부장제 문제는 진지하게 살펴볼 필요가 있을 것 같아요. 북한은 자본주의적 근대화를 거치지 않고 전통적인 의식구조가 뿌리깊은 상태에서 사회주의의 길을 걸어오지 않았습니까? 게다가 사회주의와 민족주의적 요소를 결합시키려고 노력해 오고 있잖아요. 이러한 조건으로 인해 과거

의 전통적인 의식구조가 북한에도 상당히 많이 남아 있는 것 같아요.

장: 북한의 여성해방이 평등적 성격이냐 동원적 성격이냐 하는 문제부터 먼저 생각해 봅시다. 그리고 문화로서 남아 있는 가부장제 문제도 검토해야 할 것 같아요. 남한의 여러 여성 연구자들이 북한 여성의 해방은 현실적 필요에 따른 '노동력 동원'이나 '여성노동력의 착취'의 성격이 강하다고 보는데 나는 그 점에 대해서는 별로 동의하지 않아요. 왜냐하면 여성해방의 기초는 여성문제를 보는 인식의 전환이고 그 인식에는 여성의 사회적 노동 참여가 필수적으로 깔려 있기 때문입니다. 물론 어떤 상황에서는 여성의 사회적 참여가 노력동원으로 되기도 합니다. 그러나 여성을 사회적 노동에 참여시키고 완전고용을 이룩하는 것은 사회주의의 근본적인 목적이라고 여겨져요.

김: 선생님께서 말씀하시는 '동원'을 여러 여성연구자들은 주로 '강제적 동원'의 문제로 인식해 왔어요. 그런데 북한의 여러 문건이나 우리가 본 영화 어디에도 강제적 동원이라는 인상은 없었어요. 또 동원이냐 아니냐를 가지고 왈가왈부한다면 문제를 제대로 짚을 수도 없을 것 같아요. 따라서 그람시의 개념을 활용해 동원을 헤게모니적 동원과 강제적 동원으로 구별하여 살펴보는 것이 오히려 의미가 있지 않을까요.

장: 그럴 때 북한은 왜 굳이 '동원'이라는 표현을 쓰죠?

김: 북한에서 동원이라는 표현을 쓰기 때문에 오해의 소지가 있습니다. 그래서 우리가 더욱 그 동원을 내용적으로 구별해

서 사용할 필요가 있는 것이지요. 북한에서 동원이라고 하면 남한에서는 강제적 동원으로만 생각해요. 그런데 북한에서 이야기하는 동원은 의식적이고 집단주의에 입각한 자발적 참여가 강조되는 동원이기 때문에 '헤게모니적 동원'이라고 볼 수 있거든요. 사회주의 사회를 건설하려면 여성들도 당연히 완전고용이 되어야 되고 그것이 여성정책의 중요한 조건으로 작용하지요.

장: 1971년에 나온, 여성들을 노동에 참가시키는 목적이 평등한 사회적 지위를 보장해 주는 데 있다는 요지의 김일성 교시를 고려한다면, 북한의 '동원'이란 말을 강제적 의미가 주가 된 '동원'이라고 볼 수는 없어요. 아까 정영철 씨가 지적한 것처럼 많은 여성학자들이 남녀평등의 최종적인 목표를 '남자들과 대등하게 되는 것'으로 여기거나 평등의 준거를 남자로 삼고 있는 경향이 있는데 나는 그 점을 못마땅하게 생각해요. 그러면 무엇으로부터 해방이고 평등이고 자유냐? 빈곤으로부터 해방되기 위해 사회적 생산력을 높이고, 또 그것을 위해 더 많은 노동력을 투입하는 과정에 남녀가 공히 참여한다면 그 자체가 일종의 국가건설을 통한 평등이라고 볼 수 있는 게 아닐까요? 또한 나라가 위기에 처했을 때 남녀가 모두 힘을 합치는 것을 노동력 착취라든지 강제동원이라고 해석하는 것은 문제가 있다고 봐요.

황: 저도 같은 생각입니다. 여성해방의 근본적인 기준은 여성이 사회활동에 평등하게 참여하고 있느냐 아니냐로부터 출발해야 하지요. 여성노동자를 탄광으로 배치하는 것도 이런

점에서 본다면 여성보호나 모성보호 문제와는 다른 차원의 문제가 됩니다. 국가가 급박하게 필요로 하고 절실한 부문에 노동력을 돌리기 위해서 가능한 여성노동력을 투입하고 그것을 권장 및 계몽하는 것을 현실적으로 볼 필요가 있다는 것이지요.

사회: 이 부분에 대해서는 이 자리에 있는 사람들의 견해가 대강 일치하는 것 같아요. 여성의 노동을 남성이 착취한다고 볼 수 있는 근거는 없다는 것, 그리고 노동력 동원을 국가적 착취로 파악할 수 없다는 점 또한 분명해진 셈이지요.

'북한식 가부장제'

사회: 다음으로 그간 북한 여성해방의 문제를 둘러싸고 또 하나의 불씨였던 가부장제 문제를 토론해 보기로 합시다. 먼저 사회적 노동에 남녀가 동등하게 참여함으로써 여성의 평등이 달성되었다고 칩시다. 그러나 가부장제 이데올로기가 가족 내에는 말할 것도 없고 사회적 노동에조차 깊이 내면화되어 있어서 결국 여성은 진정한 의미에서 해방되었다고 볼 수 없다는 논리가 '사회주의 및 북한식 가부장제'의 핵심 논리인데, 이것에 대해서는 어떻게 생각하십니까?

황: 아까 동원을 강제적인 것과 헤게모니적인 것으로 구분했듯이 가부장제 개념도 남한에서 사용하는 개념과 북한에 대해 적용시킬 수 있는 개념으로 구분해야 하지 않을까 생각합니다. '이중체계론자'건 '통합론자'건 가부장제 문제를 자본주

의와 함께 두 개의 톱니바퀴로 보고 이 둘이 맞물려나가면서 여성억압 구조를 재생산해 나가는 것으로 보지 않습니까? 그런데 저는 북한 여성들이 가부장제적 문화 때문에 억압당하고 착취당한다고까지는 생각하지 않아요. 북한에 잔존해 있는 가부장적 의식과 우리가 사용하는 '가부장제'라는 개념을 동일선상에 놓을 수 있을지도 의문이고요.

사회: 그러니까 여러 여성학자들이나 북한관련 학자들은 가부장제에 '사회주의'나 '북한식'이라는 수식어를 붙여 설명하려고 하지요. 또한 북한이 선택적으로 전통성을 계승하는 동안 알게 모르게 가부장제적 요소가 남아 있을 수 있는 게 아닐까요? 흔히 말하듯 북한이 강조하는 '충성' '애국' '의리' 등과 같은 개념은 봉건적 유습이 남아 있다는 인상을 받기에 충분하지요.

장: 우리 사회에서는 전통이나 미풍양속이 가부장제와 결합되어 있는 것이 참 많아요. 예를 들면 제사, 명절 때만 되면 나는 속으로 다지지요. '다음에 또 태어나면 꼭 남자로 태어나야지…' 하고 말이에요. 이런 날이면 여성들은 손에 물이 마를 새도 없이, 허리 한 번 제대로 펼 틈이 없이 일을 하지요. 북한 여성들이 많은 가사노동을 전담하는 것도 이런 문화와 직결되어 있는 게 사실이지요.

황: 저도 북한 사회에 가부장제적인 요소가 있다고 생각하고 남자들이 집안에서 권위를 세우려고 하는 등의 전통적인 요소도 많이 남아 있다고 봐요. 그러나 부모나 노인을 공경하는 등의 요소는 전통적 요소라도 미덕이지요. 이렇듯 전통이

모두 나쁜 것은 아니기 때문에 가부장제라는 속성과 결합되어 있다 해도 바람직한 것과 아닌 것으로 먼저 구분해야 하고, 또 바로 그래서 북한 사회에 존재하는 가부장제적 요소가 모두 여성을 억압하고 착취하는 데 쓰인다고 볼 수는 없다고 생각해요. 다시 말하면 북한이 남성 우위의 사회라는 것을 부정하는 것은 아니지만 남성 우위의 사회가 곧 여성억압의 사회라고 바로 연결할 수는 없다는 것입니다. 또 북한 남성은 말할 것도 없고 여성들도 가부장적인 인식을 많이 갖고 있다고 생각되는데, 이 역시 가부장적인 낡은 의식형태로 남아 있지 제도로서 재생산되지는 않는다고 봅니다.

이: 말하자면 전통적이거나 남한 사회에서 사용하는 가부장제의 의미와 북한의 가부장제의 의미는 상당히 다르다는 것이지요?

장: 그래요. 북한 사회는 과도기 사회로서 완성된 사회가 아니기 때문에 전통으로서의 가부장적 요소도 많이 남아 있어요. 그렇다고 그것이 제도나 이념으로서 재생산되고 있느냐, 그리고 사회적으로 조장하느냐 하는 점에서는 분명히 아닌 것 같아요. 그렇지만 북한에서 지금도 남편을 '세대주'라고 부르는 것이 통용되듯이 인간의 심성, 속성에까지 깊이 가라앉아 있던 이런 문화적 요소를 하루아침에 떨쳐버리기에는 가부장제는 긴 역사를 가지고 있잖아요. 그런 문화적 전통속에서 살았던 세대가 아직도 절반 정도가 살아 있는데 쉽게 없앨 수는 없겠지요.

사회: 그런데 저는 가부장제가 의식형태로만 남아 있다고 생각

하지는 않아요. 생활 속에도 그 모습이 남아 있고 그걸 바꾸는 것을 생산력의 발전으로만 인식하는 한 그런 성격은 온존할 수밖에 없다고 생각합니다. 그 대표적인 것이 여성의 이중노동의 부담이지요.

정: 가부장제 비판을 많이 하는데 대안은 무엇인가요? 가부장제를 타파해야 한다고 말하는데 그걸 타파하고 난 이후의 모습이 무엇인지는 모르겠어요. 예를 들면 집안에서 남편을 세대주로 부르거나 남편이 권위를 세우는 게 문제라면 이런 걸 타파해서 남편과 아내가 똑같은 권리를 가지고 합의를 해서 가정생활을 하자는 것이 어떤 것인지 잘 그려지지가 않네요.

장: 제가 이야기하는 것은 아주 단순해요. 자기의 능력과 취향에 따라 남녀가 같이할 수 있는 기반을 만들자는 거죠.

정: 실제생활에서 과연 그렇게 될 수 있겠어요? 예를 들어 집안을 꾸민다고 칩시다. 남자가 좋아하는 스타일은 이거고 여자가 좋아하는 스타일은 이거라고 할 때, 어떻게 하지요?

장: 둘이 토론해야지요.

정: 좀더 분명하게 일상적인 가사노동이라는 면에서만 생각해 보면, '가사노동을 같이하자'고 주장하기보다는 '가사노동을 점차 없애가자'는 대안을 내놓는 게 옳지 않나요?

장: 그게 '가사노동의 사회화'라는 말인데, 이것은 중요한 과제이지만, 가사노동은 그 성격이 굉장히 작고 미묘하며 종류도 많기 때문에 한꺼번에 사회화하기가 어려워요. 또 가사노동의 사회화는 경제발전의 정도에 따라서 다르고 점차 되어가

는 것이거든요. 과학문명이 아무리 발전하고 많은 부분이 사회화되었다 해도 어떤 특정한 부분은 개인적 영역의 문제로 남아 있을 수밖에 없고, 바로 이런 것을 남녀가 같이 하자는 거죠.

사회: 논의가 점점 확산되는 느낌인데 온 밤을 지새워도 끝이 없을 것 같아요. 이제 토론의 마무리짓겠어요. 못다 한 이야기는 다음에 기회를 또 만들어 계속 나누기로 하지요.

오늘 좌담회를 간략하게 정리해 보면, 함께 본 북한 영화를 놓고도 해석하는 시각이나 주목하는 측면이 서로 다른 경우도 있었습니다. 또한 여러 가지 주제에 걸쳐 토론하는 동안 참석하신 분들 사이에도 다양한 견해차가 있음을 알게 되었습니다만, 몇 가지 공감대도 확인하게 되었습니다.

첫째, 북한 사회를 완전한 사회로, 고정된 틀로 인식하기보다는 변해 가는 과도기 사회로 인식한다.

둘째, 북한 여성은 남성과 관련하여 볼 때 상당 수준 평등한 모습으로 나타났다. 특히 사회적 활동이나 놀이, 노동문화에서 남녀의 차이가 거의 없었다.

셋째, 그럼에도 불구하고 북한 여성들은 대부분 이중노동을 하고 있다.

넷째, 가부장제적 요소가 존재하지만 그 자체를 여성억압의 구조로 인식하기는 어렵다 등으로 정리해도 되겠습니까?

긴 토론에 지치셨을 텐데 오늘 이야기는 never ending story로서 여러분의 삶 속에서 계속되기를 바랍니다.

■ 참고문헌

공지영 (1993), 『무소의 뿔처럼 혼자서 가라』, 문예마당.
교육도서출판사 (1991), 『국어』(인민학교 2학년), 평양: 교육도서출판사.
〰〰〰〰〰 (1990), 『국어』(고등중학교 1학년), 평양: 교육도서출판사.
〰〰〰〰〰 (1990), 『국어』(고등중학교 3학년), 평양: 교육도서출판사.
〰〰〰〰〰 (1990), 『국어』(인민학교 4학년), 평양: 교육도서출판사.
〰〰〰〰〰 (1990), 『국어문학』(고등중학교 5학년), 평양: 교육도서출판사.
교육부 (1995), 『도덕』(초등학교 6-1), 교육부.
권정생·이현주 편 (1991), 『남북어린이가 함께 보는 전래동화 6~9』, 사계절.
극동문제연구소 편 (1988), 『북한자료집―김정일저작집』, 극동문제연구소.
기사연 통일연구위원회 (1994), 『분단 50년의 구조와 현실』, 민중사.
김교섭 (1984), 『생활의 언덕』, 평양: 문예출판사.
김길환 (1988), 『전변』, 평양: 문예출판사.
김명남 (1990), 『공산주의 도덕』(인민학교 4학년), 평양: 교육도서출판사.
김문필 (1980), 『처녀운전사들』, 평양: 문학예술출판사.
김보행 (1993), 『사랑의 로정』, 평양: 문예출판사.
김봉철 (1992), 『환희』, 평양: 문예출판사.
〰〰〰〰 (1982), 『나의 동무들』, 평양: 문예출판사.
김상복 (1985), 『세대』, 평양: 문예출판사.
김선임 (1994), 「북한 탁아정책의 변화과정」, 동국대학교 사회학과 석사학위논문.
김용한 (1990), 『청춘의 시작과 끝은 언제』, 평양: 금성청년출판사.
김원종 (1992), 『해빛은 넘쳐라』, 평양: 문예출판사.
김윤식 (1989), 『북한의 문학』, 을유문화사.

김응호 (1992),『열풍』, 평양: 문학예술종합출판사.

김재용 (1994),『북한 문학의 역사적 이해』, 문학과지성사.

김정본 (1991),『청년과 미학관』, 평양: 금성청년출판사.

김지현 (1990),『국어』(인민학교 1-1년), 평양: 교육도서출판사.

김진계 (1990),『조국: 어느 북조선 '인민'의 수기』상. 현장문학사.

남대현 (1988),『청춘송가』(평양: 문예출판사, 1987), 공동체.

대한매일 엮음 (2000),『북한인명사전』, 대한매일사.

리경혜 (1990),『녀성문제해결경험』, 평양: 사회과학출판사.

리광섭 (1991),『국어』(인민학교 3학년), 평양: 교육도서출판사.

_____ (1990),『국어』(인민학교 1-2년), 평양: 교육도서출판사.

리영철 (1990),「일터」,『조선녀성』5호

_____ (1988),「판매원」,『조선녀성』3~4호

리천상 외 (1990),『국어』(고등중학교 2학년), 평양: 교육도서출판사.

리택진 (1982),『용해공들』, 평양: 문예출판사.

박한식 편 (1991),『북한의 실상과 전망』, 동화연구소.

백남룡 (1992),『벗』(평양: 문예출판사, 1988), 살림터.

백철수 (1987),『념원』, 평양: 문예출판사.

_____ (1982),「봄빛」,『조선문학』1호.

사회과학원 (1975),『녀성들을 혁명화, 로동계급화할 데 대하여'에 대하여』평양: 사회과학출판사.

서울대학교 출판부 (1981),『사회학개론』, 서울대출판부.

성혜랑 (1983),「혁명전위」,『시대의 전위들』, 평양: 문예출판사.

손동인·이준연·최인학 (1991),『남북어린이가 함께 보는 전래동화1~5』, 사계절.

손전후 (1983),『우리나라 토지개혁사』, 평양: 과학백과사전출판사.

앤서니 기든스 (1996),『현대사회의 성·사랑·에로티시즘』, 배은경·황정미 옮김, 새물결.

여성을 위한 모임 (1994),『일곱 가지 여성콤플렉스』, 현암사.

연합뉴스사 엮음 (2000), 『2000 북한인명록』, 연합뉴스사.
우리교육 출판부 (1993), 『세상의 절반, 여성이야기』, 우리교육.
윤미량 (1991), 『북한의 여성정책』, 한울.
윤원삼 (1987), 『례사로운 계절』, 평양: 문예출판사.
이재복 엮음 (1992), 『북한의 어린이』 1~5, 산하.
이태영 (1988), 『북한여성』, 실천문학사.
정창현 (1999), 『곁에서 본 김정일』, 토지.
조광동 (1991), 『더디 가도 사람 생각하지요』, 지리산.
조선작가동맹 중앙위원회, 『아동문학』, 평양, 1994년 1월~95년 1월호.
최상순 (1982), 『나의 교단』, 평양: 문예출판사.
최익규 (1990), 「들끓는 현실 속에 들어가 창작예술활동을 힘있게 벌리는 것은 작가, 예술인들 앞에 나서는 중요과업」, 『근로자』 1호.
통일원 (1986), 『북한의 여성생활』, 통일연수원.
프리드리히 엥겔스 (1985), 『가족의 기원』, 김대웅 옮김, 아침.
하정희 (1990), 『백양나무』(평양: 문예출판사, 1972), 힘.
한국여성개발원 (1992), 『북한여성의 지위에 관한 연구』, 한국여성개발원.
한국여성정치연구소 (1992), 『북한의 여성생활』, 나남.
한윤 (1992), 『씨앗』, 평양: 문예출판사.
한장근 (1989), 「봉사혁명을 일으키는 것은 인민들에게 보다 유족한 생활조건을 마련해 주기 위한 중요한 요구」, 『근로자』 8호.
허창득 (1980), 「믿음」, 『조선녀성』 10호.
황영도 (1980), 「갈매기」, 『조선녀성』 11~12호.

和田春樹 (1993), 「유격대국가 북한의 성립과 전개」, 『극동문세』 12월호, 극동문제연구소.
Dolling, Irene (1991), "Between Hope and Helplessness: Women in the GDR after the 'Turning Point'", *Feminist Review* No 39.

■ 부록/현대 북한을 이끄는 각계 여성지도자

강관선
평남 출생. 평양국제관계대학 졸업. 여성동맹 부위원장. 1972년 12월 여맹중앙위 비서. 1985년 9월 여맹중앙위 부위원장. 1990년 4월 최고인민회의 제9기 대의원. 1991년 1월 조국통일범민족연합 북측본부 중앙위원(現). 1993년 11월 여맹중앙위 부위원장(現)

강명옥(姜明玉)
1969년 함북도 봉산협동농장 관리위원장. 1972년 12월 제5기 대의원. 1975년 1월 사리원 미곡협동농장 관리위원장. 1977년 12월 제6기 대의원. 1982년 2월 제7기 대의원. 1986년 11월 제8기 대의원, 노력영웅. 1987년 4월 김일성훈장 서훈. 1990년 4월 제9기 대의원(375 사리원). 문덕군 풍년협농 관리위원장(現). 1998년 7월 제10기 대의원(342호 선거구)

강순희
1934 함북 청진 출생. 경공업성 부상(現). 1984년 11월 당 제3경제사업부장. 1984년 12월 당중앙위원(現). 1986년 11월 최고인민회의 제8, 9기 대의원. 1987년 9월 당 경공업부 부부장

강점숙(姜占淑)
1935년 출생. 김일성종합대학 졸업. 1975년 5월 여맹 중앙위 비서. 1976

년 7월 여맹 중앙위 부위원장(現). 1979년 2월 여맹 대표단장으로 이라크·이란 등 순방. 1980년 3월 '3·8국제부녀절' 중앙보고회서 '보고'(90년까지). 1985년 3월 여맹 중앙위 서기장. 1990년 2월 제9기 대의원 선관위 위원. 1992년 8월 노부모방문단 교환 무산 관련 담화발표

고금순(高今順)

평북 출생. 1962년 구성방직공장 천리마작업 반장, 노력영웅. 1962년 10월 제3기 대의원. 1967년 11월 제4기 대의원. 1972년 12월 제5기 대의원. 1986년 11월 제8기 대의원. 1990년 4월 제9기 대의원(現), 253 청년

권현숙(權賢淑)

1986년 11월 제8기 대의원. 1990년 4월 제9기 대의원. 1998년 7월 제10기 대의원(제174호 선거구)

김금옥(金金玉)

1970년 11월 당중앙위 후보위원. 1972년 12월 제5기 대의원. 1974년 문덕군 입석협농관리위원장(現). 노력영웅 칭호. 1977년 12월 제6기 대의원. 1986년 11월 제8기 대의원. 1990년 4월 제9기 대의원(現), 130 검흥

김경희

1946년 평양 출생. 김일성종합대학 졸업. 당 경공업부상. 1971년 10월 여맹중앙위 집행부 임원. 1975년 당 국제부 지도원. 1976년 10월 당 국제부 부부장. 1988년 1월 당중앙위원(現). 1990년 4월 최고인민회의 제9, 10기 대의원(現). 1993년 12월 당 경제정책 검열부장. 1997년 7월 당 경공업부장(現)

김복신(金福信)
1926 신의주 출생. 중앙당학교 졸업. 1957년 8월 제2기 대의원. 1958년 9월 경공업성 부상. 1960년 7월 당중앙위 경공업 부부장. 1961년 5월 경공업위 부위원장. 1966년 10월 평양시 지방산업 총국장. 1971년 5월 방직공업상. 1972년 조선·이라크친선협 위원장(現). 1982년 1월 정무원 부총리. 1983년 12월 당정치국 후보위원, 당중앙위 정위원(現). 1984년 1월 부총리(現), 대외경제위 위원장. 1986년 11월 제8기 대의원, 조선국제합영회사 이사장(겸). 1988년 6월 경공업위 위원장(現). 1990년 4월 제9기 대의원(現). 1990년 5월 부총리, 경공업위원장(現), 피복가공기술협회 위원장(現). 1991년 1월 연형묵총리 말레이시아 방문 수행. 1992년 4월 김일성훈장 서훈. 1992년 12월 정치국 후보위원 탈락. 1994년 7월 9일 김일성 국가장의위원회 위원. 1995년 2월 25일 오진우 국가장의위원회 위원. 1998년 9월 5일 부총리 탈락

김분옥(金粉玉)
1972년 12월 제5기 대의원. 1977년 12월 제6기 대의원. 1986년 11월 제8기 대의원. 1990년 4월 제9기 대의원. 1991년 8월 김정숙군 행정경제위 위원장(現)

김성옥
1990년 4월 제9기 대의원(現), 612 대덕. 1992년 4월 노력영웅 칭호

김성애
1924년 출생. 1965년 11월 여성동맹 부위원장. 1970년 11월 당중앙위원(現). 1971년 10월 여성동맹 위원장. 1972년 12월 최고인민회의 제5~9기 대의원. 1972년 12월 최고인민회의 상설회의 의원. 1994년 7월 김일성 국가장의위원회 위원. 1998년 4월 여성동맹 위원장 해임(천연옥 임명)

김숙정(金淑貞)
1985년 8월 경공업대학 학장(現). 1988년 8월 남북학생회담 참관

김신숙(金信淑·信肅)
1948년 평남 출생. 모스크바대 졸업. 김일성의 종매(從妹)·양형섭의 처. 1958년 김일성대 교원. 1964년 12월 김일성대 부교수. 1966년 9월 김일성대 사학부장, 박사. 1970년 2월 김일성대 교수, 여맹 중앙위원. 1970년 7월 사회과학원 부원장. 1985년 조선중앙역사박물관 관장. 1986년 7월 사망

김연순
예술영화촬영소 편집원(現). 1992년 12월 인민예술가 칭호

김영숙
마동희대학(청진교원대) 청년동맹 위원장(現)

김영숙
로동당 자강도 위원회 비서(現), 농업과학자

김영숙(金永淑)
남포시 강서구역 청산협농 관리위원장. 1986년 11월 제8기 대의원. 황북도 농촌경리위 위원장. 1996년 1일 황북도 농촌경리위 위원장 경질

김영숙
1963년 평양의학대 의사, 배구선수(국가대표급)(現)

김영옥(金英玉)
1986년 11월 제8기 대의원, 1990년 4월 제9기 대의원(現), 314 월지. 황남도 해주시 농촌경리위 위원장. 황남도 안악군 농촌경리위 위원장(現)

김영옥
동흥대학 부문청년동맹 위원장(現)

김영희
태권도선수(現). 1990년 국제대회 1위

김영희
조국통일연구원 부원장

김옥희
1967년 4월 청진 포항구역 출생. 항공 승무원(안내)(現). 1991년 2월 방일 노동당대표단 안내

김옥희
조선예술영화촬영소 배우(現). 1992년 12월 인민배우 칭호

김월선(金月仙)
1977년 12월 제6기 대의원. 1986년 11월 제8기 대의원. 1990년 4월 제9기 대의원(現), 309 자성

김의숙(金義淑)
1986년 11월 제8기 대의원. 1990년 4월 제9기 대의원(現), 268 창성

김정숙
1930년 평양 대동 출생. 1964년 5월 사로청 부위원장. 1965년 2월 조선학생위 부위원장. 1971년 12월 직업총동맹 부위원장. 1982년 2월 최고인민회의 제7~10기 대의원(現). 1986년 6월 『민주조선』 책임주필(現). 1988년 3월 당중앙위 후보위원(現)

김정화
1954 평양 출생. 평양연극영화대 졸업. 1979년 공훈배우 칭호. 1988년 10월 인민배우 칭호. 조선예술영화촬영소 배우(現). 1991년 4월 일본 방문. 출연작〈민족과 운명〉〈나의 행복〉〈이름없는 영웅들〉

〈돌아오지 않는 밀사〉중에서

김종옥
1980년 적십자병원 안과 박사, 노력영웅

김후분(金厚粉)
1986년 11월 제8기 대의원. 1990년 4월 제9기 대의원(現), 360 청단

김후손
천리마제강연기소 기사(現)

남순희(南順姬)

1933년 1월 함북 온성 풍천 출생. 1985년 5월 삼흥대학(평양교원대학) 학장(現). 1986년 11월 제8기 대의원. 1986년 11월 최고인민회의 상설회의 의원. 1990년 4월 제9기 대의원(現), 7월 남북국회회담 준비접촉 대표(現). 1991년 2월 방일 노동당 대표단원, 조선교육문화일꾼직업동맹 위원장(現). 1997년 5월 9일 스웨덴 국회대표단과 담화(만수대의사당)

려원구

1989년 1월 교포사업총국 부국장. 1989년 1월 김책공업종합대학 교원. 1991년 2월 교육위원회 부위원장. 1998년 2월 범민련 북측본부 부의장(現). 1998년 4월 조국전선 중앙위 위원장(現). 1998년 7월 최고인민회의 제10기 대의원(現). 1998년 9월 최고인민회의 부의장(現)

류경애

1920년 출생. 월북배우. 1980년 김일성훈장 서훈. 1985년 9월 인민배우 칭호 및 국기훈장 제1급 서훈. 1993년 4월 노력영웅 칭호, 조선예술영화촬영소 소속 배우(現). 1995년 6월 다부작 극영화 〈민족과 운명〉 '노동계급'편 출연 유공. 김정일로부터 감사문 받음. 출연작 〈민족과 운명〉('노동계급' 편 출연), 다부작 극영화 〈내고향〉(데뷔작)

류금선(柳錦善)

1972년 제5기 대의원. 1975년 보통교육부 부장. 조선·모리타니친선협 위원장(現)

류미영

1921년 출생. 1990년 3월 천도교회 중앙지도위원회 고문. 1990년 4월 최고인민회의 제9, 10기 대의원(現). 199년 1월 범민련 북측본부 중앙위원. 1993년 7월 천도교 청우당 위원장(現). 1993년 12월 최고인민회의 상설회의 의원. 1994년 1월 조선천도교회 중앙지도위원회 위원장(現). 1997년 9월 단군민족통일협의회 회장(現). 1998년 9월 최고인민회의 상임위원회 위원(現)

류춘옥(柳春玉)

노력영웅 역포목장 지배인(現). 1972년 12월 제5기 대의원. 1986년 11월 제8기 대의원. 1990년 4월 제9기 대의원(現), 82 대현. 1992년 4월 이중노력영웅 칭호. 1994년 2월 26일 전국농업대회서 토론. 1994년 12월 22일 김정일로부터 회갑상 받음

리경숙

보천보경음악단 가수(現). 1991년 9월 일본 공연. 1992년 2월 공훈예술가 칭호

리경숙(李敬淑·京淑)

1965년 9월 여맹 중앙위 상무위원. 1968년 2월 여맹 중앙위 부위원장. 1972년 12월 제5기 대의원. 1976년 4월 순천제약공장 일꾼. 1986년 11월 제8기 대의원. 1990년 4월 제9기 대의원(現), 652 만월

리계산(李季山·桂山)

강원 출생. 1958년 1월 노력영웅 칭호. 1962년 10월 제3기 대의원. 1967

년 11월 목계협동농장관리위원장. 1972년 12월 제5기 대의원. 1986년 11월 제8기 대의원. 1990년 4월 제9기 대의원(現), 463 백산. 목계협동농장 고문관리위원장(現)

리금녀(李錦女)

1967년 11월 벽동군 남중협동농장 관리위원장. 1967년 12월 제4기 대의원. 1972년 12월 제5기 대의원. 1986년 11월 제8기 대의원. 1990년 4월 제9기 대의원(現), 194 역전동

리수월(李秀月)

1975년 여맹 중앙위 비서. 1976년 여맹 중앙위 부위원장. 1980년 3월 '3·8국제부녀절' 중앙보고회서 보고. 1980년 10월 당중앙위 후보위원

리상진

김일성종합대학 정치경제학부 졸업. 지리산 빨치산 대장 이현상의 딸. 한국전쟁 당시 어머니와 월북. 김정일 국방위원장과 동창생. 김 위원장이 몸이 허약했던 리상진을 각별하게 돌봄. 대학졸업 후 대외부문 다년간 종사. 1985년 만수대의사당 부총장 등용

리선실

1916년 출생. 중앙당 금강학교 졸업. 1979년 당 통일전선부 부부장. 1980년 10월 당 정치국 후보위원(現). 1982년 2월 최고인민회의 제7~10기 대의원(現). 1991년 1월 한국민족민주전선 부위원장(現). 1994년 7월 김일성국가장의위원회 위원

리순임(李順任)

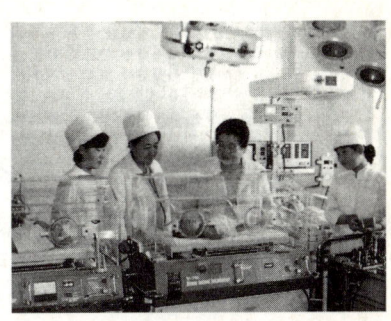

1977년 12월 제6기 대의원. 1981년 3월 평양산원 간호장, 영웅간호원 칭호. 1982년 2월 제7기 대의원. 1982년 4월 김일성훈장 서훈. 1986년 11월 제8기 대의원. 1987년 5월 조선·카메룬친선의회그룹 위원장(現). 1990년 4월 제9기 대의원(現), 15 동문

리신자(李信子)

1972년 12월 평양시 형제산구역 협동농장 경영위원장, 제5기 대의원. 1977년 12월 제6기 대의원. 1986년 11월 제8기 대의원. 1990년 4월 제9기 대의원(現), 92 삼등. 평양시 농촌경리위 위원장(現)

리은순(李恩順)

1972년 제5기 대의원. 1976년 통천군 장진수산협동조합 관리위원장(現). 1986년 11월 제8기 대의원. 1988년 8월 노력영웅 칭호

리음전(李吟典)

과일군 과수종합농장 일꾼(現). 1972년 12월 제5기 대의원. 1986년 11월 제8기 대의원. 1990년 4월 제9기 대의원(現), 325 삼천

리정순(李貞順)

용강군 애원고등중 교장(現), 노력영웅. 1986년 11월 제8기 대의원. 1990년 4월 제9기 대의원(現), 686 용강

리청일(李淸一)

1970년 11월 황북도 인민위 부위원장, 당중앙위 후보위원. 1972년 8월 적십자회 중앙위 상무위원, 제5기 대의원, 남북적십자회담 대표. 1975년 2월 여맹 중앙위 비서. 1987년 7월 강원도 행정경제위 부위원장(現). 1988년 5월 조선·소련친선협 강원도 위원장(現). 1990년 4월 제9기 대의원(現), 448 미평. 1990년 5월 일본 방문. 1996년 5월 29일 강원도 친선대표단 인솔, 중국방문

림경숙

1997년 8월 중앙은행 부총재. 1998년 9월 재정상(現)

문수옥(文秀玉)

1976년 개천백화점 지배인(現). 1983년 노력영웅 칭호. 1986년 11월 제8기 대의원. 1990년 4월 제9기 대의원(現), 143 개천. 1991년 '숨은 영웅 따라배우기' 모델

문예봉(文藝峰)

1917년 서울 출생. 조선예술영화촬영소 배우. 1946년 남조선영화동맹 위원. 1947년 남편(임선규)과 함께 월북. 1952년 12월 공훈배우 칭호(〈빨치산 처녀〉 주연), 국기훈장 3급 수훈. 1961년 5월 조통연합 북측본부 중앙위원. 1982년 인민배우 칭호, 국기훈장 제1급 수훈. 1989년 7월 임수경 양 단식현장 위문. 출연작 〈춘향전〉〈은비녀〉〈생명수〉 등

박성실(朴成實)

1986년 11월 제8기 대의원, 삭주직물공장 지배인(現). 1990년 4월 제9기 대의원(現), 262 삭주

방애선(方愛善)

노력영웅. 1978년 6월 평북 운전군 운하협동농장관리위원장. 1986년 11월 제8기 대의원, 평북도 농촌경리위 위원장. 1990년 4월 제9기 대의원(現), 214 외하

백설희(白雪姬)

1979년 과학원 식물학연구소 박사, 새벽씨개발(품종개량)로 노력영웅 칭호. 1980년 과학원 식물학연구소 실장(現). 1980년 10월 당중앙위 후보위원(現). 1982년 2월 제7기 대의원. 1986년 11월 제8기 대의원. 1990년 4월 제9기 대의원(現), 286 성하. 1994년 7월 김일성국가장의위원회 위원. 1995년 2월 오진우국가장의위원회 위원

송금순

1970년 11월 당중앙위 검사위원회 위원. 1980년 10월 당중앙위 검사위원회 위원(現). 1990년 5월 덕천 수출피복공장 지배인(現). 1995년 김일성훈장 수상

신금단(辛今丹)

함남 출생. 1956년 자강도 희천기계공장 선반공. 1958년 중앙체육대회 육상경기에서 우수선수로 무상. 1959년 국제육상경기대회(모스크바) 여자 400m에서 2위. 1961년 10월 공훈체육인 칭호, 국기훈장 제1급 수훈. 1962년 6월 모스크바육상경기대회 여자 400m와 800m에서 세계신기록 수립. 1963년 자카르타 가네포대회에서 세계신기록 경신. 1964년 5월 청년동맹 중앙위

위원. 1964년 10월 도쿄올림픽 참가차 일본에 갔으나 경기에 불참(한국에 살고 있던 아버지 신문 씨와 일본에서 잠시 극적인 상봉, 아버지 신 씨는 그후 사망). 1966년 10월 인민체육인 칭호. 1972년 4월 사회안전부 체육단 육상지도원, 국가체육위 간부(現)

신진순
1931년 경기 이천 출생. 1965년 3월 작가(시인). 1970년 11월 당중앙위 후보위원(現). 1971년 2월 문학장(現). 1991년 1월 조국통일범민족연합 북측본부 중앙위원(現)

오연옥(吳延玉)
1983년 6월 여맹 중앙위 부위원장(現). 1993년 5월 중국 방문. 1997년 5월 20일 중국 여성대표단 영접

왕옥환(王玉煥)
최용건의 처. 1965년 9월 여맹 중앙위 부위원장. 1970년 11월 당중앙위 후보위원(現). 1971년 10월 여맹중앙위 비서. 1983년 6월 여맹중앙위 부위원장(現). 1992년 4월 노력영웅 칭호

윤기정
1928년 출생. 경기여고 졸업. 1980년 4월 정무원 재정부장. 1980년 10월 당중앙위 후보위원(現). 1980년 11월 조·시리아 친선협회위원장. 1982년 2월 최고인민회의 제7~10기 대의원(現). 1982년 9월 조·말리 친선협회위원장. 1983년 7월 조·몽골 친선협회위원장. 1983년 10월 북·알제리 친선협회위원장. 1990년 5월 재정부 부장. 1998년 2월 조선피겨협회위원장. 1998년 3월 북·시리아 친선협회위원장. 1999년 6월 인민경제대학 총장(現)

전필녀(全弼女)

1967년 11월 제4기 대의원. 1972년 12월 제5기 대의원. 1986년 11월 제8기 대의원. 1990년 4월 제9기 대의원(現), 371 금성

정명희

1935년 출생. 평양 외국어대학 졸업. 1973년 1월 외교부 지도원. 1973년 5월 여성출판사 사장. 1973년 5월 여맹 중앙위 집행위원. 1976년 6월 사로청 중앙위 부위원장. 1976년 7월 여맹 중앙위 부위원장(現). 1990년 4월 평양시 용성구역 당 책임비서 및 인민위원장(現)

정성옥

여자 마라톤선수(인민보안성 소속). 제10기 대의원. 1995년 제1회 세계군인종합체육대회서 마라톤 2위. 1999년 8월 29일 세비야 세계육상선수권대회 여자마라톤에서 2시간 26분 59초로 우승. 귀국일을 임시공휴일 지정, 영웅대접 받음. 공화국영웅, 인민체육인 칭호 받음. 북한 정성옥 따라배우기 운동 대대적 전개. 2000년 1월 '마라손 우승자 정성옥' 기념주화 발행됨

정춘실(鄭春實)

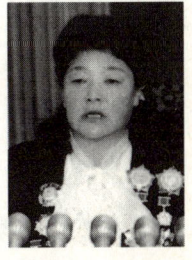

1941 전천 출생. 1969년 전천산업관리소 소장. 1977년 12월 제6기 대의원. 1982년 2월 제7기 대의원. 1982년 4월 김일성훈장 서훈. 1986년 11월 제8기 대의원, 이중노력영웅 칭호 서훈. 1990년 4월 제9기 대의원(現), 281 학무. 1991년 11월 김일성

으로부터 '인민의 참된 복무자'로 치하받고 기념사진 촬영. 그는 '우리가 정수첩'을 창안하여 상업부문의 새로운 주문식제도를 만들고 상업관리원들의 살아 있는 모범이 됨. 제2의 정춘실이 되자는 '정춘실운동'도 전개. 1992년 4월 김일성훈장 서훈, 이중노력영웅 칭호 수여

조미리(趙美利)

1972년 12월 제5기 대의원. 1986년 11월 제8기 대의원. 1990년 4월 제9기 대의원(現), 107 중덕. 평성시 옥전고등중학교 교장 공훈교원(現)

조혜숙

1978년 1월 황북 황주군 구포협동농장 관리위원장. 1982년 2월 최고인민회의 제7~10기 대의원(現). 1990년 5월 사리원시 협동농장 경영위원장(現). 1998년 9월 최고인민회의 예산위원회 위원(現)

천연옥

1945년 출생. 1985년 8월 대외문화연락위원회 부위원장. 1985년 11월 세계인민들과의 연대성조선위 부위원장. 1998년 4월 민주여성동맹 위원장(現). 1998년 7월 최고인민회의 제10기 대의원(現). 1998년 9월 최고인민회의 상임위원회 위원(現)

최성숙

1962년 5월 대외문화연락위원회 부위원장. 1970년 7월 방직제지공업성 부상. 1977년 6월 여맹 중앙위 부위원장. 1982년 5월 농근맹 중앙위 부위원장. 1993년 12월 농근맹 중앙위 위원장. 1993년 12월 당중앙위원(現)

최삼숙

1950 출생. 가수(現). 1970~90년 사이 〈꽃파는 처녀〉등 2천여 곡 부름

최순녀
김책공업종합대 전자공업연구소 연구사(現)

한필화(韓弼花)
1942 평남 출생. 인민체육인. 1964년 1월 제9회 동계올림픽 참가, 빙상 3,000m 2위 수상. 1965년 세계여자빙상선수권대회 3,000m 3위 수상. 1970년 4월 동계유니버시아드 참가, 1,500m 3위, 3,000m 2위 수상, 인민체육인 칭호. 1970년 4월 오빠 한필성과 극적인 전화통화. 1986년 2월 속도빙상협회 서기장. 1990년 3월 일본 삿뽀로대회서 오누이 상봉. 1991년 1월 범민련 중앙위원. 1998년 7월 제10기 대의원(제313호 선거구), 국가체육위 동계경기지도국 부국장, 조선빙상경기협회 서기장, 동부위원장(現), 조통연합 북측본부 중앙위원(現), 국가체육위 동계경기 기술지도처 처장(現), 체육성 체육기술연맹부위원장

허복덕(許福德)
1972년 12월 제5기 대의원. 1986년 11월 제8기 대의원. 1987년 조선낙원무역상사 사장(現), 조선낙원금융합영회사 이사장(現), 총련 파레스 주식회사 사장(現)

허연숙(許蓮淑)
1969년 9월 기자동맹 중앙위 위원. 1970년 6월 함남도 당비서, 당중앙위 후보위원. 1972년 2월 평양시 인민위 부위원장, 여맹 중앙위 위원, 제5기 대의원. 1973년 10월 여맹 중앙위 비서

허정숙(許貞淑)
허헌의 딸, 최창익의 처. 1908년 7월 서울 출생. 배화여자고보, 일본 관서학원 졸업. 미국유학. 1945년 10월 북조선공산당 선전선동부 부부장.

1946년 8월 당중앙위 위원. 1947년 9월 문화선전상. 1957년 8월 사법상. 1959년 10월 최고재판소 소장. 1965년 9월 여맹 중앙위 부위원장. 1972년 8월 조국전선 서기국장, 최고인민회의 상설회의 부의장. 1977년 12월 제6기 대의원, 상설회의 부의장. 1980년 10월 당중앙위 위원. 1981년 6월 조평통 부위원장. 1981년 11월 당중앙위 비서. 1982년 4월 해외동포원호위 위원장. 1984년 2월 조국전선 중앙위 의장. 1986년 11월 제8기 대의원. 1990년 8월 조국통일상 수상. 1991년 6월 5일 국장(國葬)

허창숙
함북 출생. 1965년 11월 여맹 중앙위 부위원장. 1970년 11월 당중앙위 후보위원. 1971년 10월 여맹 중앙위 비서. 1980년 10월 당중앙위 후보위원(現). 1983년 6월 여맹 중앙위 부위원장(現)

현영라
김일성종합대학 물리학부 졸업. 과학원 유색금속 연구소 연구사. 노력영웅. 박사

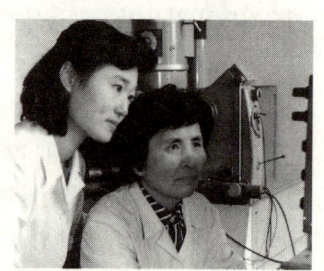

홍영희(洪英姬)
1955년 출생. 1970년 공장 선반공. 1972년 6월 영화 〈꽃파는 처녀〉 주연 배우로 캐스팅(당시 16세). 1974년 공훈배우. 1980년 12월 조선예술영화촬영소 배우, 인민배우 칭호 및 국기훈장 제1급 수훈. 1986년 3월 영화인동맹대표로 문학예술총동맹 제6차대회 토론참가. 1990년 10월 오미란과 함께 제1회 남북영화제(뉴욕) 참석. 출연작 〈열네번째 겨울〉 〈민족과 운명〉 제19~24부

홍일천(洪一天)

1977년 12월 제6기 대의원. 1982년 5월 보통교육부 부부장. 1982년 9월 조선 · 불가리아친선협 부위원장(現). 1985년 3월 조선 · 시리아친선협 부위원장(現). 1986년 11월 제8기 대의원. 1990년 10월 부교수, 김형직 사범대학 학장(現), 조선 · 이집트친선협 부위원장(現). 1991년 5월 IPU 대표단과 접촉. 1992년 5월 남북사회 · 문화교류협력공동위원(現), 조통연합 북측본부 중앙위원(現). 1995년 8월 교수

홍정화

1941년 평북 정주 출생. 1957년 국립무용학교 졸업. 1980년 6월 평양예술단 단원. 1981년 4월 인민배우 칭호 및 국기훈장 제1급 서훈. 1987년 1월 조선인민군협주단 무용과장

홍춘실(洪春實)

1977년 12월 제6기 대의원. 1986년 11월 제8기 대의원. 1990년 4월 제9기 대의원(現), 521 덕산

황순희(黃順姬)

1919 동만주 출생. 전 인민군 탱크사단장 류경수의 부인. 1936년 유격대 간호원. 1956년 여맹 양산도 위원장. 1961년 9월 당중앙위 후보위원. 1962년 10월 제3기 대의원. 1967년 11월 제4기 대의원. 1969년 11월 여맹 중앙위원, 당중앙위원. 1971년 10월 여맹중앙위 비서. 1972년 12월 제5기 대의원. 1977년 12월 여맹 부위원장. 1980년 10월 당중앙위 정위원(現). 1982년 2월 제7기 대의원. 1982년 4월 김일성훈장 수훈. 1986년 11월 제8기 대의원. 1988년 7월 공화국영웅 칭호 서훈. 1988년 7월 조

선혁명박물관 초급당비서. 1990년 4월 제9기 대의원(現), 640 보천. 1992년 4월 이중영웅 칭호. 1991년 12월 조선혁명박물관 관장(現). 1994년 7월 9일 김일성 국가장의위원회 위원. 1995년 2월 오진우 국가장의위원회 위원. 1995년 10월 김정일표창장 서훈. 1997년 2월 최광 장의위원회 위원